陈嘉映著译作品集
第 8 卷

思远道

陈嘉映 著

总　　序

商务印书馆发心整理当代中国学术，拟陆续出版当代一些学人的合集，我有幸忝列其中。

商务意在纵览中国当代学人的工作全貌，故建议我把几十年来所写所译尽量收罗全整。我的几部著作和译作，一直在重印，也一路做着零星修订，就大致照原样收了进来。另外六卷文章集，这里做几点说明。1.这六卷收入的，多数是文章，也有对谈、采访，少数几篇讲稿、日记、谈话记录、评审书等。2.这些篇什不分种类，都按写作时间顺序编排。3.我经常给《南方周末》等报刊推荐适合普通读者的书籍。其中篇幅较长的独立成篇，篇幅很小的介绍、评论则集中在一起，题作"泛读短议之某某年"。4.多数文章曾经发表，在脚注里注明了首次刊载该文的杂志报纸，以此感谢这些媒体。5.有些篇什附有简短的说明，其中很多是编订《白鸥三十载》时写的。

这套著译集虽说求其全整，我仍然没有把所写所译如数收进。例如我第一次正式刊发的是一篇译文，"瑞典食品包装标准化问题"，连上图表什么的，长达三十多页。尽管后来"包装"成为我们这个时代一个最重要的概念，但我后来的"学术工作"都与包装无关。有一些文章，如"私有语言问题"，没有收入，则是因为过于粗陋。还有一类文章没有收入，例如发表在《财新周刊》并收集在《价值的理由》中的不少文章，因为文章内容后来多半写入了《何为良好生活》之中。同一时期的不同访谈内容难免重叠，编订时做了不少删削合并。总之，这套著译集，一方面想要呈现我问学过程中进退萦绕的总体面貌，另一方面也尽量避免重复。

我开始发表的时候，很多外文书很难在国内找到，因此，我在注解中标出的通常是中译本，不少中译文则是我自己的。后来就一直沿用这个习惯。

我所写所译，大一半可归入"哲学"名下。希腊人名之为 philosophia 者，其精神不仅落在哲人们的著述之中，西方的科学、文学、艺术、法律、社会变革、政治制度，无不与哲学相联。所有这些，百数十年来，从科学到法律，都已融入中国的现实，但我们对名之为 philosophia 者仍然颇多隔膜。这套著译集，写作也罢，翻译也罢，不妨视作消减隔膜的努力，尝试在概念层面上用现代汉语来运思。所憾者，成就不彰；所幸者，始终有同好乐于分享。

这套著译集得以出版，首先要感谢主持这项工作的陈小文，同时要感谢李婷婷、李学梅等人组成的商务印书馆团队，感谢她们的负责、热情、周到、高效。编订过程中我还得到肖海鸥、吴芸菲、刘晓丽、梅剑华、李明、倪傅一豪等众多青年学子的协助，在此一并致谢。

陈嘉映
2021 年 3 月 3 日

为年深日久的共同思考献给嘉曜

目　录

1977—1998 年

精神诸形态提纲 …………………………………………… 1
美和艺术 …………………………………………………… 5
哲学笔记 …………………………………………………… 8
此在素描 …………………………………………………… 13
尼采 ………………………………………………………… 21
克尔凯郭尔 ………………………………………………… 24
旅美信札 …………………………………………………… 27
论享乐 ……………………………………………………… 52
游戏 ………………………………………………………… 55
从感觉开始 ………………………………………………… 59
致 Daylily 信 ……………………………………………… 73
论调情 ……………………………………………………… 75
《精神》序 ………………………………………………… 77
血腥的星期天——一九〇五年俄国革命 ………………… 80
闲话清亡 …………………………………………………… 84
现代政治文化小词典摘录 ………………………………… 93
读《万历十五年》 ………………………………………… 97
以"历史"的名义 ………………………………………… 101

分殊文化，共同世界 …………………………………… 104
祝贺《中国书评》创刊 ………………………………… 112
说"淡" …………………………………………………… 115
于天人之际，求自由之真谛——忆熊伟先生 ………… 119
论名称 …………………………………………………… 128
让语言自己说话——海德格尔论语言 ………………… 160
在语言的本质深处交谈
　　——海德格尔和维特根斯坦对语言的思考 ……… 202
关于记录梦境 …………………………………………… 220
读《读书》 ……………………………………………… 223
致夏红信 ………………………………………………… 225
解道 ……………………………………………………… 228
感人、关切、艺术 ……………………………………… 230
书的长度 ………………………………………………… 248
未来最好不要由我们决定 ……………………………… 250
致雪芹 …………………………………………………… 271
关于相对主义的对话 …………………………………… 274
何谓"自然" ……………………………………………… 294
关于谈话的谈话 ………………………………………… 297

精神诸形态提纲[1]

人们对何为哲学一向争论不休。我从最简单最基本处开始：哲学是爱智慧。孔子和老子，歌德和托尔斯泰，牛顿和爱因斯坦，以各自的方式属于哲学。

哲学像科学一样，有它的专门问题，这些问题的讨论，很难为外行所理解。结果，像一位储藏了很多奇谈怪论的老人对我说的，"哲学的用处就是教学生，学生学哲学的用处就是再去教学生"。但我还是要尝试尽量写得通畅易懂，让那些日夜操劳鲜有闲暇却有心求真知的读者有所收获，在每一阶段皆能体会到认识的喜悦。

学术越进步，就越谦虚。我们比古人知道得更多，同时我们更不愿说我们的体系是绝对真理，我们的观点不会有误。叫喊"我是真理"有什么益处呢？我们自己不是一直在学习新东西，在修正旧有的观点吗？我们相信别人和后人也有这种能力和幸运。后人是我们的裁判者。

按照古老的说法，人与动物有天壤之别。进化论缩小了人与动物的差别。然而，仍然是人在统治这个世界。这种权能完全来自人

---

[1] 我1969年开始读哲学，年少无知，读了几本，就自己写起来。插队回到北京，闲着也是闲着，打算写这本《精神诸形态》，没写很多，传来要恢复高考的消息，就放下著述事业去温习功课了。

的心智。哲学必须能够解释何以这小小方寸的进步带来了如此巨大的权能。自然创造了心灵，然后奉它为统治者，就像人造出神明，然后把自己交给他们来主宰。

章一，语言

生命和反应，表情反应——呼声，触角交谈，声音的长处，指示不同于叙述，类和社会性，同情。

幼儿说话，主要不是客观陈述，而是情绪表达。他说"dudu"，不是专指汽车，而是泛指活动着的、引起他兴趣的东西。

语言的结果：思维，符号，静观，直立，客观，欺骗（叙述的真伪），（词汇的）抽象性。

工具性造成人性，于是使灵魂上升成为心灵。

章二，心灵

所谓第六感就是通感、综合感。

之前的各种生物形态通过语言获得新内容、新表现、新意义。

认识的级别：条件反射、规律（气象预报），经验，因果认识（黑天不是白天的原因）。休谟与康德，经验重复与先验范畴。

同样的空气有人觉得热有人觉得冷，于是用温度（温度计）作为客观标准。其根据是，温度不仅影响皮肤，也影响水银柱，而水银柱对温度的反应远为单纯、确定。于是我们采用这种间接确定法。

感受，欲望，情绪，反应，行动。

意识，记忆，认识，意志，自我意识。

有人在行动中更多依赖意志的控制和指导，有人更多为伟大的热情和才能推动。

心灵独立于肉体是说：可以为心灵例如为自由让肉身受苦，甚至毁弃肉身。

章三，感情

最重要的是情绪上升为感情。

感情最难说真假。控制和伪装的区别何在？而情绪总是受到某种控制才上升为感情。

感情的目的：互相了解和帮助。感情总与他者相关。

随着感情，生命上升为生活。

生活是什么？古昔，现代，将来。

生活既不是为了快乐，也不是为了道德。我们为自由天性驱使，于是生活展开了。在这个开展的生活过程中，有快乐，有道德。

感情对象化的两种方式：艺术，意志。

感情的一些特别问题。感情可以脱离欲望存在。人可以有无法表达的美好感情。

章四，文学-艺术

感情的理智形态是文学-艺术。

生活中充满了美，但只有在文学-艺术中，美才以结晶的方式存在。

艺术和美。比起"美"学，Aesthetik 这个词的本义也许更准确：带有精神感受的直观。Aesthetik, Kallistik, Philosophie der Kunst。古来对美这个词的讨论。

高级的生活是自然与艺术的结合。文学和生活,文学和历史。诗,散文,绘画,雕塑,音乐。

章五,科学

章六,哲学

美 和 艺 术 ①

初夏清晨，细雨渐歇，曦色初生，这是美的。年轻女子露出健康丰满的肩臂，这是美的。李商隐的《无题》是美的。它们的共同之处是什么？

我们怎样比较李商隐、普希金和歌德谁更美？怎样比较普希金、莫扎特和拉斐尔谁更美？

苏格拉底（还有歌德）认为美善同一。善是美的，美的不一定是善的（一只蝴蝶）。

人们为什么要说"美丽的面孔"，又说"美德"，这一切被称作美的事物必定有某种贯通。

美这个词可以与崇高、生动等等并列使用，也可以用来概括这一切。愈概括，美这个词的含义就愈不单纯。我们应了解事情原本是怎样的。

《会饮篇》描述了从个别事物的美直到智慧之美的进程。但柏

---

① 少年读书，零星做笔记，后来读哲学，不能不做笔记，一年写满两三册或更多。有的是梳理所读之书，有的是记录自己的想法，有的是反反复复追索一个问题，当然，事后读来都没啥价值。但好玩的是，这次翻阅一小部分旧笔记，发现不少以为后来生出的想法其实几十年前就"萌芽"了。

拉图并未提供近代人所叩问的认识心理过程。

嘉曜猜测，悦耳、悦目这些生理上的舒畅，有时亦能使认识舒畅，在这一点上，生理和心灵打通了。

悦耳、悦目等等一定有生物学上的效用。灵魂与心灵的喜悦则一定具有理解上的和修养上的效用，来自理解和感情的融合。悦耳、悦目等本身也受到长期教养的影响，喜爱一个美人，有官能的、习惯的、心灵的、认识的、虚荣的各个层面。虽然人人都喜爱美人，却不能一概而论。

对于生物性来说，美是多余的、附加的。人也首先在这样的附加的、游戏性的活动中获得自由。这显示，美感高于肉体快感。

美感对象首先是艺术作品，因为它们只提供美，不引起欲望。自然景色如星空也是这样。

黑格尔把自然美排除在美学研究之外。托尔斯泰不认可艺术是为了表现美。

形式美颇似味道之于营养，有的食物只有营养，如人参，有的调料只给味道，如糖精、香精。但在进化过程中，好味道和好营养多半结合在一起。好味道促进食欲，也许还促进消化。好厨师总要把菜肴做得色香味俱全。

我可以知道一个人的愤怒而不受到感染。艺术不是让你知道，而是让你受到感染。

知道他的愤怒还不是真正知道，受到感染，才具体、生动、完整地知道。

一副可恶样子,现在被你朋友模仿出来,你不觉得可恶而是觉得好玩。

模仿依于共通性而不是共同性。哪个演员真能在舞台上感到自己是理查三世或尤利乌斯·恺撒?舞台不是让你感到你是恺撒的地方。

美存在于美的事物上。美不能脱离感知美的心灵而存在,但并不因此是不客观的;就像意义不能脱离认识,但意义并不是不客观的。碱性遇到酸性物时表现出来,但碱性已经存在在碱性物里。(但如果一种性质必须遇到酸性物才表现出来,我们为什么只说它存在在苏打里而不说它存在在两者之间呢?)

不能因为盲人看不见光,就说没有任何物体发光。当然,心灵远比感知复杂,因此美感有更多歧异。而且,我们可以不通过视觉来测量光(间接测定),可是,美只作用于心灵,无法加以客观测定。可以与对光的客观测定相类比的,是对心灵的客观分析。

与其像休谟那样说审美一致在于人心构造的天然相似,莫如说是人性要求一致。我们必须一致才能生活下去。

哲 学 笔 记

如果哲学真是一个由基本起点经各确切推理造成的严密体系，那就没有任何值得信任的哲学了，因为至多一两百年后我们就发现至少有一两条它援引的"常识"或"定理"是错的，或不完整的。在牛顿时代，亚里士多德还有什么意义呢？在爱因斯坦时代，古典哲学还有什么意义呢？哲学并不仅仅依靠定义和推理，此点显明。罗素对黑格尔的批评也就有苛评之嫌。推理是常识海洋上的航路。前贤的推论我们忘了许多（除非这些推论本身很有趣味），但我们还记得他们的哲学。更进一步，他们的推论也被我们作为一种思想来看待了。

马克思认为，按照培根的学说，"感觉是完全可靠的，是一切知识的泉源"[①]，这与培根自己所言相左，他说："因为感觉本身乃是一种不可靠和容易发生错误的东西。"[②]

一般把笛卡尔称作近代哲学第一人，这基于如下几点：
a. 他的第一原理是怀疑。继培根对经院哲学的挑战之后，笛卡

[①] 《马克思恩格斯全集》第二卷，人民出版社1957年版，第163页。
[②] 参见培根的《新工具》第一卷，五十、六十九。

尔既不回到古人的素朴观点，也不像中古那样盲信，怀疑的精神实际上代表了近代的特色，在他之后的人，都有这种愉快的想法：我们永远摆脱了成见的束缚；我们会有成见，但已不是成见的奴隶，因为一切均是可怀疑、可更动、可创新的。

b. 他把思与在的关系放到首位。现代科学淹没了这个问题；我们今天要不要重新提出它？

c. 哲学不再是 Magd*，恢复了它本来的身份——第一原理的学说。

斯宾诺莎不能完全按公则和定义推理，他说："不能够存在就是无力，反之，能够存在就是有力，这是自明的。因此……"这里的根据就不包括在定义和公则内。

近代哲学解错了"第一原理"，过于关注"开端"。洛克的 tabula rasa** 也是这样。把心灵设想为一张白纸，但"心灵"并非无缘无故要去认识什么。一张白纸，尽管你在上面涂画，它仍然一无观念，一无认识。

任何考察，包括哲学考察，总是从已有的知识开始的，虽然哲学寻求第一原理。

自明性是不可或缺的，问题只在于：什么是自明的？这不仅涉及起点，推理的每一步都重新遇上这个问题。例如，笛卡尔已经假定了：思要有一个单数第一人称的主体。

而这已经包含了：存在者是先在的。

---

* 德文，意为"女仆"。——编者

** 拉丁文，意为"白纸、白板"。——编者笛卡尔怀疑有个骗子在骗他；如果没有这个骗子，平平常常的物件看来是存在的；如果有这个骗子，那么至少这个骗子存在着。笛卡尔怀疑倒不如说会导出黑格尔的 die Absolute ist das Sein*。

辩论的道德：
抵赖自己说过的话——捏造、歪曲对方的话。
利用对方的无知编造论据——认为自己无知者无人能知。
纠缠于对方已经改正的论点——重复已经辨明的问题。
允许改正错误的论点和论据，但不得坚持仅依据于该论据的论点。
允许在辩论失败时坚持自己的主张，但不能以此代替论证的成功。
攻击和影射私人弱点——允许挖掘对方论点的私人根源，但不得以此代替论证。

契约论（自然状态理论）的毛病与近代认识论的毛病相仿。一切都是从已经存在的情况发展而来。人一开始就已经生活在社会中，选举、约法是社会渐渐改变而来的。

"我们对现时的快乐比对将来的快乐更重视。"因为，如果我明天死掉呢？
我们并非思虑过后决定及时行乐，及时行乐是一种性向。

---

* 意为"绝对存在"。——编者

康德同意休谟：经验不能提供真正的普遍性。但在这里失掉的，要在那里找回来。如果我们找到了"先验知识"，也就找回了普遍性。

我们感觉得到视印象与听印象的区别吗？

真空也许存在，但只要有两个物体的相互作用存在，真空就不是"无物的空间"，而是作为距离起制约作用的存在物。

把一棵树表象成眼前这样子，或表象成许多脉管，或无数原子，不要问哪一样是真的。真的或假的只在于是否把捉住了这些表象之间的关系。在生物学领域中是许多脉管，而这在量子力学中无关紧要。

我们的感觉本身就是一种认识，理智与其说是一种提高，不如说是一种扩大。

科学把一切转变为量。科学努力把质转变为量，把颜色转换为波长。时空是典型的量。应当说（如果有这种说法的话），时空是最客观的。感觉到的冷热不是客观的，主客尚未分离。但是当温度计指向25℃的时候，这就是客观的温度。在这里是物对物的作用。

所以我们说凡是有因果的就是有时空的，反之亦然。如果幻想中的马具有因果性，那么必定会揭示出它的时空性质。

康德称 pleasure* 只有量上的区别。他完全错了。不过，人们的

---

* 意为"快乐、愉悦"。——编者

确热衷于度量 pleasure。

罗素说洛克健全而康德独断，完全出于偏爱。康德也是宁愿摇摆而不肯轻易走极端的。他的直觉比洛克更准；他的论证可能不通，但总比洛克好些。

洛克和康德一样，都很啰唆。

许多区别其实只是字汇上的。我们说冷暖比轻重更主观一些，因为它们与舒适与否有更多联系。

我们笼统地称五感，实际上触感（其他感不也是触感吗）是很复杂的，冷热、痛痒、重轻。

我们的感官是否足够？可以设想，两件东西，如两个金属球，一个有磁性而另一个没有，对我们五官人是相同的，但对有磁性第六感的人不同。

我们没有磁力感。就物体来说，并非具有感性的质和理性的质（磁性、红外线），但就它对人的关系来说，有些能（直接）感到，有些则不能，只能通过理性认识到。没有差别的东西现在有差别了。没有差别就没有认识，理性扩大了认识的领域。

科学必定是某些常识的否定，是整个常识世界的扩大。

我们是从科学常识中取得感觉这个开端的，而常识已经承认了外界自存。接受前一半而去证明后一半，煞费苦心。如果把后一半视作不确定的，那就实在看不出为什么必须从感觉开始，毋宁始自"思"或"有"。

此在素描[①]

存在(Sein)同存在者(das Seiende)有别。存在是最高的普遍性,一切存在者都存在。但存在不是族类上的普遍性,因为族类是用来区分在者的,所以,从族类上说,无所不包的普遍性没有意义。存在又是不可定义的,无论我们用什么东西来定义,都会把存在弄成了存在者。最后,存在是不言自明的:存在就是存在,无法证明亦无须证明。但康德曾说:哲学家的事业正在于追究所谓自明的东西。

但如何追究呢:存在不是一种特殊的存在者,不是某一类存在者的抽象共性,也不是存在者的一部分或属性。所以定义法、归纳法、演绎法,都不中用。我们简直不可能离开存在者谈存在,那就

[①] 我跟熊伟先生读硕士,主要读《存在与时间》,读硕士第三年,写了个论文提纲,给熊伟看,说是可以,让我拿给王永江看看。王老师读后,说看得出我对海德格尔哲学有点儿体会,但这样写论文是行不通的。他教我论文应当怎样写作,言之谆谆,但他建议的写法让我觉得为难。论文的事就拖了下来,一直拖到最后限期,用了两周时间,胡乱按流行的格式写了一篇八股交上去。研究生毕业后,认识了赵越胜,跟其他一些朋友常在我的住处黑山扈聚会。越胜当时在为《国内哲学动态》组稿,在他眼里,懂哲学的都在黑山扈了,我们几个发表一个论文系列,中国就开始有哲学了。我把被毙掉的硕士论文提纲改了改,题名"海德格尔的《存在与时间》",作为这个系列的第一篇发表。此后有朱正琳写的布拉德雷,徐友渔写的罗素什么的。新启蒙方兴未艾,我们也贡献了几块砖头瓦片。

得找出这样一种存在者来：对它来说，存在本身是首要的，至于作为什么东西来存在则是次要的。人，就是这种存在者。人不同于其他存在者，因为人在他的存在中同存在本身打交道。只要人存在着，他就对他的存在有所作为，无论有意还是无意；他就对存在有所领悟，无论明确还是含混。如果人同他的存在不发生关系，人就不存在了。唯因人对自己的存在有所领悟，有所作为，人才存在，人才"是"人。人的这种存在称为生存（Existenz）。过问自己的存在是人的特点，追究存在就必须从人着手。

如何了解人？当然要就人的基本情况来了解人。人的基本情况就是——人生在世（In-der-Welt-Sein）。人同世界不能一刻分离，离开世界就谈不上人生。因此，人生在世指的就不是把一个独立于世界的人放进一个世界容器中去。人生在世指的是人同世界浑然一体的情状。在世就是烦忙着同形形色色的存在者打交道。人消融到一团烦忙之中，寓于他所烦忙的存在者，随所遇而安身，安身于"外"就是住在自己的家。人并不在他所烦忙的事情之外生存，人就是他所从事的事业。

传统认识论独独见不到这种浑然天成的生存状态，结果提出了"主体如何能认识客体"这样的蠢问题来。这个问题暗中先行设定了一个可以脱离世界而独存的主体。然而，存的天然境界无分主客。首先是活动。活动中就有所体察。认识活动只是存在的方式之一，而且是一种次级的存在方式，它把所体察的东西当作静观的对象来作一番分析归纳，这才谈得上各有族类、界限分明的物体。人对面是种种物体，人自己也成了众物体中的一个物体。于是，生存碎裂成主体、客体等残肢断片，而认识却无能把他们重组为生命，倒反来问"主体能否超越自身去认识客体?"甚至"外部世界是否存在?"先就把存在局限在一部分物体即主体中,存在自然达不到客体了。但由生而在世的人来提这些问题,这些问题就毫无意义。我们在烦忙活动中与之亲交的世界才是真的世界,知识所描绘的世界则是智性化了的世界残骸。人不在"主体"中,而在世界中,在他所从事的事情中,人于何处对自己的存在有所作为,有所领悟,他就于何处实际生存。为了避免把人误解为一个主体物,宜把人称作"存在于此",或"此在"(Dasein)。

人作为此在不是孤立的主体,人溶浸于世界和他人之中。同样,他人也不是一个个孤立的主体。人都是此在。而就人溶浸于他人的情况来看,此在总是共同此在(Misdasein),在世总是共同在世。即使你避居林泉,总还是一种在世,你的存在依旧由共同在世规定着。共同在世并非指很多孤立的主体物连陈并列,遗世独立也不是指无人在侧。共同在世提供了特立独行的背景和可能。大隐可隐金门,这是在很多人中独在,他人这时以冷漠的姿态共同在世。"在人群和喧嚣中随世沉浮,到处是不可共忧的、荣华的奴仆,这才是孤独!"(拜伦语)

实际上,人生所在的日常世界就是这种炎凉世态。在日常生活中,此在总得烦神与他人打交道。人们无情竞争,意欲制胜,结果都要被他人统制——被公众的好恶统制。"一般人"(das Man)实施着他的真正独裁。"一般人"如何做,如何说,如何喜怒,此在就如何做,如何说,如何喜怒。甚至"一般人"如何"与众不同",此在就如何与众不同。每个人的责任都被卸除了,却没有哪个"一般人"出面负责,因为人人都是一般人,人人都要一般齐。

这个"一般齐"看守着任何挤上来的例外。一切优越状态都被不声不响地压住，草创的思淹没在人云亦云之中，贪新骛奇取代了特立独行的首创精神，不知慎重决定自己的行止，只一味对事变的可能性模棱揣度——这些东西组成了此在的日常生存模式：沉沦。

沉沦并不是一种堕落。从没有一个纯洁的人格堕入尘寰那回事。人总沉沦着。人的日常存在寓于日常世界，从日常世界来领悟自己。但领悟自己并非是对一个固定空间中的现成事物的认识。人首先在现身于世之际领悟自己。人活着，虽然人们不知为什么。此在在，而且不得不在，这一现象首先在情绪中开展出来。

情绪是基本的生存状态之一。哲学却一向轻视情绪。虽然人生在世总带着情绪，甚至静观认识也带着情绪；虽然情绪比认识更早地领悟着存在。情绪是此在的现身：不知从何处来，往何处去，此在已经在此。至于对情绪的反省认识，则不过浮在存在物的表面上打转，达不到情绪的混沌处，达不到存在的深处。

情绪令此在现身，把此在已经在此这一实际情况显露出来。只要人存在着，就不得不把"已经在此"这一实际承担起来，无论他是怨天尤人，随波逐浪，抑或是肩负着命运，敢作敢为。存在哲学把这种无可逃避的生存实际称为被抛状态（Geworfenheit）。人并不创造存在，人是被抛入存在的；人由于领悟其存在而得以存在。人看护着他的存在。

最根本的情绪是畏，因为畏从根本上公开了人的被抛状态。畏不同于怕，怕总是怕具体的坏事，而畏之所畏者却不是任何存在者。其实，当畏来临，一切存在者都变得无足轻重，只还剩下一片空无。无由而畏，无所为畏，去迷转悟，终悟"万有毕竟空寂"。一旦登达此无何有之乡，便聆取人生在世的真谛了。

懦怯的世人怕直面空无，唯大勇者能畏。此在日常沉沦着，他做工、谈情、聚闹、跑到天涯海角去游冶。他在逃避：逃避空无，逃到他所烦忙的事物中去，逃到使他烦神的一般人中去。这却说明，他逃避的东西还始终追迫着他。他到底逃不脱人生之大限——死。

死就是空，畏就是直面死亡。畏从根本处公开了被抛状态：人归根到底被抛入死亡。生向着死。躲避死，也依然是沉沦着向死而在。存在同死亡关联在一起；生存之领悟始于懂得死亡。死亡张满了生命的帆，存在的领悟就是从这张力领悟到存在的。

人因他对自己的存在有所作为而得以存在。鲜明或含混地领悟着方生方死的背景，人来筹划他的存在。人永远在可能性中。人不是选择可能的事情，人所选择的是他本身。人是什么？那要由他自己去是。正因为人就是他所将是的或所将不是的，所以他才能说：成为你所是的！

存在的领悟，存在的筹划，即人的生存本身，永远领先于人的现成状态。人在成为状态之际已经超越于状态了。所以人只能说："我是"，而说不定"是什么"。浮士德不能喊出"请停留一下"，一旦停留，他的生存就完结了。

于此可以提出存在哲学的一个重要命题：存在先于本质（der Vorrang der Existenztia vor der Essentia）。拘于字面，这话可译成：是，先于所是。这意思是：如果竟谈得上人的既成状态，那么这一既成状态也必须从人的不断领先于自身的能够存在（Seinkoennen）得到了解。即使只为保住现成状态，也总要从可能性方面来作筹划。而在由畏公开出来的抛向死的境况中，不断领先于自身的存在之筹划就突出醒目了。此在先行到死来筹划他的在此。而死亡是每个人自己的无可替代的可能性,所以,领悟着死来为存在做筹划,就是从根本处来筹划各种可能性了。进入畏之境界,万有消溟,人也就无存在者可寄寓;唯悟到人无依无托,固有一死,才能洞明生存的真谛:立足于自己来在世。

人本身就是可能性。他可以选择自己:可以获得自己,也可以不获得自己,或者失去自己。唯因人天然可能是本真的人,才谈得上他获得自己或失去自己。立足于自己来在世,这一决断令人返本归真。但本真的存在并非遁入方寸之间,或遗凡尘而轻飏。只要人存在着,他就总在世界中,总烦忙于事物,烦神于他人,总对他的存在有所领悟,有所作为。决断反倒是要把人唤出,挺身来为他的作为负责,脱乎欺罔,而进入命运的单纯境界。唯畏乎天命的大勇者能先行到死而把被抛状态承担起来,从而本真地行于世,有其命运。无宗旨的人只在偶然事故中打转,而且他碰到更多的机会、事故,但他不可能有命运。

综上所述,可见此的存在包括三个主要环节:1. 领悟着的筹划;2. 被抛入状态;3. 沉沦。

第一点是决定性的。如前所述,若对其存在无所作为,此在就丧失其存在了。而筹划总是先行于自身从可能性方面来筹划。此在从可能性、从"先行到死",来归自身。换言之,此在首先在将来中。"是,先于所是"。没有将来的能够存在,就谈不上存在的既成状态。

人对其存在有所筹划,但他不创造存在。人是被抛入存在的。人已经在了。筹划就是从可能性方面来把存在的被抛状态承担起来。"已经存在"是从将来的可能方面出现的：此在在将来仍如其曾在；我将依然故我。所以，此在的曾在，共同此在的历史性，都是从将来方面展开的。

人从将来的筹划承担起他的历史而寓于当世。人只要存在，就必烦忙种种存在者，他正沉沦于存在者之中，从而把筹划着的历史性现在化了。通俗观念沉沦于当前而不自知，于是它把此刻突出出来，把生动的时间性敉平为一连串前后相继的此刻。这种"一般齐"的时间之流对生存漠不关心，只不过在我们身外均匀流逝着。存在哲学则主张，时间中起主导作用的是将来，时间性对存在来说性命攸关。死生亦大矣，而死生的意义都要靠时间来说明。时间烛照着生存，照明了人的生死整体——烦（Sorge）。

人生在世，烦忙也罢，烦神也罢，总是个烦。沦落于大千世界，自不免操持百业，逐人高低；就算收心得道，忘去营营，也还要以本真的自我来做决断。说什么出世、无为，总还是在世，总还是无不为。

烦是生存结构的整体。这个生存整体是在时间的地平线上呈现出来的。若吾生也无涯，人如木石悠悠无尽，又何烦之有？在烦中，将来突出出来作为生存的首要意义。为现在烦，为历史烦，归根到底是为将来而烦。于是烦也就指明了生存整体的那种无功无就，死而后已的情形。

《存在与时间》立旨以人为本来阐释存在。人就在而且就是人。没有一条神诫或自然法则指定我们应当怎样是一个人，天上地下并无一处把人性规定下来。人性尚未定向，它始终还在创造着。人性既非制成品，也不是尚待实现的蓝图，那我们何从察知人性呢？——我们已经在了，在种种努力之中；已经烦着，并领悟着烦。烦在设身处地的情绪中现身，在筹划中领悟，在语言中交流，在存在中展开着存在本身。但什么都无法把定烦。烦永不是定形的局面。烦之领悟也不是。人性问题或者存在问题的答案，不似方程的根，求出来便摆在那里。思领悟着在，并始终领悟在。它不提供"结论"，而只是把存在保持在"存在的疏明"之中。

尼　　采[①]

弗里德里希·威廉·尼采(F.W. Nietzsche, 1844—1900)，德国哲学家。自幼聪慧多学。1864—1869年，先后在波恩大学和莱比锡大学攻读神学和古典语言学。二十五岁时即通过著名学者李奇耳的推荐在瑞士巴塞尔大学任古典语言学编外教授。尼采性孤僻；他曾同大音乐家瓦格纳过从甚密，后来激烈反对瓦格纳的音乐。他同女性的交往更少成功，终生未娶。只有其姊伊丽莎白始终为他钟爱。他因这种孤僻之性以及过度的工作健康恶化，于1878年退休。1889年陷于精神失常，被送进疯人院，直至结束其悲剧的一生。

尼采的主要著作有《悲剧的诞生》(1872)，《人性的，太人性的》(1878)，《查拉图斯特拉如是说》(1883—1885)，《善恶的彼岸》(1886)，《论道德的谱系》(1887)，《敌基督者》(1888)，遗著《权力意志》(1901)，自传性遗著《瞧，这个人》(1908)等。这些色调鲜明的题目下充斥着先知的训示和狂妄的攻击性，虽然尼采本人是个文弱好静的学者。尼采行文奇伟瑰丽，其作品多为德文世界中

[①] 记得是好友王庆节当时在《北京大学校报》要么兼做编辑要么跟那里的编辑熟，约我写一个存在主义哲学家系列，于是写了几篇小豆腐块文章，克尔凯郭尔、尼采、海德格尔(上)、海德格尔(下)、雅斯贝尔斯、萨特、加缪和梅洛-庞蒂写没写，不记得了。收在这里的是留存在手里的草稿。

的佳作。

尼采在大学期间首次读到叔本华的《作为意志和表象的世界》，对之推崇备至。后来他把叔本华的生存意志具体地规定为追求权力的意志，主张生命的本质在于权力意志——在纷纭万象的竞争中，每一个生命都力求发泄其力量，胜过他方，支配他方，扩充权力。因而，尼采哲学同叔本华哲学被合称为唯意志论。

权力意志是原生的和本质的。认识则是意志的工具，不能用客观标准来评判。究其实，根本谈不上真理，只有一大堆不同的谬误；那些能够更好地为权力意志服务的谬误被称为真理。因而，尼采哲学又被归属于皮尔士、杜威等人的实用主义。

尼采鼓吹权力意志，反对真理和理性，都是为了突出个人生存本身。他关于生存、生命力、人生的价值和善恶的种种看法对存在主义哲学产生了重大影响，其程度更过于克尔凯郭尔。因而，他也被视作存在主义的先师。

尼采否认有一个实在的客观世界，也否认有一个高高在上的精神统治和照顾人类的生存。他借查拉图斯特拉之口喊出：上帝死了！既如此，人在认识上就没有真理可鉴，在行为上就没有善恶可循，什么都可以做。制定法度的是人自己——个人是一种全新的东西，创新的东西，一切行为都完全是他自己的。是人把艺术、宗教、感情和骄傲编织成一个世界，也是人从这个编织起来的世界中发现科学。科学本身不是目的，只有当我们能借助科学把活生生的感受磨炼得更敏锐、组织得更强健的时候，我们才算掌握了科学。传统理性一向敌视感受与激情，以牺牲具体的生存来换取虚幻的真理，所以非反对这种传统不足以重振生存意志。

生存意志不如权力意志来得贴切，因为生命并非单求维持一种勉强的生存。生存的奥秘就在于谋求扩展的深切需要，这种需要并不停止在维持生存之处，它不断地向新的权力挺进，向强者生长。自然对强者并不优惠，事实上环境永远试图压抑强者，甚至把它剿灭。弱者最终会剿灭强者。但强者不怕毁灭。权力意志的力量在于它宁肯意愿乌有也不肯无所意愿。人为什么存在？这是一个没有答案的问题。并没有一种快乐的结局等待着权力意志；快乐不是动力，"快乐不发动任何事情"；人不欲求快乐，倒是人求得了他所欲求的，快乐就伴随而至。

人是非动物和超动物，强者是非人和超人。目标不是人类，而是超人。超人是大地的精义，他们具有火热的心胸、冰冷的头脑；一旦际会，这赫赫一群就在大地上掀起风暴，向群众或末人（der letzte Mensch）挑战，成为历史的主人。他们富有雄心和蛮勇，醉心权能，而这些正是主人的道德。相反的则是奴隶的道德：怜悯、温情、忍耐与谦卑。基督教宣扬后一类道德，教人压抑地球上唯一的现实——生命所系的激情，所以它宣扬的其实只是堕落与颓废而已。

克尔凯郭尔

梭伦·克尔凯郭尔(Kierkegaard，1813-1855)，丹麦人，哲学家。他自幼从父亲那里习知基督教的赎罪观念。大学期间，他了解到黑格尔主义并对之抱反感。克尔凯郭尔才情过人，写得一手好文章，却生性怪诞，既内向又好争论，蔑视教授院士，视功名如草芥。他既反对声色犬马的红尘生活，又不赞成拘泥于知性的书斋生活——最高的生活是充满痛苦的激情。他自谓其神授使命是教人真正做一个基督徒，同时大肆抨击正宗教会，年轻时曾自绝其牧师前程，临终前还拒绝牧师为他行涂油礼。在政治方面，他持保守立场，反对群众革命。

在近代，克尔凯郭尔第一个把存在概念提到首位，因而被公认为存在主义的宗师。这里所谓的存在不是物质存在，而是指"存在的个人"。他认为这种个人存在的提法是同自希腊至黑格尔的哲学传统针锋相对的：传统哲学始终强调宇宙全体、国家、历史，强调纯粹思维与抽象概念；"然而一刻也不能忘记的是：主体就是存在着的个人"。个人的七情六欲狂喜极愁才是原生的实在；个人的一切具体存在都是不可替代的。存在着的个人比天地万物还要内容丰富。

从这点出发，克尔凯郭尔反对把生活概念化、理性化。个人生存是一次性的，柏拉图和黑格尔所谈的真理是几何学式的真理，它们在抽象层面上对人人有效，却永不能深入到具体个人的不可替代的内在性。最重要的却始终是如何生存的问题，而只要涉及如何生存的问题，实证就失去了效力——个人必然是生活的参与者，哲学家也不例外，所以他不可能提供出不偏不倚的客观真理。我们不能科学地、逻辑地推算出自己应持何种生活态度，我们只有见仁见智地进行选择。选择可以由标准决定，但归根到底，标准也是我们所选择的标准。并没有一种理性统治着宇宙，安排着个人生活，所以，世界原本是荒诞的、选择是无标准的。哲学也不能提供这种标准，它最多是对可供选择的种种人生加以介绍而已。

克尔凯郭尔好用笔名发表作品，然后用别的笔名撰文攻击自己的作品。他认为这种方法可以使他所表达的真理不牵涉他个人。他用这种方式提出各种相互争胜的人生哲学，伦理生活和美学生活就是这样一组。美学生活五彩缤纷，它用激情吹醒生存的种种可能性，永远追逐新鲜的景象而把已成的事物葬入虚无；浪漫爱情是其典型。伦理生活深沉正大，它的要旨不在将来而在当前，它心怀德念、肩负义务，婚姻生活是它的典型。这两种生活各有千秋，这里，选择本身就是对标准的选择，这种选择是终极的、基本的。

克尔凯郭尔自己选择的是他所谓的真正的基督徒生活。他的宗教思想为本世纪的天主教革新运动奠定了理论基础。他强调基督教的内在性，主张信仰是自我选择的结果，指责教会强迫人人都成为正式的基督教徒，而大多数信教的人并非过着真正基督徒的生活。他对基督教的内在性做了大量心理方式的解释，这些解释中宗教内容却很少，他干脆主张原罪这类事实是超出解释之外的。他对畏的分析影响很大。人存在着，他可以是无忧无虑的，但"不存在"始终在威胁他，引起畏。畏（dread）不同于恐惧（fear）。恐惧总有某种确定的对象；畏惧却面对虚无。恐惧束缚人，畏却把"自由这种可能性呈现到它自身面前"——人面对虚无，在彻底震颤之际摆脱了对万种尘世侵扰的恐惧。

　　在克尔凯郭尔死后的大半个世纪里，他的思想未产生多少影响。直到存在哲学兴起之后，他的思想才得到广泛关注和宣扬。

旅 美 信 札①

一

前天同丁聊了一夜，后来他进入了迷狂状态，把他及其熟人的"悲惨遭遇"从头讲起，每一两句间便啧啧有声，其中颇有几个片段，值得"人性的不倦的探索者"听取。夜半起来做饮食，心想若几个故知聚此，岂非真正的"老年点"了！晨六时余，丁自去bus station，我睡到中午。下午到Sparks去，果然抓到一大把信，从16日到27日的，读了一遍。

Tom寄来一份稿子，起身后就校这份稿子。Tom在信中热烈感谢A的帮助，我读到也十分高兴。身在异国，人情尤为贵重。ABC不听劝，只好拉倒，毕竟是他自己的事，而且他也会挑得起自己挑的担子。志勇话说：个个都是倔驴。不过志勇是头古道热肠的倔驴，请M、H多多转达上我的谢意。Ta兄在京的时候，免不了同M、H多往来，也有帮得上忙的时候；这样一条好汉，生计不足为虑。

---

① 美国留学，一开始信写得勤，通常是一揽子写给家人和朋友；众人读过后，老爸把这些信收存下来。这里选出1984年上半年的八封信，□□□代表删去的家长里短。

黑山帮的、五台帮的、突泉帮的，总之咱们乌托邦的就该这样人尽其才，合舟共济。乌托邦的特点是：不营营戚戚追逐名利，坦坦荡荡、进退自如。这境界是我们居住于其中之所。人生中可追求的东西很多，可居执的东西很少。有此居执，得多得少，都算得道。A的精选论，放在实业和政治团体中才行得通，因为在那里目标和利益是明确的。生活团体更赖天成，好也罢坏也罢，很少顺应人工的规则。乌托邦者，一向被视作人类的最崇高的理想；着手去实行却引出一幕幕disasters来。原因之一，在于生活的深度是理论很难达到的，性急的理论家们便人为地制定出了不少幸福与苦难的标准，只有孔夫子、Aristotle和Hegel，深感人性的种种变易与易变，才能摆脱教理模型，保持思的真义。

　　无论如何，我觉得这些友人及我们大家形成的风格是极珍贵的。到美国后，一直在寻找这种失落的家园感。A料我应付裕如，是高估了。

　　□□□□□□

　　花钱也不是一个计算问题，而是风格问题。反正美国佬给钱，最多叫美国佬赚回去。

　　报道一下美国的物价：

Per pound	
Rice	40¢
Fruits、Vegetables	60—120¢　大都已收拾干净，利用率多为100%，不过味道都比国内的淡，不够香、鲜。包装、广告、销售的服务都很好。

Chicken、Meat	140—260 ¢
Egg	80 ¢
Milk	30 ¢
Ice cream	120 ¢
Bread	40—50 ¢
Cakes	50—100 ¢
Beer	100 ¢
Wine	100 ¢
Cigarettes	一盒 about 90 ¢
TV (12 inch black and white)	$80—110
TV（color）	$220—200
Bike	$100
外衣、裤子	每件 $15—30
Used car	$300—2000

在美国生活是太容易了，以区区奖学金，吃穿住用不用发半点愁，若以两年的节余添置了 a car, a color TV 之类，就可以过起国内部长级的生活了。人到底"图"什么呢？

84.1.4, 15:55

那本书 A 决心译下去，就译吧，但别再轻易接其他活计了。我估计你的翻译正到一个迅速提高的阶段，遇到难句多猜度几种可能的理解，再来对照原文；很勉强才能卡上原文的译法，多半是误译。一旦找到正确的理解，一般会觉得原文本来是蛮通畅的。又，我给

Tom 校的稿子寄回去后，你可读一下，讲解释学的，虽粗浅，却是一个你无甚了解的重要领域。其中必有启发思路处。

可惜你自己的时间太少，恐怕须找个革命性的措施改变一下。□□□□□养息身体，认准了一条路走下去，其他鬼话，一概不听——除了老朱的，通过他可以了解到社会上正流行着哪些浅俗意见。

我正在形而上学的幽昧处追索，早晚要把古今大哲都评点一番；背后却是英文写作、哲学考试虎视眈眈。杨提出：要混得像模像样，同时要自己心里踏实。我想，自己心里踏实是最要紧的，当然不妨花一点精力求取最低保障，如 credits 啦，degree 啦。杨用了两年半 Ph.D 候选资格；我想不会更长了，那就是 86 年秋。（只有秋季有这一考，原则可争取提前到 86 年春。）

今天至下周一的五天是 the orientation program，天天都要到 campus 去。美国的规章、表格多得烦人。我只当它是学习英语和生活。这阵一忙过去，就该开学了。今天在 campus 把萱的事办理了，这两天在家的时间则把 Tom 寄来的三万字校完了。

爸妈如果明年来，或许小儿能凑上一份盘缠。来就住上几个月。长住倒也没什么意思，一则无收入，二则什么都没你的事儿，也怪没劲的，无非是好吃好住罢了。其实国界开放了，外国就该着急了。以后若真松动，往往来来，并非不可设想。

非常愿意读到 R 的来信，从那里读到了每一个人的内内外外。但因时间紧，不特回信了。当然，谢谢小羽的惦念，等叔叔将来成了大画家，送她两幅像样的。也许五月有人回家时，首先给小羽带点小玩意儿。待小羽身体好时，R 可加劲儿读点书，叫老朱开个书单。

Christmas 后，天气始终阴而温和，夜里不过-5℃。我每天的生活都记下来了，可知各方面都挺好，请大家放心。也祝每一个人好。

1.5，27:01[*]

二

想起来真惭愧；我好像刚刚意识到自己真成了 a full time student。亲人、朋友都不在身边，不用张罗甚至不用参与任何事情，没有压在顶上的译校任务；一天一天，全是供自己使用的自由时间（TA——Teaching assistant——is supposed to do 10—20 hours work per week, but it is most likely that I would be exempt of any duty in the 1. semester），无非是要学会英语，参加专业考试罢了。我应当做得像样些，珍惜这几年光阴。替 A 多读几本书吧。

今天在 campus 混了一天，就当练听力吧。各种人讲各种事，仍不能全听懂。□□□□□□ 同座的 internationals 中，数我的 English 差。那些黑人、灰人、绿人，开口都会讲，气煞老陈。（这一班大陆生唯我一人。）

傍晚归舍，Bob's 已经回来了。山南海北地扯一回，就把一晚上混过去了。我已经做了一些努力，还要抓得更紧，完成一个庞大的计划；虽不能似 R 设想的那样在这里建设一个团体，但也不会让大家失望；倒更盼望 A、朱、于洋诸兄做出成就；希望 H、R 等亦不浪掷时光，各有进取。

---

[*] 此处时间写法为作者有意为之，本篇下同。——编者

现在我吃、睡还很混乱。睡得很少（5—6小时）。花销是rent $100，其他各项瞎估计一下是：水电$20，暖气$25，phone $20，food $70，其他零用$100。$350 per month足够了。因与美国佬厮混，比大多中国生的花销要大不少。这前几个月还要添置些大件的东西，外加头一个多月无收入，所以半年之内恐怕不会有剩余。以后每月能多出$100。

1.6，25:47

昨天下午收到家中与R2日信，北京来信真快呢。我常细心反复阅读来信，还远不止是思乡之情的疗慰，信中的所思所感常常能到人性深处，我十倍地愿把时间用在这些通信上，更甚于同中人厮混。每封信都让我感动。在我感觉起来，人在深心中多有百般善意和爱意，但"现实"妨碍表达。我不是说"深心的"就是"最真实的"，朱说，当一人独处时，往往因自己的善意而自我感动，为自己的能力感到振奋，自忖道："if I were in the position…"；当他当真 is in the position，却干得同其他人一样，甚至还不如别人哩。当一个人蜷缩在"内心深处的"时候，由于把"个体"孤立起来了，往往造成了最不真的局面。我们在72年，虽亦强调精神不仅是崇高的，而且是有力量的，但那时毕竟过分强调了精神的"自我意识"。73年面对现实，犹如从Kant进展到Hegel。"现实是冷酷的"，因为它要把来得太轻易的善意锻造为实实在在的善。"深情"难得直接见于日光，至少你得考虑：不要引起误解，不要烦扰别人，不要伤害第三者，不该削弱力量，等等，仅"避嫌疑"这一现象，就够研究一阵的。结果，种种外在、内在的规则建立起来了，"男子汉气概"是一个典型。诚如雪小姐言：弄不好就成了"粗汉"，却还自充"硬汉"呢。中产阶级的礼貌教养是又一典型，有时你真得说，那些中产阶级的为人无可挑剔！建立规则是为了使游戏不至闹到一团糟而无法进行，结果学得慢的人却会因为紧盯着规章而失去了游戏的情趣。

我们只有在"家"里，才可以"自由地"表达感情；生活在诗哲境界的人应懂得如何建立桥梁，使人的内心得以沟通，从而把世界建成家园。这是一种艺术。艺术使满怀情思得以沟通，使生活变成"真实的"。生活就是艺术（不是在暗喻的意义上）。轻薄的人"逢场作戏"，严肃的人"认认真真唱戏"。在狭义的艺术领域中，大师如何精通规则而又充满情趣已成了老生常谈。匠心者，有心之匠也。当西方社会进入技术构架之时，哲人惊呼西方人失落了"家园"，如果不知道辛勤持家，家园便荒芜了，"在家"就像在荒地上一样。On the other hand，如果规则已被掌握到自如的程度，你便"到家"了，自由了。

1.8，11:00，雪

这两天读书来劲，不准备去 campus 了。

虽已同美国人打了一个多月交道，英语仍只有不大的进步。听力略有改善，说话时的注意力还放在 he/her/him/his/her、does/do/did、has/have/had、was/were、OK?/OK! 这些最基本的事情上，即如此还难免出错；还有些较生僻的词的 accent，总念不对。Pronunciation is important，first，发音好鼓励开口，second，说快时若发音太差就搅成一团糟。我自知语音天分低,只好甘受其苦。Writing is more difficult, 小丁的英文不如我的,真不知他怎么写出几十页几十页的 papers。当然,爸爸的教导是对的,学习急切不得,一是等着时来运转,二是自己摸索方法。等你体会到了适合自己的路子,离学成就不远了。

在此并向妈妈问安,希望此信到时,贵恙已霍然脱体。祝妈妈身体好、情绪好,早日到 America 来玩。

A 请代问候雪芹。谢谢她的来信。近来家信写得多,先不给她回信了,好在雪小姐气量大,不在乎。再见到老岳、淑英等人时,捎个好。他们不要就捎回来。

1.9, 14:39, 阴

A:

说到感情,可以想象两种极端的状态:登临冰峰之巅,白灿灿的阳光照耀着,寂静而寒冷;在严冬的日子里,蜷缩在黑洞洞的地下室里,互相看不见对方,却感到体温并借此温暖。这两种我们都经历过的。但若只择其一,你选择哪一种?很久以来,我就感觉着 warmth and light 是人生中至关紧要的两种东西。而现在,这种体会更深;因为现在胸中充满了活力,就像 72 年一样(surely 12 years older),体会得到理性的阳光和生机的温暖相互融合的情态。

所有的片刻,曾经珍贵,我们都该珍惜。

1.10, 14:37, 雪

三

Happy Spring Festival!
Happy Holidays!

昨天是 Bob 的生日，午后，去租雪橇，然后驱车向西南 10 公里处的 Stone Valley。State College 海拔约 300 米，为高度差别不大的山丘环围，南面的山屏约再高出 400 米，Stone Valley 就在山的南侧。前天一场大雪，昨天却晴得透彻；车到郊外，先是平坦开阔的农田，满覆白雪，向碧天伸展开去的雪原；而后来到山间。停车后，换上雪橇。第一要义是要学会跌跤。downhill 固危险，uphill 也不易，跌跌撞撞跟在 Bob 和 Denise 后面，不禁想起大踏来，也许这家伙不用一个小时就能比美国佬滑得好呢。sports 和 studies 一样，都有触类旁通之妙，节奏、平衡、大胆而精细。滑出几里后，渐渐觉得自如些了。山上荆棘不多，一大半是森林；常青树的叶上，枯树的枝上，托着茸茸的雪，鸟兽惊动，扬飞起一片雪花；山巅上是草甸，现时亦被雪埋着。没有风，不冷。奇妙的是，在这山中谷中，几个小时遇不见一个人影。林深林浅，山晴山阴，这一番景色，还不止是赴美后从未见过，便在这几十年中，也算得是美极的。日落前，滑下一山间湖泊，直径两三里，开阔平整的雪面上反映着晚日的色彩，令人惊叹不已。穿过这湖，沿一条溪流上行，溪宽两三米，溪水或行于冰下，或没于石间，水清石冷，其声淙淙，只是此时累极了，且暝色已深，未宜久驻，一路急滑，回到停车处。脱下雪橇，松一口气，再独自漫步开去，此时半轮明月挂在天顶，数点明星缀在深蓝的天幕上；天空和雪山都晶莹而沉寂，犹如步入了一个童话世界；神奇的美好的但绝不是单调空洞的世界。It was one of the happiest days of my life.

滑雪归来小憩，到 cafe restaurant 吃饭。一份 $7—8。总觉比中国菜单调。可惜美国佬富甲天下，就不懂品尝美食的佳趣，毕竟"夷狄之邦"也。

归后，在地下室建一堵墙，把我的居室隔开。

刚想谈点儿正经的，就收到大踏和申萱 1.7 的信。

踏，萱：

感谢你们的来信，受益匪浅。

赴美后的一个月心神紊乱，人们夸我对付新环境的能力，但我还不至头昏到忘了自己的弱处。过去一些年头里，我曾有求全之志，但克服一个弱点比发挥十个长处还难，难怪说"扬长避短"呢！嘉曜的担心是有道理的，人不仅避讳自己的弱点，而且还会通过合理化来炫耀它们哩！年轻时候，于洋、嘉曜和我常谈起：等我们老了，可别像那些老家伙似的。曾几休时？就要步入中年啦！你们可曾注意到中年人的特点？——猥琐怯懦，可一给他机会，他就像英雄一样得意起来。20 岁的人称不上男子汉；男子汉是相对于"人到中年"而言的。如大踏所言，男子汉确实"冷酷又富温情"（而非迟钝而又难舍难分）。感谢大踏，在这关头提醒我："一动不动"，决不动摇扭住生活的努力。真生活已是难事，但它还不就是伟大。伟大者挑得起民族精神；时代堕落下来，谁不被压垮？谁来扭转乾坤？

勇气的衰减,眼界的缩小,因把"人格"囚禁在"自我"而感无能为力。把这些都一言蔽之曰成熟,曰明达,行吗?明于何物达于何处?不凌绝顶言何明达!

一个辞别已久的世界正向我重新展开:精神的太阳从古希腊庄严地上升。This is the world I belong to. 每个人坚持自己的精神方式,发挥其素质,才使现实世界充满情趣;发挥个性,也就是求全;不是要样样比人强,而是要把能做的能学的都办到。不能不负责地把自我卸除到一种主义上面。是该像年轻时一样从饱满处发音。胡平永远清醒:本来我们的声音就软弱,若再耳语,谁听得见?你站在 Pantheon 前,就不会像实证主义那样细声细气。Anyway,等我们再相见谁也别使谁失望,"一起拥抱生活",虽然是各从各的来路拥抱生活。

元月 12 日,18:58,晴

被人们永远纪念下去的古代希腊,人们的日子过得很简朴,有点儿钱就去建神殿,建海军。难怪说到奢靡,就说:"东方的奢靡"。Bob 夫妇痛恨中产阶级,爱好读书和游山水,日子也过得简朴(they are not rich, anyway)。周边也少见生活奢靡者。美国姑娘穿衣服,还赶不上北京的,谈何海派港派。电视节目比咱们那里好,不过我几乎没看过(我们没有电视)。报纸量大,一大学报纸的版面可能等于北京所有正式报纸版面的总和。家家有电话、汽车。房子宽敞,铺着地毯,任你在地板上躺着、趴着、跪着、歪着;教授请来客人,就按这些姿式"入座",极少有人西装革履。这里生活的最大优点是方便：任你想得到的，还有你想不到的，都有的卖。

今天上午去见主管系研究生事务的 Dr. Corrington，他告诉我系里决定免除我第一学期的 TA 任务。然后去注册，有无数表格要填。中午参加英语口语测验。这回全是说，对着 mic 回答 20 分钟问题。本来说就是最差的一项，外加状态不好，估计顶多能得 130/300 分。200 分及格，230 才有 TA 资格，即使状态再好，也及格不了，所以不见得懊丧得了不得。

眼下的学习时间分成三部分：1. English。生活在英语世界里，各方面的漏洞都显出来了，发音、词汇量、拼写……却还未找到一个迅速提高的方案。我不敢相信日久自然成，一则见了不少日久终不成的例子，二则，如今若干日说不上一句中文（除了跟林怡通话），事事非英文不可，所以还非得找到一条路子快速提高不可。不过我相信会找到。2. 阅读。美国教授开书单的本事是出了名的，可怜我老兄紧读慢读，也赶不上那些 lazy-bone grads。3. 思考。几个小时几个小时沉思默想却找不到头绪。我又一次感到哲学之艰难，灵感和体会替代不了枯燥的思考。下周一开课，当然更忙了。也许，不得不暂停研究工作。反正，机器已发动起来了，现在的问题是把车引到 highway 上，然后开足马力。

25:48，雪

昨天上午 Bob 夫妇到 Washington D.C. 去，Denise 的父母不久前搬到那里。两人今晚回来的。

一个人在住处读书。使劲读，好像这是想念亲人的最佳途径，好像是在为大家读似的。我倒真觉得，如今有这条件，不多干出点什么，挺对不住江东父老的。我多读，嘉曜多想，老朱多吹牛，争取建立起点什么。

The Giants of Pre-Sophistic Greek Philosophy by F.M. Cleve，2 volumes，1969，580 p. 我看这是研究 Pre-Sophistic Philosophy 的必读书。Cleve 整个重建了 Anaxagoras，Heraclitus，Pythagoras 等，证明了关于他们的大量传统说法都是 hearsay。By the way，Cleve 还举 Kant and Spencer 为例说大哲人往往没多少哲学史知识，我想这条考证一定会使嘉曜和老朱眉开眼笑。

我走遍海角天涯，总怀念我的家。

写得太多了，明天发出此信。

1.15，21:34，月，晴

四

离家见月两回圆

这学期我打算修三门课（每门课 3 学分）：

（1）周一晚，现象学。授课教师，Alphonso Lingis，思想开放，Bob 最喜欢他；

（2）周二下午，柏拉图。授课教师，Stanly Rosen，who may be the brightest mind in the faculty；

（3）周四中午，Science, Religion and Philosophy，授课教师，J.

Kockelmans，其作为学者可能是本系名声最大的。

还要修一门英语。自己的学习打算集中于希腊哲学及文化。

昨天和今天都上课。昨天正在思考一个问题，所以几乎未听讲。课堂上认识一位 Rick，who invited me to talk over a beer after the class。我们，以及两个姑娘，聊了一个钟头。今天是 Rosen 的课，这家伙真够 bright。听力有明显进步，但交谈还不行；主要的谈伴儿是 Bob，who is very talkative，简直不能安静一个小时以上，这对我很适宜，虽然不免打扰我读书。他找到了一种表达和理解方式来迁就我的听力，这样我们就能进入较为广泛和深入的话题。总的说来很孤单；不过我早觉得该有一段孤单的时间供我来沉思。

这个月以来一直不太冷，常是雪转晴（不似上个月总是雪转阴）。刚散步回来，欣赏了一阵"皎洁的月光"。没不顺心的事。读着圣贤书。昨夜梦见嘉明已办妥手续，乐醒过来。但愿是个吉兆呢！

26:42

Plato, *Sophist*. 不懂希腊文要研究 Plato 几乎是不可能的。多读。反正我们不会成为柏拉图专家。我们从这里汲取形象和灵感，开拓我们当下领悟的视野。

近两周未收到家信了。邮路出了什么毛病？

口试测验的成绩是 190/300，比预想为好，但反正得按要求去修英语课，每周一、三、五上午。这下可就得天天到 campus 去了。当然，如果无趣，我会想办法逃课的。既然得了 190，下次及格（200）就不愁了。再说，怎么忙都是忙，一天只有那么 24 个小时。

周二和今天分别在图书馆消磨了不少时间。今天午后听Kockelmans的课，看来此间教授的水平比我所了解的北大文科教授水平高得多，初未做如此想。

说起来，我在这儿是强装"应付裕如"的样子，其实还不是"穷于应付"。从办件琐事到读书听课，事事要花成倍的气力，又不能永远装傻等着人家帮忙照顾。I can handle it myself，废话，挺大个个子。无论如何，离打开一个局面还远呢，先对付着。

不闲扯了，希望明后天能收到家信吧。

17:38，雪晴风冷

练习打字。

M. Parker, *Socrates: the Wisest and the Most Just?*, 1979, 112p.

近二十日未获家书！实觉情绪低落，无心多写。但此信却也必须寄出了，否则就超过了自定的8天期限。我各方面的情况还都好，昨天且是美极的晴日；今天也暖，但阴着，融雪使满街积水，有点儿讨厌。只是不知大家是否都安好，仅只邮路出了问题，还是什么事出了差错。明天林怡通话后，若无答案，我就准备往北京挂个电话。只愿大家都好吧！

让我重温旧日的友情比一切更甘甜。

1.24，23:33

五

Plato, *Philebus*, 64p.

Greg 来晚餐。He is a smart and handsome guy. 饭后聊天。一个月前他来过，同 Bob 长谈，当时我虽觉听懂了大多数单词，却基本没弄清谈话内容。这次大致听懂了，一个原因是增长了不少背景知识。我也参加了讨论，这是第一次同 Bob 以外的人讨论。我们争论美国的自由制度是如何形成的，胡言乱语的自由在何种程度上淹没了真思的声音，学院哲学与真思的区别，能否以及如何冲破学院哲学的框架，等等。

26:15，晴

至 Penn State 的月余，各方面进步甚微，未始不有些急躁。盖不习惯抓紧点滴时间之故也。本学期还有三个半月，应争取(1)读 8 千至 1 万页英文；(2)听说能力考到 230/300；(3)打字达到 3 pages/hour；(4)完成两份 papers；(5)完成两篇专题论文。

学习生活诸项的安排，学习方法，都在摸索中，已比初来时入门了些，理应求取更高的速度。仰先贤而知不足，焉敢顾左右而自喜。

上课。读书。思考。上课。读书。Bob 也在读 Plato，来同我讨论。我便把新近读 Plato 的心得说了一些，Bob 为之狂喜，说明天就援笔作文，美国佬的脾气。咱们中国人想得多，讲得少，几乎不写，根本不干。Bob 有点灵性，或可点拨。

25:09，雪停

昨夜开始写"论仁"。

英语班十个学生，六个大陆同胞，英语大多不如我。每次连路程共约 2 小时，几无收获，因教师 Vicky 似待我颇善，今斗胆打电话商量不再去上课，只有测验时去（此课 3 学分，论理不得旷课），她竟允我，将省我不少时间。读书。上课，an excellent lecture。访蒋科夫，他请我住到他们那里，$100，一人一室，约 16 平方米，包括家具。条件优厚，然为多练英语计，且若搬走将大伤 Bob's 之心，谢绝了。

还听说：教育部新文件，取得 candidacy 资格后（我大概是 1986 年 10 月）国家可出钱供探视一次。又有说，研究生若能办理家属出国，国内不卡（我是以 exchanger 身份出国的）。又说，自费者取得学位后要回国，国家可供机票云云。

晚饭后，抓住一个重要思路，写，极美。连日来，思有进益，便把英语造成的压力看轻了几分。说到底，英语只能算一种工具；通过考试，应付日常生活，写蹩脚的 papers，这些都不必太操心也混得过去的。最多是妨碍交际，被人视作傻乎乎，几年不交朋友，打不开局面。那么多人也这么过来了，何我独不堪呢？

Bob 归，吐诉心事。午夜，Barber 请我们去做客，一时发懒，就只由 Bob 去了。本应抓住每一个机会同美国人交际的，何况此间对我热心的人算不上很多。独守 empty apartment，思及京华新春，亲人好友必有一番热闹，便对着录音机胡唱了一曲 Sweet Home，聊寄乡思。

1.31，26:05，多云

六

The Pre-Socratic Philosophers, Jonathan Barnes, 1981, 703p.

一个奇怪的除夕，独自熬夜至凌晨五时，睡到十时余。吃饭上课读书等。春节过完啦，亲朋必也早早休息，我反正每天上课不止，毕业而后已。

春节，25:15，晴

上课，测验。同 Corrington 谈免修英语，希望不大。下午打字。晚上，应小夏之请去玩了会儿桥牌。写信。Bob 心情不好，谈友谊。他觉得美国人多不懂深刻的友谊，我说在一个开放社会，人有各种机会，各种支持，强调独立性，遂视合作比友情更重。若有一个社会，就说罗刹海市吧，是非颠倒，那么一切正常的理性判断都得借助"朋友集团"；在一个没有公共服务的社会里，朋友之间更会相依为命。我还讲道：既保持独立性，又不封闭自我，善莫过于友情矣。

2.3，27:20，雨住

下午收家信，很高兴。我早买了些木板，Bob读书间歇就帮我做个书桌，今晚竣工。顺势把书籍、照片、杂物收拾一番，小屋变得挺可爱的。午夜后，到一酒吧会Barb和她丈夫Paul，后来觉得酒吧太拥挤，到Barb家，读《易经》《道德经》，中国婚俗，后来又听Paul、Bob聊美国的旅行、山水，归来已四时。出国有益处，置身在异族之中，从滔滔不绝变到讷讷寡言本身就是一种奇异的经历；再则，你可以对人性之普遍性多一层体会。

　　今晚，迅速融雪，有些草坪已露出草来。和风徐来，有新春气象。生活虽算不上欢快，但一个多月来始终感觉到内心的充实。

28:29

　　中午才起身，打字、午饭。散步，霏霏细雪，十五年前的景，十五年前的情：深深的海洋，你为何不平静？用功。傍晚，一钩新月；未久又飘细雪。童话般的景致，冰雪般洁白的憧憬。

2.4, 24:47

　　昨夜汉译英。今上午听音，下午读书。英语进步慢得恼人。但已渐摸索到在新环境下的学习方法，可望有长进。晚，上课；读书。Bob和Denise争论上Bob周六在Barb家的举止，我后来终于介入了这场"家庭纠纷"，因使争论达到完满结局而感满意。

26:20，新月，稍寒

听音，打字。午后，约见系主任 Vaught，争取免去英语课——一周浪费 6 小时。我本以为无何希望，不过因学了美国驴的脾气，凡事不试一下不过瘾。谁知经 Dr. Vaught 等一番努力，竟被批准免修。行政楼为 Daylily 办申请。Shields 办免税（一月底给了 $697 助教费；若办成免税，可多出 $50）。至 Penn State，两个月，花费 $900 多。房租 $300，食物 $170，水电暖气 $80，游览请客 $80，电话 $50，木料 $60，椅子 $40，衣服 $110，录音机 $40。"米国"米倒不贵，白居却也不易呢！

天不算暖，然晴云数朵，冰雪半消，在校园跑得一圈，身心颇愉快。上课，wonderful。有几个哲学问题，本以为唯有自己觉察到了，竟被 Rosen 说出，未可谓美国无人呢。与 Bob 在饭馆晚餐，谈得不错。

Vaught 说，哲学系的研究生，仅只能开口说话提笔写信还远不够。我同意，从前只把英语当作工具，现在事实上，英语已转变为专业了，非下硬功夫难取全功。但我仍然不把握是否能在两三年内达到文化阶层所应掌握的英语。英语是比不过美国人了。不过，如果两个月的"阅历"就有发言权的话，我实觉得中国人在智力、性格、情趣、德操上，并无太多难见于人之处，即使现有的几处，也多是由"其他原因"造成的。中国原可不被视为原始愚昧落后之国。我想百年来的留学生，多有此感。可叹人是政治动物，而政治并不比"人性"更外在，更容易弄些。怎样使人相处、合作，不是附加在"心灵生活"上的。政治改革的要求不会停止。政治虽非万能，但在今天，却能改变很多东西。不说改变"精神"，至少能改变"精神面貌"。

让人干事，人的头就抬起来了。夸张一点儿，天下人的本性差不多，哪个民族都有"劣根性"。西班牙称霸一时，不是那里的人民特具优点。这一辈人不可图自洁其身，还须仕而行义。每一个有机会为政治作贡献的人都应把它视作第一选。这代人想做学问也做不出什么名堂，只有同现实一起思考。无论如何，建不成共和国是这代人的耻辱，虽然借口确实不少。

2.7，20:47，新月，轻云

七

Four Stages of Greek Thoughts, by John H. Finley, Jr., 1966, 114p.

听着贝多芬读希腊，你不禁奇怪男男女女干吗非要离开古典，去发明什么新玩意儿。哲学里也有一样的光辉，只可惜必得通过一些艰深的门径才能目睹见那神圣的光辉，凡人便无此福分了。

Foundations of the Metaphysics of Morals, by Kant, 1785, 50p.

费了不少时间读这五十页，仍没有细细弄通。这篇文章可视作"Critic of Practical Reason"的纲要。这次读来，和12年前的眼光略有不同，也未重新领略少年时单纯的欣喜和震撼，但Kant之伟大，还能感到。我一向以为Kant有点儿憨头憨脑，经常一本正经地编一些不大能自圆其说的证明讲给人听。现在人们证明了：Plato，Kant，Hegel的证明是无效的。这并不妨碍今后大哲学家（if any)

还会编出证明来（why？——这倒是个有趣的哲学问题）。中士一定感到奇怪：既然我提供了更详尽的证明，出了更聪明的主意，为什么人们不用我的来取代 Plato 和 Kant 呢？

Kant's Ethical Theory, by Sir David Ross, 1954, 96p.
　　大评述家手笔，开篇及义，可视为研究 Kant's Ethics 的必备参考书。

　　周四周五天晴，可爱的阳光，就像精神照临疲软的日常生活，使人充满生气和希望的光彩。
　　周四晚饭后，谈起中学，Bob 夫妇就带我到舍东的学校去参观。Penn State 是美国最优秀的教育区之一，盖此间各级学校都等于是教授子弟学校，小学教师亦多有持高等学位者。还有一点，亦令我感触良深：在美国，绝大多数公立设施皆可参观，主人遇见，但为介绍，而不警惕猜疑，实《法国病》所称的"新教信任社会"。国内却总宣传美国的犯罪率。曾读一书，记一明星被暗杀，暴徒按门铃，她即去启门，虽夜间见陌生人，并不为怪，转身邀入室内饮咖啡，遂遭谋杀。
　　周五晚上在我们这里举办了哲学俱乐部聚会（所有研究生都是俱乐部成员）。Bob 不喜欢大多数同学，实勉强应承主办此会。来了三个教授，12 个博士生，听 Carrot 读他的论文，"The Difference of Thing and Object"，未能听得很明白，也不觉得有趣。Ed 等人留得很晚，后来因小事欲同 Bob 争闹，一则啤酒饮了不少，二则 Ed 以政治保守称焉；Bob 干得不错，勇而有礼，站住了脚跟，但事后甚为同胞之无聊赖懊丧。

Bob 对本国抨击颇尖锐,其友人之中有言:"身为一美国公民,享如此自由富足与光荣者,不思卫国如卫己身,而视政府至庶人皆败坏可憎,殊不可解也。"本国人争论美国政治美国生活方式时,我往往不敢轻下结论;然行于小城周边,安静和平,但见小楼草坪花坛,树木参差,松鼠游戏其间,鸟雀鸣唱其间,街区外,汽车川流在高速公路上,心何尝不为之动,何时可使国人庶富且有教!

昨上午细雨,如江南早春。晚应邀到小夏处玩牌聊天。归与 Bob 谈人生如浮舟,虽至贵重之友人亦难免分离之苦。又谈及,每一志士实必以民族或文化为己任。

今天还阴着。读书。

2.12, 16:53, fog

八

嘉曜:

4.28 来信收到几天了。这封复信将托回国探亲的人捎去,大概十天后能到你手里。国内的大势有时我也从 Time 上得知一二。日日夜夜盼的还不是这个民族有指望?要把中国建设得像这里一样富足是根本无望的。但也用不着这样富足。让各种人都过上一种像样的生活,各种人都能繁荣向上,便足够好了。关键在政治。不能把希望寄托在乱干一阵上。有没有远见?非要和远大的展望结合起来才谈得上坚韧的努力。否则最多各自弄几个钱。不坏在中国人不勤奋，美国人的勤劳和效率多半是传闻，到美的华人（诚然不能当作华人的平均值）常恨美国人懒惰。不在于忙不忙，在于忙出个什么名堂。国内多少精力耗蚀在扯皮之中，更不说不合理的格局造就了多少懒惰。效率也不是引起人情淡薄（被批评为西方社会的主要弊病之一）的主要原因，无所事事的人很少有忠于友爱的，徒然滋长了自爱自怜的情绪。胡平说得对，中央政府并非决定一国面貌的唯一因素，美国总统多半时候只能随大流；在于相当数量的"积极公民"，而首先这些人得学会怎样在现代环境中工作与合作。失败不全怪我们自己，但说到底还是我们的失败。海外学子纷纷设法留驻，宁不让人痛心？什么时代的男儿该只乐享他人的家园自喜？什么叫道德沦丧？不是春宫画，是一个民族不再产生为它奋斗的男儿。雄心，高尚，慷慨，这些名号尽可以被玷污，但我们总不能认为这些德行一钱不值了吧？说什么我们老了该不会那副德行，可如今已渐渐罕闻中夜狂歌之声。真挚的理想，少年的狂狷，该不会被编得拙劣的遁词掩埋吧？志士何在？诗人何在？没了这些人，当然什么都没有了。诚然，还有当官的、做买卖的、教授、和一伙把性倒错当作贞洁的庸人。

　　Aristotle 是哲学之父，正如他是一切科学之父。哲学根本就是西方的产物，像一切学科一样。用体系的眼光去看待孔、老，不能不误解，不能不失望。在 Aristotle 之前，哲学不是一个学科，但有思，思体现在哲学里就像体现在艺术、宗教、历史、科学、行动中一样。现在美国哲学系十九以分析哲学为长，分析哲学之外，也往往只是文献学。我们读了不少哲学，但我们要当哲学家吗？哲学在我们眼里不是一门学科或文献学，而是道机深浅的问题。道有时在哲学里，有时不在。

84，5.7，26:00

论　享　乐①

　　不少道德理论把享乐视作人生的目的。于是受虐、禁欲、牺牲、爱情的哀伤都得被解释掉。另一些理论断然否定享乐的终极价值，提出这种那种崇高的人生目的来。理论家好像认定了无论什么样的人他们的人生目的都是同一个，他们又好像不知道，快乐和不快乐通常总缠在一起，人们在行动的时候很少会知道他会弄到几分快乐几分不快乐。不但不知道，也很少有人会事先去计算一番。人们就是要活动一番。

　　我认识一个爱玩桥牌的朋友。玩得很臭，玩呀输呀，弄得自己又急又恼，可他月复一月年复一年地玩下去。他可以去看电视、读武侠小说、吃小点心、睡觉或与别人睡觉，不说把生活大大享受一番，至少可以减去不少气恼。他干吗一直玩桥牌？与其硬说他为了求快乐来玩，不如简单如实地说桥牌使他来兴趣、赢或输、快乐或烦恼，反正玩一场就有趣。interest, interess, 解作兴趣也解作利益。不是说有利可图才能引起兴趣，倒是只有在生兴趣之处才能衡量利益。你怎么与一个了无兴趣的人盘算得失？一个人所事已定，连命

---

① 在美国留学，一个学期下来，好几门课要写期末小论文，写成，请同舍 Bob 改，满以为自己写得蛮通畅，他却怎么读怎么别扭，批改得一片红渍。忍不住回过头来用中文写一遍，觉得舒畅很多。

都可以搭进去，你怎样用其他利益说动他？一个老朋友爱把圣经上的话反着说：你的心在哪里，你的财富就在哪里。

享乐也罢，享不着乐也罢，我们都生活一场。明知今后苦比乐多，还是值得活下去。有的人干脆自己选择了更艰苦的生活。生活中自有情趣，不管到头来获得多少福乐。其实到头来什么也获不得。生活本无内在的目的，生活设置目标，设置桥牌中的顶分，赛场上的终点。我们为了游戏设置目标，然后才为达到目标游戏。无论什么结局，都是我们自找的，因为我们本来可以随时退出人生游戏。

什么都可以被设为目的。亚里士多德列出享乐、财富、荣誉与沉思，另有人提出长寿、权力等。各人的目的不尽相同，一个人也可以有不同的目的。细审之下，却会发现一个人往往有一种主要的兴趣，希腊人称之为主情。围绕着这项主情，其他兴趣组织起来。有些主情比另一些更强有力。这首先是说有些主情可以包容更广泛的兴趣，使这些兴趣各有意义，互相渗透结合为有机的整体。若依此说，做工挣钱就属较低的主情，因为做工只为了挣钱而不是为了做工本身，却很难想象一个为解难题而煞费苦心的数学家会愿意放弃解题而只被告知正确的答案。强有力的主情为其手段灌注情趣，从而成为游戏。

这样比较起来，享乐就是一种较低级的主情，因为享乐把其他活动当作达到享乐的手段而对这些活动本身不感兴趣。理论家之所以把享乐和人生目的混为一谈，一是因为享乐之为主情虽不能把人生的其他兴趣组织起来，它却差不多可以被组织到任何其他主情之中。初恋的惆怅、禁欲的顽梗、智者的忧郁、英雄的孤单，这种种不必快乐，但也可以乐在其中。二是因为很多人达不到更高的兴趣，只好把享乐当作主情。但不能由此推论说庸众比精英享受更多的快乐。

再者，有的人天生快乐，有的人天生郁郁寡欢，这与他的德性没太大关系。诚如拿破仑所云：快乐是一种性情。不过，对愈丰富的性格，快乐与否就愈显得不那么重要，但若一个没什么特色的灵魂同时又缺少快乐，那就很不堪了。上帝让白痴快乐，实在再公平不过了。

游　　戏①

在一篇题为《泰然任之》(Gelassenheit)的演说里，海德格尔指出现代科技型思维对人的本真生存的威胁。他所提出的应救之方是："任这些（技术）对象依宿于它们自身，任它们作为某种无涉乎我们至内与本真处的东西。"在对这篇演说的解释里，海德格尔进一步提出"愿无所愿"(Will das Nicht-Wollen)，这就是泰然任之了："我们唯有等待，无可他事。"等待什么？"真正说来，等待没有任何对象"，我们只是"在等待中任所待敞开"。

其后，在一部题为《论充足理由律》的集子里，海德格尔先断论充足理由律或充足根据源于人类理解的本性："我们在世上的途程永远是在通向种种根据以及根据本身的中途上。无论碰上什么，我们总要为它找一个根据。我们通常肤浅潦草地找个根据，有时则走得深入些，却鲜敢于一直走到思之深渊的崖缘。"所谓"思之深渊"就是作为人生的真根据的无据深渊(Abgrund)。无论把什么端出来作为根据，我们总可以问出又一个为什么，问到头来，连天上的众神也无言以对。

---

① 朱正琳在《德国哲学》做编辑，邀稿，写了一篇《"此在"的本真生存》，是我第一次尝试中规中矩写"学术论文"。文章不足观，这里只选了该文的最后一节。

在这部集子里，海德格尔引了安吉卢斯·西勒修斯（Angelus Silesius）的一段诗：“玫瑰花在，不为什么；玫瑰绽放，因为它绽放，对自己无所关注，也不问有谁观赏。”

其中道理，于人也是一样：我们不为什么生活，生活就是生活一场。本真生存不用"为什么"来逼问自然，索取答案，而只是泰然任自然如其所是地存在，"任存在存在"。这样，海德格尔就跃出了近代西方哲学传统中"理性为自然立法"的主张。而"借这一跃，思达乎游戏的广阔天地，而我们人的本质就设放在这游戏之上。……存在之为存在就依栖于这里所指的游戏。……世界成乎神祇游戏之际"。海德格尔认为，借这一跃，他跃到西方哲学的源头处。赫拉克利特曾在这源头处启示："永恒是个弈棋为戏的孩童。"

海德格尔接下去说："他游戏，因为他游戏。……只是游戏一场：那至高至深。但这个'只是'就是一切，是一，是唯一。无根据则无物存在。存在与根据：一回事，而存在，奠定根据的存在，并无根据……剩下的问题是，我们是否，我们如何，在倾听这一游戏的诸命题之际，一道游戏，契入游戏。"

在海德格尔研究中有一种意见，认为海德格尔思想从前期的此在中心到后期的存在中心之间有一个大转折。我不同意。基本的论据当然是海德格尔在《存在与时间》中明确声称此在的诠释学旨在澄清存在问题。反过来，在1949年的《论人道主义的信》中，他仍坚持说"人是存在的牧者"。若说转变，倒是晚期海德格尔不再强调个别化，而多谈人之嵌入无，谈人的敞开。从横心向死到游戏一场，情调不能不说有变化。不过，晚期的诸种提法，如"泰然任之"、"愿无愿"、"游戏"，没有不能在早期著作特别是在《存在与时间》一书中找到相应提法的,这我们已经从畏、无、无据深渊、先行到死的自由等等之中看到。其实,这些提法已经概括在学究气的"存在先于所是"这一命题中。根据这个命题,存在永不能被规定成任何定型的局面,一切确定的理想和所愿,都达不到存在的空灵处;若要真见存在,就要待存在自己不断开展出来。这样得到领会的存在,海德格尔有时称为"无"。而中国哲学向来就称之为无。

如果在这样的背景上领会人生,就可以了解把人生称作游戏是什么意思了。生活设置种种目的,正像游戏一样。设置跑道的终点,设置桥牌的顶分,这些都不是游戏的内在目的。起先我们设置目的以便游戏,而后我们才为达到目的而游戏。我们喜欢游戏,哪怕赢不到什么。到头来,谁也赢不到什么。

虽说"游戏"这个词难免显得轻佻了些,但在实际游戏中人们多半格外严肃,这只要看一眼正在游戏的儿童和成人就知道。一篇《逍遥游》,把游戏的精神写得淋漓尽致,"玩世不恭"这样的话还够不上皮毛。搏扶摇而上九万里者,其视下也,当然会说"亦若是则已矣"。学舌说"看穿"的,却十有九被狭窄的私利裹得穿不进天光。明了了其中的大小之辨,就不至误解"无为"了。我们中国人实在是常常拿了"无为"来掩护自己的无能。老子的确讲"无为","道常无为"。圣人之道,却可以是有为的,只是"为而不恃","为而不争"。从天道恒常,既导不出有为,也导不出无为。以为世浊而自洁两不相容,唯避世才能全真,有时只表达出性情上的软弱,有时干脆是同流合污的借口。孔孟的入世,老庄的出世,其态度殊异,其得道一也。岂不闻孔子云:"无可无不可"?要是人生非得如何如何不可,那也就没有选择,没有责任,没有求仁这些事了。本真与非本真也就都成了空话。

　　但若同一天道竟容忍种种不同的可能性，真像海德格尔所主张的那样，本真状态并不为人所决定，"此在应何以作决定只有决定本身能提供答案"，决定"恰恰不能僵固在处境上"，而"必须对当下实际的可能性保持其自由与敞开"；那么，本真状态教我们什么呢？对这种玄而又玄的本真状态我们不是该存而不论吗？仁之方不就只在"能近取譬"吗？海德格尔问得怪："为什么竟是存在者存在而无倒不存在？"答案却已经有了。

从感觉开始[①]

Nihil est in intellectu quod non prius in sensu.

没有任何智慧是可以不经由感觉而获得的。

——托马斯·阿奎纳

我们的确要从感觉开始。要是对所探讨的没有感觉,说来说去不都成了耳旁风?(Let us begin with senses, or else with non-sense?)

但感觉经验论者不是从感觉开始的。后来的人从感觉材料(sense-data)开始,休谟从印象(impression)开始。据休谟,印象相互分立各自分明,这与一般所说的感觉差不多正好相反了。"我模模糊糊有个感觉。"对儿女,对民族,对情人,富有感觉之处总是剪不断理还乱。整得太清楚就没感觉了。不仅感觉的内容是混沌的,感觉之间也没有明确的界限。黑格尔刚开始讨论感觉,就跳到"感性确定性"上,这一棵树,那一所房子,可见他对感觉的基本理解是休谟式的。只在特殊情况下我们才会说"我觉得那是所房子",而黑格尔讨论的却不是这种情况;他只是想通过机械辩证法从感性确定性弹到"这一个"的普遍性而已,却不曾好好地感觉一下"感觉"。

---

① 准备写一部哲学书,但只写了几章,这是其中第一章。

感觉里要紧的是感觉、意蕴、意义。Sense 这个词,有时译作"感觉"、"感官",有时译作"意义"。

洛克把感觉喻作镜像,这个譬喻一上手就让意蕴的本质溜掉了,于是洛克顺利地滑到贝克莱和休谟。实在论却还要拿镜像说来对抗休谟呢。

镜像说给人的启发反倒是:物象明明映在镜子上,镜子却毫无感觉。没有牵连,没有分量,一开始就不会有感觉。

无论这面镜子安装在网膜上还是在皮质上,它的尺寸都嫌太小,不足反映偌大一个世界。

视网膜成像是一种镜像,只不过它不是感觉。医生管视网膜,我们看。

不是睁开眼睛就看得见的。我们通常倒视而不见。

我们什么时候有感觉?乌云陡然压黑天空;有人临危不惧挺身而出;春雨引诱出泥土的气息;一张旧照片;一个美丽的形体。牛津的教授一谈到感觉就举书桌为例。盯着书桌,他得到的大概真的很接近感觉资料了。但那真的是他最富感觉的时刻吗?

特异之处触动感官。但不是说,一刺激就来了感觉。我们谈的是可感,是 sense and sensibilia,我们谈的不是刺激-反应,不是在实验室里接受电击的青蛙。铁马金戈可感,温柔敦厚亦可感,这些生潮业浪中的片刻。唯当世界不再可感,唯当我们"感到"空虚,我们才追求刺激。

异象只能从熟悉的背景上升起，尤其是从不再熟悉的东西升起。对某些东西视而不见是对另一些事情有感觉的条件。眼与耳所选择的频率本来就限制在一定范围之内，在这一范围内投入眼帘的光波和撞上耳膜的声波也远多过我们的所见所闻。

感觉是官感的根源。看、听等等根系于感觉，是笼统感觉的分化。心有所感，而不是视网膜有。心理学先曾主张原子式的五官之觉在先，后来抛弃了这主张。官感不只是镜像，不只提供感觉资料，因为它参与感觉。

解剖刀可以把感官分离出来。同样，简单感觉是分析的结果。最初的感觉何尝简单？最初的感觉复杂而不易确定，它渗透着理解和成见，包裹着希望和追求。欲望是感觉吗？没有欲望会看得见嗅得到吗？能有所感的心灵不是白板，它没那么纯洁。

这岂不是说感觉并非开端而是后来滋生出来的吗？是的，我们总是从后来的某个时刻开始，从中间开始。我们没到罗陀斯，但我们已经在跳了。

把哪一件放在第一位，称为第一性，这当然宣告出一种特定的探索态度。但若那是认真的，开端就必也是探索的结果。入手之前总有些疑问，有些看法，有些经验。笛卡尔告诉我们思的自明性之前早就在思的晦暗中摸索很久了。聚集是没有开端的。开端是一次断裂，久已聚集的地下水从这里涌作源头。

经验没有开端。"逻辑的开端"更是不通的话，因为语言只作为一个勾连的系统让我们经验。什么逻辑或经验迫使我们相信"总得先有我思"，"总得先有存在"，"总得先有感觉资料"？

近代哲学家希图找到一个绝对自明的开端。为什么非要有个绝对开端？因为曾经有一位创始者。杀君者的愧疚和骄傲一道要求他们捧出替代者来。如果逻辑替不上，自明何如？公认又如何？除了到菜市场做抽样调查又怎么获取公认的自明性呢？谁相信"我思"绝对自明？有人信神，有人信鬼，我相信总得先有我妈把我生出来。

只要我们还有感觉，事情就还没有完完全全明白。如果你还没完完全全明白就开口说话，那是你做了一个决定。从哪里开始，也是一个决定。从不够自明之处开始不算独断，倒是宣称任何开端为自明都叫独断。

"真理是简单的"这样的话，介于安慰和谄媚之间，尼采称之为"双重的谎言"，它让人听了高兴，就像听到又建成了一条缆车线，乘坐它可以直登险峰绝顶。

在原始问题纠葛缠绕的哲学丛林中，除了迷于智慧者的命运之外，我不知道还有什么是单纯的。这里连最简单的蹊径都会让人迷失。新来的朋友，我有一句忠告：迷乱中勿只低头寻觅蹊径，能见天光时别忘了靠星辰了解你的所在，任何一条隐约可辨的小路都可能耗尽全部白天。

真知是一片单纯的境界，但这里只有入迷者的单纯。别说：我不怕迷失。不怕者还谈不上迷失。不过，我们果断地起步吧……同时小心翼翼。

红灯亮了，狗分泌唾液。狗既然对红光起反应，可说狗看见了红光。波长接近7000埃的光波在狗眼里是否呈红色呢？蚂蚁能分辨紫外线。紫外线在蚂蚁看来是什么颜色？

刺激-反应：行为主义。这里，感觉不被看作独立的东西。或者干脆用"感觉式反应"来代替"感觉"。

对狗来说，红灯是个信号；不仅红灯，而且肉食的形色也是信号，饥与饱的感觉也是信号，强行把饱的信号输送给一条狗，狗会眼睁睁看着肉食摆在面前而饿死。神经把一切都转变为信号。高等动物作为一个信号系统进行反应。

阿诺兴提供了超前反应这一概念来描述生物的反应方式。感觉式反应不同于化学反应等等之处是可看作：它是超前的信号反应。

信号从其本性是不独立的。信号不仅有所指，它根本就消融在它所指向的东西里。红灯-分泌唾液：在"红灯"后面不能写句号，连逗号也不能，因为它不逗留。

这是一条河流。事件之流最多比喻成由纤维拧成的线，而绝不是由——分明的环扣成的链条。如果无法把信号从事件之流摘取出来，就无法把感觉从反应链摘取出来。反应链交织在事件之流中，没有所谓原子事件，也就没有原子感觉。感觉处在事件中，是事件的一部分。感觉由于与事件的混杂和互相牵连而混沌，而有分量。

感觉首先是混沌的综合感。阿诺兴称之为"弥漫感受性"。这是与"超前反应"一道提出来的。统觉并非事后把五官提供的资料加以综合，五官之觉倒是笼而统之的感觉的分化。先感觉到，才看到、听到、嗅到。

刺激狗分泌唾液的不是红色,是特定波长的光。这种光在我们看来是红色。

那么,不仅追问蚂蚁眼中的紫外线呈何种颜色是徒劳之举,而且询问蚂蚁眼中的世界是怎样一幅图画也没有意义。因为蚂蚁眼中的世界不是图画。

蚂蚁不观看、不观察、不 theorein[*]。图画是事件之流的截面,只有把事件之流切断,它才能作为图画被观看。观看仿佛横截了事件之流,把截面当作事件的终点。

Beholding holds。纯粹的看要求我们停驻,它是事件-反应的终止——我们只看、只听,就像在剧院里,哪怕义愤填膺,也不跳上舞台助一臂之力。人会静观。一个饥饿的人可以看见食物却不反应。柏拉图把驻停、存在与事物的外观(eidos)连在一起。存在自始就含有驻定的意思。

看不是反应,也不是反映。存在是变易的成象,在这个意义上,可以说存在是反映。看联结变易和存在,是二者的中介,是二者之间的 Als-Struktur^{**}。

世界图画并非先画好了然后拿出来展览。今天成年人眼中的世界图画由多少世代的眼光修改过无数次。

---

* 德文,意为"理论,原理"。——编者
** 德文,意为"作为结构"。——编者

初生的感觉还不是图画，我们得学习如何把它作为图画来观看。图画上，左右有序，上下分明，门类有别，图画总是逻辑的图画。

我们一直在并且仍然在学习观看。但我们通常从图案的终稿开始学习。所以我们问图画的意义。地球上最初的氧气是由原生生物制造出来的，现在没有氧气就不能产生和维持生命。

练柳体的人以柳公权的字为其所本，他拿自己的字与字帖上的比较，看是否相像。柳公权本人的字帖在哪里呢？

肖像画家在画布上表现一位朋友的性情，他在一种特定的面容上捕捉了他久已熟悉的东西。性情不是被临摹下来，而是被表达出来了。表现者必须看到不曾被看到的，把已经感到的表达为可以观看的。肖像画家和漫画家一样需要构思。

画师寻觅一个线条、调整一种比例，原则上同于小说家的章法、舞蹈师的设计舞步。独独把绘画称为表现艺术使人误会画师的任务是临摹现成的世界图画。殊不知，无论用眼睛还是用画笔，世界只有通过描画才变为图画。米开朗琪罗表现大卫，虽然他从未见过他。

画家、诗人、舞蹈师，都致力于捉住游移不定者使它成形定形。表达即成形。

借以表达者称为"象"：样子、形象、图象、现象、象征。

象与像不同。世界本身对观察成象。像是象的摹仿。

一流的艺术家成其气象，于是引来摹仿，想弄得像。只在一种意义上可说一流艺术家在摹仿：不是对现成景物更不是对前人作品的摹仿,他临摹世界成其象的刹那。

日常与之打交道的东西,我们称之为"物"或"物体"。物有形象,形象属于物;我们首先知觉的就是物,而不是单纯颜色、线条、气味,若单纯而至于无物之象,就轻飘飘的,轻飘如幻影,这时我们的感觉也变得轻飘飘的,近乎幻觉。

通过分析把形象剥走,就剩下质、物质。形象和物质构成物体,物体被称作受形的物质(informed matter)。无论形诸颜色还是形诸言辞,形是表达,表达其后的实质。

受形的物质就是得到表现的物质。那么,物体本身就有所表达,惚兮恍兮,其中有象,恍兮惚兮,其中有物,幼兮冥兮,其中有情,其情甚真,其中有信。用现在的话说,物本身就是能指,用海德格尔的话说,物拢集它物。受形的不仅得到表现,而且也有所表现。物实是最基本的符号。The informed matter is naturally informative。所以世界也被称作世界图象(das Weltbild)。世界图象并不是近代科技的产物,只不过,我们越来越多观看而少感觉,在这个意义上,当代被称作"图像的时代"(the epoch of images),不亦宜乎?

借助形、体、质这些概念把物体看作成形的物质,物质就被理解为实体或实质。表示"实质"的 substantia 这个词,说的就是处于下部根基处的东西——that which stands underneath。substance 不是包裹在完整外形中的质料,它标识着物体所从出的一团粘连,尼采所说的"全然永恒的混沌"。与有形有界的物体相对,实体被规定为无所分界的一。当康德设想只有一个物自身时,他没有超出斯宾诺莎对 substantia 的理解。而这一切理解都根源于亚里士多德的形式质料说,并且会在 prime matter 这一难题前止步。

"感觉显示变易、流逝、转化"(尼采语)。我们感到的是世界的流变,看到的却是世界图画。希腊人为之困惑,试图了解 Hyle* 怎样驻停和成形。substantia 这个词却把 Hyle 理解为本来就驻立着的东西了。

然而,实质原是泰利士**的水,流动在赫拉克利特的河流中。唯借有形之体,实质始得驻立。

流变者,柏格森称为 durée。durée 又被定义为感觉到的、体验到的、充实的时间。柏格森认为绵延只能被直觉(intuition)把捉。

只有流变者需要被把捉,亦即使之驻停。感觉追随流变者,它确定流变者在哪些瞬间可以成形,可以被"形式化"。我觉得把这样的确定称作 intuition(直觉)优于称作 Anschauung(直观)。正像康德所说的,直观所观者已是对象,而直觉则是对象化的一个步骤。

在康德那里,感性直观有两种形式,外感之形式为空间,内感之形式为时间。然而,form(形式)这个词,本身即为空间概念。形总在外,只有外形,没有内形,"内在形式"是一个借喻。成形使我们能够看见。看总是从外面看。柏格森把 intuition 说成"从内部看",就像莎士比亚说到"心灵的眼睛"。intuition 就看到实质说到

---

* 德文,意为"物质、实体"。——编者
** 又译泰勒斯。——编者

看，Anschauung 就通过外形来看说到看。

　　分出内外，把感官定义为由外到内的必经之路；然后推论说：对外界的知识皆源于感官知觉。于是感官知觉成了源头，外界的存在成了疑问，世界的实在最多只是悬设或推论出来的东西。这种不及格的逻辑却要我们相信世上发生的一切都发生在我们的感觉系统之内。

　　区分内外不就是区分出了"外部世界"与"内心"吗？我们沿着贝克莱的逻辑走下去，诧异怎么把世界丢掉了。我们还以为这是逻辑的结果呢。往返在路上寻找丢掉的钥匙，其实出门时把它反锁在屋里了。

　　世界在感觉里，感觉又在哪里？

　　感觉在五官之觉里。这倒不是说视觉吸收了颜色明暗等资料输送到某种里面的心灵去让它们感觉。视觉以开放的方式感觉：不仅指睁开眼睛，更是指让感觉随之流迁的东西展现开来，展开成为表面。我们要看到深处；却不是要培养 X 光式的特异功能。深处也需要展开来看，不过不容易展开。

　　唯其有表面，才有分隔和联结，才能端详得清楚。感觉从物质浊流一直连到清明的视觉。

　　呆看被阻隔在表面上。目光之所以能透过表面，因为视觉是一种感觉。感觉使看有所见。感觉滋养着看。

　　透过表面所见到的，却不是包裹在表面里的 matter，而是透出表面的 what matters。

　　我们不是通过看进入实质之内；正相反，我们原在实质之中，看把我们领到事物之外。所以才有"我们"。

观看不导向反映而导向理解。

什么是理解？看得清晰，而同时感觉得深厚。就是说，不仅看得清晰，而且看得真切。

理解是沟通，沟通陌异与熟悉。通过一定的道路，异域成为可通达的；通过一定的形式，陌异的存在成为可感的。

我们理解了，于是谅解了。

反过来又何尝不是？我们首先要尊重，要宽容，要感得到那里有什么可以理解的东西，值得理解的东西。

理解已经体现了尊重和宽容。当年大学生面对一个极少宽容的社会高喊"理解万岁"。反过来，没有理解的宽容是一种空洞的姿态，谁需要这种自上而下的宽容？

理解者站到被理解者的立场上看。若没有自己的立场，怎能站到别处？

算计以自我为中心，只能算计别人，不会算计自己。算计别人，算计世界，是为了给自己谋好处。

理解却不以自我为中心，毋宁说，理解是不同中心的沟通。

当然，没有不从任何立场出发的理解，然而，从某种立场出发不等于停留在某种立场。六经注我，外国有的我们都有，那就谈不上理解。理解要求脱离固有的立场，要求"克服自我"。理解是一种转变，其核心不在于从某种立场出发，而在于寻求一个新的立足点。所以,在探讨理解时,从义理上探讨是第一位的,从心理上分析只起辅助作用。把什么见解都还原为立场、动机、心理,就扼杀了学术。

科学是人类最可宝贵的理解方式。然而,一旦脱离了感觉,科学就蜕化成算计,不再是一种理解。就像受到刺激不就是可感,能够操作也不保证有了理解。量子力学是最为精密的科学,提供最为准确的预言,然而量子力学家莫不承认,他们不理解量子力学。

比较一下伽利略的自由落体理论和亚里士多德的,不难看出近代物理学如何努力把感觉排除出物理世界,就是说,排除出近代物理学所定义的世界。

山有神而水有灵,甘霖和洪水全在神灵的喜怒,全在神灵要奖赏我们还是惩罚我们——这些都不科学,但这些给我们描绘出一个与我们相关的有意义的世界。

宗教给予我们生活整体的意义。宗教的"真理性"无需验证,显灵故事不是通过了验证的假说,而是一种感召,赋予世界整体以意义。我们通过宗教感觉到整体。

在希腊却诞生出一种奇特的设想:人不仅要感觉整体,而且可以认知整体的意义。在希腊,这种认识始终培植在感觉之上,哲学是认识的主体,科学是哲学的延伸。亚里士多德所论的 phronisis 不同于"认知",通常被译为"实践的智慧"一类。在希腊的认识方式中,我们照样可以看到 phronisis,看到这种审慎,无论走得多远,都和本邦保持着联系。

哥白尼和伽利略倒转了太阳和地球的位置,谁在运动不再依赖于我们看到谁在运动。一旦摆脱了地球和人的束缚，科学认识就飞速发展起来。

但这个无需我们感受的、自动的世界有什么意义呢？感觉经验论似乎在对抗机械力学，补充它，或为它奠立基础：整个物理世界的存在都"在于"感知。然而，除非我们知道物理世界的存在方式怎样依赖于感知的方式，否则，整体存在在于感知只是一句空话，因为它在于感知也这样存在，不在于感知也这样存在。

对立者呼应着。近代物理学把感觉-意义排挤出世界，同时，感觉经验论要把世界的物质性排挤出感觉。然而，这样的"感觉"不会有意义，没有分量、没有牵连，就谈不上意义。遗留下来的是些没有意蕴的印象和感觉资料。乃至于感觉经验论的一些后继者不再努力把科学与感觉-意义联结起来，反而试图把哲学转变为科学。

物理学排除感觉，而那里正是哲学的新兴领域，哲学通过这个领域把机械世界和意义世界联系起来。过度生长的物理学把这个领域也侵占了。心理学这门新兴科学不再试图说明物理世界的意义，它本身是物理世界的延伸。

固然，在休谟的时代，心理学还不是科学，而是哲学。不过，"感觉"、"印象"等语词越来越多地被赋予专门的意义。科学必须重新定义其重要概念，使之成为术语。这些定义是完全无余数的、对任何符合定义者是无差别的，因为一门科学虽然只认识世界的一个面相，但它是关于这一面相的系统认识：有它尚未认识的，但没有不符合其认识的。在这个意义上，没有对词语的技术性定义就没有科学。

能否允许哲学把它讨论的词语转变作术语？哲学逻辑是自然的知音，它依赖于自然语言所体现的自然理解。一句话有意义，无非它是可感的，它听上去像话，它自然而然就有意义，或通过分析说明它像话。哲学不可以把它所讨论的词语转变为术语，虽然它可以使用少量方法上的术语。像通常对话一样，哲学对自然词语的技术性处理是为了排解对自然暂时的误会。误会一旦消除，哲学逻辑就收回技术。

抽去了意义、意蕴，"感觉"就像"静止"和"运动"一样成了术语，为一门科学铺垫基石。即使我们没有感觉，心理学仍可以测量感觉的强度。若不识科学定义的"感觉"与自然感觉之别，就会以为刺激就是可感，体液肌肤的反应就是感觉。

自从哥白尼和伽利略倒转了太阳和地球的位置，哲学和科学的位置也一步步倒转过来了：科学成为认识的主体，哲学则努力把它和感觉-意义的世界联结起来，把机械力学的世界和我们联结起来，直到这个世纪，直到哲学已经力不从心，要么宣称自己的末日，要么重新思忖：意义是否依赖于意义的整体？

中国人从来不以为意义必须依赖于意义的整体；这个没有宗教的民族，人们说它世故。哲学一半是精神一半是世故，中国人从来不缺世故，等精神重新来到我们中间，这个没有哲学的民族也许会成为哲学的明天。

致 Daylily 信[①]

Daylily：

回国四天了。我住在毛阿姨家，夫妻和五个孩子都是美国"户口"，她本人住香港，每年回来看看 93 岁的老母亲。闲无事，每天来些客人打麻将。各个牌友都数得出赫赫世家，如今亲戚都是在国外的多在国内的少。她们牌风甚高（赌注亦高），像职业桥手一样，一下午听不到一句闲话，最多是谈论牌局得失的一两句里手之谈。

日夜与长辈打交道，简直还未遇到一个同龄人。所见所感自然有点异样。每一家都有了不起的儿子或女儿，一个或全数出了国。有的考了第一，有的赚了大钱。物价飞涨，烟尘满天，态度恶劣。这些，你刚刚经过或看过或听过。我的感想与你当时也差不多。出国的人里，也有友爱良善也有骄狂图利的；国内呢，十亿人还在生活，大街上仍有和善的老头笑语盈盈的姑娘。公共汽车上有给老人让位子的，也有不让的。都和三四年前相仿。不过，差距在拉开。有人一月挣一千，有人挣一百。尤其上海这地方，可以看得到"阶级"差别的雏形。不仅人收入不同。有出国阶级，有当权的贪污阶

[①] 1987 年暑假，导师 Kockelmans 应邀访华，我随行。去国三年有奇，不少事情回国初看觉得新鲜。

级，有底层的投机阶级。各有各的自豪和不满，各有各的文化和向往。做一个旁观者没觉得格外不好，一个穷小子一夜之间成了万元富翁，实在也值不得大惊小怪。这档事上海滩的居民应熟视无睹才是。中国的读书人，从前不照样寒窗二十载，忽如一夜金榜题名，荣华富贵涌来？在新生的资本世界，固然有格外多的混乱和肮脏，却也同时有着格外多的激动。每一步上升和跌落都充满激情。

论 调 情

调情间于恋爱与挑逗之间。调情与恋爱都是美的，却美得不同。爱恋里那层惆怅是调情没有的。恋爱一定带着低音，调情则全由明快的高音组成。调情不一定都是逢场作戏，它有时在掩饰什么，只不过，它不是靠躲闪而是靠张扬来掩饰。

调情调得好，调出的是谐音。调情而不识轻重，弄出来的都是噪音，徒然招人讨厌。不过，人情之间的谐音，并不都在分寸感，更多倒在会心。这一会心，为挑逗所无。挑逗者可以很知分寸，不过这种分寸来自警惕，所以挑逗者的眼珠总转来转去。如果调情是一场狩猎舞蹈，挑逗就当真是狩猎了，猎人布下诱饵，自己小心翼翼躲在暗处，盼着猎物一步步靠近。

这么说，好像调情是虚的，挑逗倒是实的。这是因为世人已经习惯把能得实惠的叫作真实的，艺术和游戏，既然带不来货真价实的结果，只有孩子才会热心。

调情没有目的，挑逗者用意分明，恋爱呢？热恋中人迷迷糊糊，不明白自己到底要什么。这种糊涂却只是自然的狡计。说恋爱给人插上翅膀，那是设想人们平时总脚踏实地地行走，然而，人本来是在半空中——不是飞在空中而是吊在半空。爱割断了那条吊着人的绳索，人失重了，反倒不再觉得出自己的重量。那重量却要在，正是这重量把他拽到地面。地面就是恋爱的目的地，一阵失重之后就好脚踏实地地生息繁衍了。

恋爱建起家园，调情还在流浪。不过，是个快乐的流浪汉。——只有汉当然不够，还得有流浪的吉普赛女郎。

《精神》序[①]

《精神》丛刊稿约

当今，世事纷乱，功利滔滔，精神似已湮灭。但精神仍在，只是流离失所，无家可归。辟一方空地，为精神建一家园，正当其时。有感于此，周国平（社科院哲学所副研），徐友渔（社科院哲学所副研），陈嘉映（美国宾州州立大学博士生），朱正琳（湖北大学哲学所副研），赵越胜（社科院哲学所助研），赵世坚（诗人），苏炜（社科院文学所助研）等筹办《精神》丛刊，在东方出版社出版，以补其阙。（季刊，十二万字，第一期1989年9月出版）。

丛刊栏目

徐友渔主持"学院"。本栏刊登人文各学科的学术文章，要求能对其他专业较高层次的读者也具有可读性。（每篇一万字以内）

陈嘉映主持"学园"。本栏尊崇雅典学园与稷下学宫的论学求道精神，不求旁征博引，但求确有心得，融会贯通，贴切入理。（每篇一万字以内）

朱正琳主持"歧路"。百家之见，各自成说，唯言之有理有据。

[①] 1989年春，几位朋友商量着新办一个刊物——《精神》，每一位都为刊物写了一篇序言。后来，由于众所周知的原因，刊物没办成。这里收录的是稿约和我写的那篇序言。

本栏专登持不同观点的辩驳文章。（每篇七千字以内）

　　苏炜主持"艺谭"（暂定），本栏以艺术评论为主，刊登从各种角度对音乐、美术、文学等各种艺术体裁欣赏、分析、批评的文章。（每篇五千字以内）

　　朱正琳主持"一面之辞"。本栏为社会评论栏，举凡社会现象、文化思潮、历史事件无不可在此议论。但求鞭辟入里，锋利明快。（每篇五千字以内）

　　赵越胜主持"掩卷"。书有万千，掩卷之思无数。本栏为爱书、读书人提供一论书园地。（每篇五千字以内）

　　周国平主持"伊甸园"。本栏刊登散文、游记、随感、小品等各式文章，愿为爱好文字的朋友提供一施展才华的场所。（每篇一千字以内）

　　赵世坚主持"语不惊人"。本栏登各种形式的诗歌。（每篇一百行以内）

　　赵越胜主持"书简"。天涯海角，借此栏目同聚一堂，随心信手，寄性传事，其中必有可观。（每篇三千字以内）

　　盼诸位随所愿慷慨赐稿。本刊愿成为您的朋友。

　　通讯人及地址（暂定）：100031（邮政编码），北京西城新建胡同甲8号赵世坚。

1989年3月6日

　　盛夏挂锄时节，于洋他们就骑着马来塔克吐了。苞米楂子加大豆,款待上宾的上品。忘了备雅席,就请草垛上坐吧。没有 Black Lable,就来番薯酒。大口饮下去,好酒量的男人只会酣醉不会烂醉。壶空何妨,柏拉图和托尔斯泰一样使人迷狂。议论声歇,便听到手摇唱机里传出贝多芬的"D 大调"。晚霞,星月,清淡的黎明。

我们这代人有过什么呢?

十年后,几个朋友聚会在黑山扈。照样在庭院里摆出酒来,登山歌唱,踏着河沿探讨世纪的归宿。我们教育了自己十年,希腊的思想德国的音乐不再陌生。但它们照样新鲜。历史像生活一样,总把最美好的赠给爱它解它的心魂。

我们这一代人还有什么呢?

据说,这是失学的一代,迷惘的一代,受伤的一代。人们差不多要来可怜我们了。国家会有耻辱,时代会有伤痕。我们没那些。当然,我们也没有钱,没有权势,甚至没有很多普普通通的正当权利。

我们只有精神。于是我们在这里相会了。

血腥的星期天

——一九〇五年俄国革命

　　1894年沙皇尼古拉二世登基。他年轻时曾被认为相当开明，登基后也多少做出些改革动作。然而他对当时俄国和欧洲的大势没什么领会，更不是一个高瞻远瞩的领袖人物。他拒绝任何实质性的变革，牢守君主独裁制、东正教和大俄罗斯主义。由代表沙皇政府利益以外的集团共同参与政府这一观念，对尼古拉二世来说像是天方夜谭。实际情势却是，俄罗斯社会当时虽还相当蒙昧，但二百年来与西欧的来往，已在这社会中培育出种种新型的思潮及其代表人物，结束君主独裁扩大政治参与的呼声随处可闻。在这种政治蠢动之外，更有人民生活的困苦、经济发展的不平衡等多种因素在威胁俄罗斯帝国的传统统治方式。一场巨变将要来临的感觉笼罩着整个俄国。一向不亲近政治活动的契诃夫也会在他的《三姐妹》中借图森巴赫的话说："时间到了。一场雪崩正压顶而来。"

　　俄国的灾难和困境有目共睹。但什么将把或应把俄国引向未来？很少有时代产生过如此纷杂的思想倾向。托尔斯泰的晚期著作中流溢着博爱的感召和非暴力抗恶的主张。契诃夫告诫作家和艺术家不要再掺到政治里添乱，在这混乱之世，能令人宽慰的唯还有"或知识者，或农人，一二在这里，两三在那里，还保持着自己的品格"。巴枯宁领导着无政府主义运动。泛斯拉夫主义宣扬，俄国将成为西方腐败世界的救星。民粹党余徒还在继续暗杀破坏活动。马克思主义也有相当感召力。一时间，在专制统治的缝隙里，生长出形形色色的思想之花。俄罗斯竟在这迎接巨变的时代成为整个欧洲的文化艺术中心。

虽然当时民间思想十分活跃，但在高压之下，在野政治组织却很不成熟。当时俄国最重要的在野政治组织是立宪民主党、社会革新党和社会民主党。这三个政党主要是由不同思潮的知识分子领导人物组成的，都没有广泛的群众支持，这也使得它们在1905年前主要只从事宣传。1905年的民众运动与其中任何一党都没有广泛的实质联系。

1904年底至1905年初，俄国在日俄远东战争中遭受一连串决定性的失败。几乎同时，彼得堡一波一波掀起规模空前的罢工风潮。为了对抗革命党在群众中的影响，警方允许一位看来是亲政府的神甫加朋去组织工会。加朋走访彼得堡的很多工厂，发现到处民情鼎沸。不过，人们并不要求革命，他们只是希望他们的困苦和要求能够越过层层腐恶的官僚机构上达沙皇本人，沙皇自会惩治腐恶拯救人民。1905年1月，知识界、社会革命党人、地方自治会领导人等多种人士，以神甫加朋为首，起草了一份请愿书，要求出版、信仰和集会自由，呼吁劳工立法和八小时工作制，主张在法律面前人人平等，要求减免间接税建立累进所得税，呼吁释放政治犯，结束战争。在请愿书上签字的有十三万五千人之众。

1905年1月23日，星期天，近二十万民众，包括老人妇女儿童，在神甫加朋的率领下前往冬宫请愿。请愿者手无寸铁，扛的是沙皇的像，唱的是"上帝保佑沙皇"，一路和平无扰。但在接近冬宫时，迎接这些和平请愿者的是一排又一排的实弹。在这个血腥的星期天，差不多有一千人死在血泊之中，几千人受伤。当时，沙皇不在冬宫，也查不出开枪镇压的命令来自何处。但当局从未接受请愿书，则确为事实。

对和平民众的血腥弹压激怒了整个俄罗斯。几天之内，五十万工人卷入罢工。医生、律师、教师、工程师等各类知识分子纷纷组成工会，向政府提出政治要求。企业家联合起来要求成立立宪政体。农民也第一次联合起来成立了全俄农会并很快加入了全俄总工会。恐怖主义分子刺杀了沙皇的叔父、民愤极大的瑟魁大公。兵变迭起，其中最著名的有"波将金号"起义。边远地区的农民则毁掠地主的庄园，焚烧地契。很多地区陷入无政府状态。

全国的危机局势和远东战事的彻底失败迫使沙皇于八月份宣布组织杜马。有权成为杜马成员的主要是大资产者，因而它只对右翼自由主义分子有一点儿号召力。

九月下旬，彼得堡印刷工人罢工并立即触发一场几近全国总罢工的风潮。敖德萨等大城市的街上筑起了街垒。十月中，彼得堡成立苏维埃，由二十万工人选出的五百名代表组成。苏维埃的政治主张是相当温和的：它的目的主要在于暴露杜马之不具代表性而不在于组织武装暴动。其最激进的号召只是抗税和提取银行存款。

约在彼得堡苏维埃成立的同时，政府被迫抛出了立宪声明，对一些基本公民自由给予保障。立宪声明多少起到了分化自由派的中产阶级和工人的作用。政府在做出少量让步姿态的同时，逮捕了苏维埃的领导人士，继而成功地镇压了一次武装暴动。兵变从入冬后延续到下一年，1906年初且爆发了大规模的农民运动。但是，革命时机的最高点过去了，而且没有像很多人希望的那样重又迅速来临。1905年有三百万工人卷入罢工，1906年有一百万，1907年降到四十万，到1909年则只有几万人参加了罢工。沙皇政府镇压、破坏罢工的成功对维持其政权起了决定性的作用。地下革命组织的积极成员也从1905年的十万人降到1910年的一万人。马克思喊出"革命死了，革命万岁"，那声音有几分空寂的悲凉。列宁逃到芬兰，托洛茨基被判终身流放，押送到西伯利亚。至少一千多革命者被处极刑。

尽管沙皇政府几乎遭到社会每一个阶层的反对，受到大规模罢工及农运的打击，经历了数次兵变，并在远东一败涂地，但它居然生生挺下来了，而且像还会挺下去的样子。1906年5月10日杜马开幕，各党各派都提出了大量政治要求，它们与沙皇之间的敌意也很明显。7月22日，沙皇派重兵包围了会场并宣布解散第一届杜马。以后几届杜马也没有什么作为。1905年民运的落潮在很大程度上归因于大资产者退出运动，但他们事后没有捞到他们原想靠妥协捞到的政治权力。

但另一方面，沙皇政府从1905年起便再也不曾逃脱屠杀和平民众的血腥梦魇。"血腥的星期天"扯断了任何一个政府要存在就不得不多少对之有所依赖的与人民之间的道德联系。从1906年到1914年爆发世界大战和1917年爆发俄国革命，沙皇政府始终在死沉沉的统治中捱着日子，而俄罗斯民族也就这样被不死不活地拖着，等待血海深仇结出果实。这果实结出，却全不像十九世纪末俄国先知们想象的那样甘美。

闲话清亡[①]

一

满清入关时面对的是一个比自己的规模大得多的政治实体，但当它与这个实体决战时，却出现了摧枯拉朽的形势。接着就是康雍乾盛世，盛世归盛世，也不可忘记，在这段极盛期，文字狱连绵不断。从和珅时期始，吏治迅速败坏，民间骚乱迭起，最后爆发了太平天国运动，并遭残酷镇压。从嘉庆帝起，改革的呼声不断，而且通常为皇帝本人所推许。但改革的成效始终不彰。究其原因，一是改革与正统思想抵触，二是业已形成的庞大官僚机构有意无意地阻碍改革，三是对世界大势认识不明。太平军被镇压后，国家暂得平安，但满清统治实际上已危如累卵。若在这时改革政体，建立君主立宪制，锐意革新，中国或可以较为和平的方式过渡到现代社会，但清

[①] 八九十年代之交，国人政治意识甚高，但对本国的历史，尤其近代史，往往所知不多，而且多半来自官修的版本，离正常意义上的历史甚远。因此起意做一点儿历史普及工作，写了一段近代史，题为《闲话清末民初》，实际上写出的主要是民初，顺便发些议论。那些议论，后来在读书人中想必多为常识了，当时还多少有点儿新鲜。我一直有心多写写通俗版的历史，终久未能如愿。"闲话清末民初"是篇长文，选放在这里的是前三节。

廷顾忌自己的合法性基础，死守祖宗家法；上层的权力斗争和中层的腐败无能进一步断送了一次又一次的全面改革的设想。结果，满清被辛亥革命推翻；连年内战，日本入侵，国共争国，此后是新政权下的一系列政治运动，使现代化的口号在提出一百多年以后，仍是一个迫在眉睫的号召。

满清的统治是异族统治。但自清朝中叶起，汉族的精英分子大半是认同满清的。而造反者则是因为不满统治阶级才特意强调反清，而不是相反。那些一向特以反满为宗旨的社团，对清廷构成的威胁恰恰最小。义和团是一个最典型的实例。

义和团招来了八国联军的野蛮入侵。不过，西洋人并不都是八国联军，也曾有不少西洋人半心半意地甚至全心全意地为中国富强出过力。反过来，虽然如今的世界列强较少用野蛮入侵的方式对付落后民族了，但列强并没有根本上改变从自身利益来考虑和处理国际问题的基本样式；西方政府对人权的关注弹性很大，而且始终掺有政治-利益考虑的杂质。

二

有清的盛世，以康雍乾三世计，百三十余年，可算是中国历史上延续最久的盛世。清朝盛期的国家实力和施政法度，也是任何前朝都比不上的。在入关前文化尚相当闭塞的满人能取得这样的政治成就，实在让人赞叹不已。无独有偶，大唐的李姓皇帝，也有鲜卑的异族血统。这类事实似乎提示，国家要兴盛，单有政治智慧和文化传统还不够，一股新鲜的血性也是必不可少的。只是血性不像智慧，只能自然地生长出来，无法刻意培养。所谓可遇而不可求是也。

清祚传到嘉道两朝，虽然承平日久，看上去一片繁荣，却不再有盛世气象。民生渐觉艰难，社会矛盾也尖锐起来。其中一个重要的原因是人口的迅速增长：从康熙初年到太平军起义，一共不过百五十年，中国的人口就从一亿人增加到四亿多。实际上在金田发难的会众，本来就是在湘西桂北因人口剧增而发生的土地争夺过程中聚集起来的。

太平天国和一般的农民暴动不同。天平军早期有很多妖术邪说，但后来发展出一套相当进步相当系统的政治纲领，较清王朝的政治立场更接近于现代标准。就这套纲领来说，太平军起义更像是一场革命而不像一次造反。如果不是天国内部超乎寻常的内讧，东南的长期割据应不成问题，大清断送在太平军手里也未可知。

靠曾国藩的湘军和洋人组织的常胜军，清王朝剿灭了太平军，逃脱了灭顶之灾，甚至经历了一段中兴。但所谓"同治中兴"，实在是相对于在内外交困中逃难逃到热河而言的。消灭太平军和捻军后，中国并没有真正迎来一个振兴自强的开端，与日益强盛的列强相比，差距倒是越拉越远。曾国藩德才兼备，但毕竟不是一个能用现代政治眼光来图兴中华的英雄。而以当时的政治格局论，即使他有那样的图谋，也不可能像日本后来的伊藤那般得以施展。

至于接替曾国藩在京外执掌大权的李鸿章，则尤难让人寄以厚望。李鸿章当然不像官方史学描绘的那样是个卖国贼，李鸿章的对外忍让常有不得已处；当时一味鼓吹对外强硬的民族气节，往往是颟顸清流的空论，后世又成为失意秀才的浪漫追怀。但李鸿章的对外交涉，尤其是对俄国的交涉，毋宁软弱太过？更重要的却是，李鸿章一派主和的道理在于中国的实力不够,所以不惜屈辱求得一个和平的环境,俾可求富求强,握有和列强相争的本钱。结果呢?在平定太平军与捻军之后,中原大致清宁;蒲安臣代表中国政府出使各国,列强也有相当善意的回应。二十年里的环境不能算很糟,要自强图兴,二十年也不算太短。可是李鸿章主办的工业,规模甚小,效率奇低;他所训练的军队,素质甚差,腐败风行。到了甲午一战,几十年的经营,不堪一击。对此,北洋大臣李大人难辞其咎。后世说他"识洋务而不识维新",诚非苛评。

李鸿章也许像他的恩师曾国藩一样有才能,他肯定比曾国藩对当代世界政治有更清楚的了解,但他远没有曾国藩那种中正的品格和那种与之相连的坚定政治原则,结果他只是一个在末世修修补补的大官僚,而不像一个图兴大业的历史英雄。

清朝确实已到末世。从朝廷到地方,各种人物的努力取得过或大或小的实效。如果中国不是一下子被抛到列强林立的新世界里,日子本来还过得下去。但那是一个不兴则亡的时代,西欧、俄国和日本咄咄逼来,新文化新思想新政治势不可挡。只靠修修补补,大清无论如何是逃不过覆亡的命运了。

三

康有为的学问,时人多所诟病,但今天的学人,只怕个个都要自叹弗如。而康有为的可贵处,当然还不在他的学问、文章和书法,而在他的胆识。一介举人,敢联合六百书生,上书龙庭,痛砭时弊,主张立宪,确实有识也有胆。今天的学人,胆和识里有一样,也算得佼佼者了。我一向认为清末的改革相当肤浅，容纳的参与也相当狭窄。但那时的朝廷，竟还容得了体改所之外的一伙莘莘学子这样聚众议政，等这些学子公然在京师成立起强学会，硕彦巨卿也纡尊参与，这个学会最后多半还是因为得罪了李鸿章个人而被查封。

但康有为变法从一开始就没有成功的可能。它来得太简单了。光绪和康有为这一君一臣，只有热心和聪明，却毫无政治经验。自上而下的改革，不经过政治上的讨价还价，必难达乎实效。单说裁并机关一项，就要得罪中央地方的多少官员？废除八股一项，又把靠八股做了官或以为不久就能靠八股做官的秀才和举人都得罪了。一纸诏书，扫不尽这些人的抵抗。

自上而下的改革，如果成功，那真是谢天谢地。因为革命难免带来动乱和流血，革命的结果也太不确定，一则在革命之前，很少有切实可行的新社会的蓝图，二则革命过程如果变得很残酷，最后取胜的还不知道是些什么牛鬼蛇神。然而，自上而下的改革，却是极难成功的。缺乏政治技巧，难免落个光绪康有为的下场，太讲究沉稳圆熟，又会让真实的改革胎死官场之中。如果国家大体上还健康，小改小革时时颇能见效，若国家已罹沉疴，小改小革倒会让疾病深入膏肓。戈尔巴乔夫的改革，人人都提得出几十条批评来，但我们只要看看历史上那一场又一场不是过于急躁就是过于圆滑的改革怎样一一失败，再看看东欧和苏联，竟没有流几滴血就从人类有史以来最严酷的一种制度转向另一种制度，就知道发动这场改革的，是何等伟大的一位政治家了。

变法的失败，固然与光绪和康有为的幼稚有关，但慈禧集团的愚顽凶残当然还是主因。假使慈禧和李鸿章早就励精图治，原不需闹出戏剧性的百日维新和戊戌政变来。戊戌政变以后，清廷里小人得道，一派反动气氛，理性地寻求进步的声音黯然绝响。难怪没有几天，就闹出义和团的愚昧惨剧来。

慈禧几十年来，皇太后的威权是享用够了，但和国家一道，外国人的气她也受得够足。如今外国人又协助康梁一党逃遁，又公然为光绪打抱不平，新仇旧恨，不报不快。慈禧是个很精干的女人，有魅力，有手腕，也有些眼光。但她没有学识。用正正经经的办法，怎么都干不过洋人，她于是行起义和拳的巫术来。传说闹拳匪的时候慈禧在宫中也设了坛，学着念密咒。这个说法至少和慈禧的心智状态不矛盾。

拳匪之乱，是丧失了理性的统治者和丧失了理性的民众合伙胡闹的典型。像迈尔的白鼠实验所提示的那样，这种胡闹说明一个民族已经神经分裂，而这种神经分裂又是半个多世纪以来内忧外患过分沉重的压迫所导致。当你看到垂着红布罩着肚兜的民众口念咒语屠杀手无寸铁的教民而又一群群地被洋枪屠杀掉，你是该诅咒中国人的愚昧还是诅咒近代中国太深重的苦难？慈禧向全世界宣战，全世界也应了战。八国联军攻入皇都，俄国人攻占东三省。慈禧降旨杀境内洋人，结果是中国的大半个北方成了外国鬼子烧杀淫掠的乐园。

甲午海战之后，有百日维新，八国联军之后，终于迎来了慈禧自己主持的改革。改革诚然来得太晚，但仍非毫无希望。从经济发展到政治体制，从派五大臣出洋考察到废除科举，改革看起来不但广泛，而且有相当深度。有观点认为，从后来的中国命运反顾，与其指望辛亥革命，不如指望清廷自身的改革。然而，这一次改革缺陷多多，其中最重要的一项是改革几乎完全依赖慈禧个人的意志，通过官僚体系进行，而不曾扩大各阶层的政治参与。在这一点上，清廷最后几年的改革和沙俄几乎同时进行的改革如出一辙，而两个王朝的覆灭命运也相似。

四

清祚将绝的几年，景象至为萧瑟。一九〇八年，掌权达半个世纪的慈禧太后下世，光绪则是前一两天去世的。三岁的溥仪继承大统。地方大员大有自行其是之势，朝中则无栋梁之才，却还倾轧不休。一个袁世凯，原是最能干的，但在戊戌变法那时候曾追随荣禄镇压维新派幽囚光绪帝，而溥仪的生父、这时的摄政王载沣，恰是光绪帝的亲弟弟，自然排挤袁世凯，让他项城养病去了。

一九一一年十月十日（宣统三年八月十九日），中国同盟会等革命党党人孙武、蒋翊武、张振武、熊秉坤、吴兆麟等人在武昌发难，湖广总督瑞澂宵遁汉口租界，革命军一举占领武昌全城，成立中华民国鄂军军政府，临时推举第二十一混成协协统黎元洪为都督，藉资号召。

形势危急，一时顾不了新仇旧怨，清廷决定重新起用袁世凯，任湖广总督，会剿革命党的各路军队，统归其节制。袁称足疾而不奉诏。同时廕昌率军至汉口与革命军对阵，革命军稍占上风。

不到一个月，湖南、陕西、山西、江西、云南、贵州等省相继宣告独立，这些省份里只有少数州县还忠于清廷。还是得求袁世凯出山。内阁总理庆亲王奕劻和内阁协理大臣徐世昌，本来就器重袁，这时更是在载沣面前力保。袁一向有野心，卖关子而已，此时被说动了，以钦差大臣身份，督帅湖广及赴援的海陆各军，包括冯国璋的第一军和段祺瑞的第二军。袁世凯任直隶总督时，冯段就在袁麾下，这时自然愿为袁前驱。冯军一路攻入汉口，袁钦差随之驾到，抚慰军士，召见各国驻汉领事。北京方面，则奕劻辞职，改授袁为内阁总理大臣。袁一面上折辞谢，并请求清廷召集国会，改宪法，下罪己诏，开放党禁，一面致书黎元洪，筹商和议。

清廷接受了袁的建议，下罪己诏，准备立宪等等，同时再三催促袁入京组阁。清廷不肯议和，上海、江苏、浙江、广西、安徽、广东、福建又相继宣告独立。武昌起事后不到一个月，大清的江山，去了一大半。宣告独立的诸省，其封疆大吏或遁逃，或由民军放生，或竟附和民军被推为民军都督，如江苏巡抚程德全，安徽巡抚朱家宝。

清廷屡次催促，袁世凯才返京组阁，留话命冯国璋力攻汉阳。袁是个守旧的人物，喜欢帝制甚于共和，但他对清廷绝没有曾国藩那样的忠诚，其实他本性就善投机，不是什么忠良之士，更何况革命势力愈来愈大，他也看得出清帝逊位在所难免。之所以还要打个硬仗，与其说死保大清帝业，不如说是向民军显示自己的实力，为将来自己独揽大权造势。这一着棋袁是算对了的。

时黄兴已到武汉，任汉阳民军总司令，与冯国璋打了两天两夜，溃败下来，退入武昌。黎元洪加固江防，死守武昌。各国驻汉领事出面劝双方停战。未几，袁总理下令停战。十一月中，浙江等七处代表已在沪决议拥湖北军政府为中华民国中央军政府。在黎元洪一再催促下，十天后，各路代表赴鄂。却正值汉阳失守，于是只好借汉口英租界召集第一次代表会议重申上海决议，并推举雷奋、马君武、王正廷三人组成"临时政府组织大纲起草委员会"。

汉阳失守后五天，困守南京孤城的张人骏、张勋等终于败给民军。江苏都督程德全、沪军都督陈其美等邀请各省驻沪代表议组政府，定南京为临时政府所在地。投票结果，黄兴得十六票，被推为"大元帅"；黎元洪得十五票，被选为"副元帅"。一则由于在鄂的代表团反对，二则由于黄兴本人坚举黎元洪自代，各省代表团在南京改选黎为大元帅，唯黎在武昌，故决由副元帅黄兴主持临时政府。十天后，即十二月二十五日，孙中山由美经欧返沪。四天后，十七省代表在南京选举临时大总统，孙中山以十六票当选，另一票属黄兴。一九一二年元旦，孙中山由上海抵南京就任临时大总统。一月三日，黎元洪以十七票全票当选为副总统，兼海路军大元帅。这自然是黄兴谦让，向武汉方面妥协的结果。黎元洪这个人，德行虽不很差，但绝不是一个有远大政治理想和出色政治才能的人。当时武昌革命军推举他为都督，实在是苦于领导起义的几个人都籍籍无名，难以号召外界，而黎元洪好歹是个有协统地位的人物。一旦推举出黎元洪，他就成了首先发难的武昌革命军的代表，武昌方面就屡屡要求给他相当的地位，乃至于一直做到民国首届副总统。此后十几年的政坛上，黎元洪上上下下，时为副总统，时为总统，时为总理，却始终不曾有过什么瞩目的成就。历史人物，有一类既怀深邃历史感又敢作敢为，美国的杰佛逊，法国的拿破仑，中国的曾国藩，苏联的戈尔巴乔夫，是这类人物的代表。另一类历史人物原无长才，不过是碰巧被历史的大风潮翻到浪顶上来而已。黎元洪可算后一类的一个代表。又如"文化大革命"中的大多数大学生领袖，以及王洪文一流，原多是些无才无德的，却也一时风光无两。尘埃落定，竟见不出他们比常人哪里多一分见识才能。

现代政治文化小词典摘录[①]

爱情：婚姻的坟墓。

北京猿人：中国人最为之自豪的一代。

车轱辘：（1）车轮的俗称；（2）领导同志阐明其观点的方式。

诚实：（1）极易识破的欺骗；（2）极难识破的欺骗。

传媒：迫使一切行为都以演戏形式进行的一种超自然力量。

大脑：一种低功能的计算机。

发脾气：专门施于下级、小人物或宽容者的一种技巧。

高尚：查无此词。

格调：白垩纪的一种生存方式。

革命：从专横到专横的过渡。

个性：像人人一样与众不同。

孤独：在大庭广众间最常听到的话题。

贵族：（1）上一辈讨饭的；（2）前半生讨饭的。

贱：关于尊重总量守恒的社会学定律——对别人的尊重随别人对自己的尊重递减，随别人对自己的轻蔑递增。

[①] 本文曾以当时蛮流行的《魔鬼小辞典》为题，载于张力升主编：《社会学家茶座》第一辑，山东人民出版社2002年版。词条按汉语拼音排列。

精英：一个饱受攻击但从未诞生的集团。

宽容：事不关己时表现得颇无所谓。

理想主义者：希冀在利益再分配中得到更多的人。

恋爱：比性交拖得更长的两性关系。

灵性：多余的公设。

领袖：衣裳上最易磨损因此须常洗常换的部分。

民主：模糊社会学中的关键词，包括选举、男女平等、讲话和气、不随地吐痰。

民族尊严：皮肤不如白人白，到底还比黑人白。

名人：名声很坏的人，偶然也指名声很大却并不很坏的人。

男子汉：粗汉的爱称，指没有教养或仗势欺人的男人。

女权主义者：女人的一种，认为女性并非不如男性，因而女性应处处模仿男性。

欺骗：爱情的主要化学成分。

气质：不懂礼貌好发脾气。

钱：(1)男性的风度；(2)女性的眼神。

浅薄：从事社会活动的基本条件。

撒谎：国产基因中第一对染色体的名称。

傻：只计支出不计收入。

善良：(1)懦弱；(2)愚昧；(3)以无须出力为条件而对别人怀有良好的愿望。

深刻：一种别人和自己都弄不懂的艺术风格或理论风格。

诗：错别字较多、语法较不顺畅的散文。

坦率：拿肉麻当有趣。

讨论：每个人都把讲过多次的话再讲一遍。

讨论会：只需要嘴巴不需要耳朵的场所。

文明：游荡在草原上的、栖息在雨林中的、耕种在田野间的所有两足动物都穿上西装，夹起公文包，上班八小时，并且不吃致癌食物。

危险：吞噬勇者并为逃脱者戴上光环的境遇。

文化传统：弱小民族和衰弱民族的专利。

文化经济学公设：东亚经济起飞前可用以证明儒家文化阻碍现代化，东亚经济起飞后可用以证明儒家文化促进现代化，东亚金融危机后可再次证明儒家文化不利于现代化。

文化修养：文化的享受者所具有的而文化的创造者所不具有的属性。

下贱：使一个人或一个民族永立于不败之地的训练。

潇洒：吃饭让别人付钱，记不得昨晚和哪个女人睡的。

效率：节省下劳动时间、从而使人生变得更加忙碌的机制。

新权威主义：可能会启用我来当谋士的政治期望。

行为艺术：半截子行动能力和半截子艺术能力杂交获得的一种新式商品。

性交能力：山羊、猴子和人的最值得自豪的能力。

英雄：灭绝于 19 世纪的一个种族。

友谊：一种附属于嫉妒的人类感情。

学术名流：和国家领导人握过手的学者。

噪音：衡量当代作曲家创造力的主要指标。

哲学家：因为自己不做事而有资格批评所有别人低能的人。

政党政治：社会物理学术语，指通过摩擦把一切动力转换为热能从而导向热寂的社会过程。

政治：像厕所那样的、社会生活中必不可少的肮脏处所。

中国：一旦成为华侨就为之无限自豪的国度。

中国文化：(1)华裔学者在外国加以赞扬以谋生的手段；(2)国内旅游区加以开发以创收的手段。

著作：为提升职称而进行的誊抄工作。

读《万历十五年》

对我这样愿意了解历史而又无力穷究历史细节的读者，黄仁宇先生的《万历十五年》是特别适宜的读物。这本书不以史料详尽、论证慎密见长，但有故事性、有线索、有见解，能发人思考。

作者落笔的方式，可以归在"写意"一类，有几处落笔浓些，有些处所落笔淡些，不求四平八稳。对当时几个重要历史人物的性情，作者也用心体会描写。这样的历史书不仅比较容易读，而且容易让读者对一个历史时代有个生动的印象。有些历史书对某个历史事件的前因后果做了很多陈述和分析，但其中那些人物的性格太不鲜明，那时代的生活背景太过暗淡，读者对那些前因后果，就仍然会不甚了了。历史毕竟是些有情有性的人搅出来的，不是从一串因果律演绎出来的。

我不知道作者为什么给本书起这个题目。它写的远不限于万历十五年的故事，而是从那一年发生的几件事情谈起，以万历一朝几个最重要的政治人物为主干，到收笔时，提供出万历一朝的一幅历史画卷。全书分七章，其中有五章分别以一个人物命名：万历皇帝、申时行、海瑞、戚继光、李贽。虽然没有为张居正单立一章，但张居正的影子贯穿全书。第三章和第四章，则分别题为"世间已无张居正"和"活着的祖宗"。依我看，第三章是全书的中心。在这一章里，作者描写了万历皇帝和臣僚们的关系，通过这个关系，我们可以对皇帝在中国传统政治结构里的地位有较深切的了解。

万历皇帝天资聪颖，感情敏锐。他像历代的皇帝一样，自幼受到极严格的教育，何况教他的，是张居正这样大名鼎鼎的先生。万历八岁登基，前十年在张居正的指导下学习着处理国事。张居正死后，万历也曾想奋发，做一个中兴的明君。然而，万历没有他叔祖正德皇帝的那份特立独行的英气，而文官集团也早接受了正德一朝的教训，学会了处处限制皇帝的任意妄为。特别在立皇太子的事情上，他始终不能如愿。万历格外宠爱皇妃郑氏和她所生的常洵，有意立常洵而不立长子常洛为皇储。这个愿望遭到官员们的极力反对。在官员们的压力下，四位大学士全体向皇帝辞职，胁迫皇帝让步。万历只好妥协，说只要一年之内，廷臣不提立储的事，他就会立常洛为太子。可是一年未满，因为有一个中级官员提起要为立储大典编造预算，万历就以此为借口，说臣僚不听君令，因此要推迟立储。群臣哗然，用各种方式表示不满和抗议，最后竟把当时万历最信任的首辅申时行逼下了台。万历发现，虽然自己身为至尊，但他并不能尽情表达他对某一个女人、儿子或廷臣的喜爱，他想做的事情，必须为官僚集团认可才能推行。于是他越来越消极。万历虽然不像正德那样敢作敢为，但他有另一种形式的意志力，那就是和群臣软磨硬泡。宫中的仪式，他随便找个借口就不去出席；高级职位出缺，他不予递补；臣僚上书抗议，他不加答辩；甚至臣僚气急了提出辞呈，他也不加理会，既不慰留，也不准辞职。有的官员一怒之下径自挂冠而去，被吏部捕回，他依旧无所表示。

中国的传统政治文化里，确实没什么"公民权利"的观念，老百姓不说了，即使大臣也无法用这个观念来保护自己免遭万乘之主的侮辱和虐待。然而，皇权仍然远不是不受限制的。如今好多人讲东西方比较，谈到中国的政治传统，常常过分强调了皇权的绝对性，仿佛一部中国史，就是帝王们的恣意胡为。其实，中国的皇权再重，仍然是世俗的政治权力，不具有多少神性。此种世俗性质，很突出地表现在"社稷"这个观念里。社稷的内容，包含有皇室、国家和民生三个方面。官员们是皇帝提拔起来的，吃的是皇粮，有义务维护皇室的权威。但对皇室的维护是以对社稷的维护为依归的。"民重君轻"的儒家政治理念虽然不总能体现在政治实践中，但也不只是说说而已。如果皇帝的作为有损于国家的安全，有害于人民的幸福，官员们有义务劝诫皇帝，有时当真出自对民生的关怀，有时至少是要借托人民的利益为名，劝诫而至指责，措辞有时十分尖锐，在极端的情况下，官员们甚至可以提出"诛独夫"的号召来。

《万历十五年》的一个主旨，就是让我们更清楚地了解文官阶层在中国传统政治结构中的分量。在近代以前，很少有哪个国家像中国有这么庞大的地域和人口，这么纷繁的社会和经济，这么深厚而精致的文化。单就这一点，希腊的简单民主制或阿拉伯的绝对首领制，在中国就不可能行得通。中国发展出一套极为复杂的行政机构来应付国情，而这样复杂的机构必然会产生出独立的威权，轻易攻击不动。宋朝以优礼士大夫出名。明朝虽然皇权甚重，乃至不设丞相一职，但最终仍得由大学士来代行丞相的职责，而为了保持政局的稳定，皇帝不仅不能轻易撤换大学士，甚至不可以经常驳回大学士对奏章的处理意见，因为这样一来，大学士就认为得不到皇帝的信任，提出辞呈，引发政局的异动。清朝的政治制度更为完善，其中一条重要的传统就是不杀大臣。这一条在辛酉政变以前很少有例外。

　　文官与皇室的互相制约,是政治进化的一个自然结果,自有相当的合理性,不过,《万历十五年》更想说明的,恐怕是这种政治形式的缺陷。万历在位长达四十八年,而他在位的后一大半,朝政就这样不死不活地拖着。这种死样活气的后果,当然是朝政不修,百事糜烂。万历之后,党争蜂起,暴动横生,直到清兵入关。没有二三十年,明朝就亡掉了。

以"历史"的名义

我们五星红旗下长大的一代新人,天生就是历史的宠儿。不像维纳斯从爱琴海的虚无中诞生,我们是在滚滚向前的历史洪流里诞生的。自打趔趔趄趄学步,我们就响应历史的号召,肩负历史的使命,沿着历史的轨道,踏上了历史的征途。

我们做的事情,眼下看着可能相当恶心,甚至伤天害理,可是请记住,我们不是对眼下负责,而是要对历史负责。所以,你要是碰巧成了我的对头,换言之,你要是想阻挡历史的潮流,那可别怪我谎话连篇、六亲不认、投井下石。谁让历史是无情的呢?虽然我不太尊重别人,更不尊重自己,但我尊重历史。

亏心事儿干多了,也有心虚的时候,不过,只要能混过眼前就好,咱们把一切都留给历史去裁判。反正历史老人本来就够老了,到那时候还不早老糊涂了,哪儿记得住当时谁干了些啥呀?思及此,立刻又理直气壮起来,顺口高呼:历史终将证明我们是正确的!至于到时候历史去做证明题的时候,用演绎还是用归纳,咱就管不着了。

反正,历史规律不可抗拒:历史将对我的对手展开历史的审判,把他们钉在历史的耻辱柱上。至于我自己,只不过眼下有点耻辱罢了。眼下的耻辱怕啥,我可以用历史大手笔给自己写份自传,给每一页都赋予重大的历史意义，反正历史是人写的嘛。

就靠这点不知耻，咱坐在不可阻挡的历史车轮上，一路顺风，便宜捞了不少。谢上帝，历史是公正的。当然，谁都难免有吃亏倒霉的时候；唉，历史是曲折的呀。

就这样，我们永远站在历史的高度上看待问题。登临既出世界，世界上的种种规矩我们就不大看得清楚了。我们不分美和丑，不辨善与恶，不见情与义，不认男和女，一切都灰乎乎地融入了我们那一副历史的眼光。

不知哪年哪月，我们能从历史的高度降下几步，用平常心看看平常事。咱要能卸下肩上的历史重担，把腰挺挺直，不是更神气点吗？非要扛点啥不可，那就扛个麻袋上跳板，倒挺男子汉的。咱要约了逛王府井，咱就往王府井走，管它是不是历史的走向？咱要是好说好唱，咱就说说唱唱，管它是不是历史的最强音？情发乎中，凝而为诗，思循于理，达而成文，管它进入不进入历史？嫂子掉在河里，咱伸手拉她上来，管有没有人把它画成历史的画卷？咱要是不能今天就挺直腰板，真情本性地说说唱唱，为身边的人干一两件漂亮事，要真有好事之徒让咱们进入了历史，这部历史的篇章读着多丧气啊。

哪年哪月，我们能自己多点担当，少拿历史撑腰垫背？你要说民主这好那好所以该民主，这咱听得明白。你要说你就好民主所以非争得民主不可，这咱也明白。你说民主是当今的历史潮流所以要闹民主，这咱就糊涂了。十四世纪那阵子，杀异教徒还是潮流呢，咱也该跟着杀？谁证明过历史正在向更加正义的方向发展，所以顺应历史就表明了事业的正当？

人们都怎么啦？个个都成了历史的代言人，历史大计划的执行人。可是，即使你给我证明了我如果乱说乱动就会破坏了你给中国历史发展设计的蓝图，我该说说该动动还是得说说动动。历史的长河长着呢，还不兴咱们在河边阴凉地方歇歇脚？长河的这一段也许兴新保守主义，可我们这些老保守主义者非要筑一道堤，把自己的家园保守住，不被历史的洪流淹没掉。

什么时候，咱们讲明白自己需要什么，别人需要什么，少讲点历史的需要——历史不缺盐不缺酱的，谁知道历史需要什么？什么时候，咱们少用点儿历史的名义，多用点自己的名义，什么时候，咱们认认真真去做自己喜欢做的事儿，少在历史画卷上涂涂抹抹，那时候，历史的画卷准会清爽几分，历史老人准会安生不少。

分殊文化，共同世界[1]

饿了，要吃，这是生理。有好炒干煸牛肉丝的，有好烤牛排的，有用筷子吃的，有用刀叉吃的，这是文化。你们吃肉不吃鱼，他们吃鱼吃牛不吃猪，你们见面作揖，他们见面握手。从自然的角度看非必如此而在实际生活中人皆如此的行为模式，就是文化。你到岁数想俩人往一块儿睡，这是自然，你穿件白纱裙子上教堂照好多相片，这是文化。

虽说文化"从自然的角度看"非必如此，但人本来就是一种"非必如此"的动物，一种文化动物；就像鲸鱼是陆生动物，回头是岸，却还是游在海里自在。

有的食品营养好，有的不好，有的吃法卫生，有的不卫生，确定营养和卫生的标准，对中国人、阿拉伯人、西非人，都是差不多的。可是在一个地方，让客人拿手抓饭吃表示尊敬，在另一个地方则近乎侮辱。死，不管汉人还是藏人，都不乐意，但吊死、砍头、饮鸩，各种死法的含义，则因民族而不同。死后处理的方式，更是因民族

---

[1] 本文曾以《何不做点自己高兴做的事？——"文化特殊论"解》为题首发于《东方杂志》1994年第1期。

而异，暴尸于野，在汉人是件惨事，在藏人则是正当，反倒是患了恶病犯了恶罪的才用土埋。

人的很多行为，很难找到一个共通的评判标准，因为这些行为的意义框架是由一种特定文化提供的。

无生物是以物质的方式反应的，给一个力，就改变运动的速度与方向，加入一种试剂，就产生出一种新的物质结构——起反应的物质别无选择。生物是以信号的方式反应的，听到同伴的警报，雁群就起飞了，等不到狼扑过来；用电流刺激狗的中枢神经，造成一种饱食的感觉，硬是眼睁睁看着一盘肉饿死了。

相比之下，人是以意义的方式反应的。要是坚信商之旧臣不可食周粟，明明肚子饿，明明感觉到肚子饿，也宁肯只吃几根薇草，直到饿死。这样极端的例子不多，但不太极端的情况则所在多有。钱，人人都想要，但谁都想不起到朋友家的抽屉里取出点儿来，哪怕绝无被发现的可能。走路被人撞了一下，听一声"对不起"就拉倒，听一声骂娘就非得和人没完没了。苦役犯什么苦都吃惯了，让他挖个坑遂即填平夯实，再挖个坑遂即填平夯实，苦役犯也受不了。

自然是齐一的，信号添了变数，意义使世界变得神秘莫测。天体物理学家可以算出亿万年前宇宙大爆炸后几秒钟的粒子密度，可以算出一颗彗星几百年几千年几万年后的轨迹，可是没人算得出世界上明年要发生几场战争。

十七十八世纪从西欧发轫的进步观念，是近代思想体系的一块基石。进步观念渗透到各个领域：天体演化、生物进化、人性不断进步、社会形态不断更新。进步要有个标准。什么是生物进化的标准呢？适者生存是个同语反复，因为"适者"是以是否存活延续来确定的。向高等进化也接近于同语反复，既然"进"化，自然就是向"高"处发展了。

衡量生物的进步，已非易事，遑论衡量社会。进步观滥觞之际，正是西欧雄视世界之时。欧洲人当时的观念和状况，自然而然当成了进步的标准，其他社会，则都处于较落后的状态，并将逐渐进步到西方那个样子。形形色色的文化被排到同一个系列上，只是先后次序不同。

相反的看法在西方从未断绝。莱布尼茨就注意到东方文明是不同种类的文明，不在西方发展模式中。汤因比、斯宾格勒等人更发展出系统的学说，把形形色色的文化理解为各有特点的个体。后现代的西方知识分子，检讨欧洲中心论，容易接受这种文化特殊论的观点。

西方中心主义生自西方，文化独特论或非西方中心主义也生自西方。这无足怪。刘少奇接见时传祥，说干国家主席和干掏粪一样，都是为人民服务。时传祥就不会往那儿想。

进步观和文化特殊论，短短几年里在中国知识界重新旅游了一遍。

极端的进步观把形形色色的文化都排在一条直线上，分它个上下高低出来。文化特殊论正相反：每种文化都有自己一套独特的价值标准，因此是无法比较的。你打桥牌，我下围棋，怎么比得出谁高超？任何衡量标准都与特定文化相关，没有超乎一切文化之上的自然标准。说不定拿各种文化来一比高低这种想法就是某种特定文化的产物呢。形形色色的文化只有不同，没有优劣之分。

中国人先前认为华夏文明世界第一，后来在可以直接比较的方方面面都比不上西方，终于产生了一种文化自卑感。文化独特论既不自称高人一等也不承认低人一等，算是中平之论。

但我们说所有文化都平等，只是面对西方文化时才说的。倒不是咱们中国人采用了双重标准，说实话，坦桑尼亚和巴布亚新几内亚哪儿有所谓的"文化"呀，所以也谈不到平等不平等。

文化特殊论的兴起，和平等观念的泛滥有关。虽说古希腊就主张公民在法律面前平等，基督教主张在上帝面前人人平等，中国人古时候在考场上人人平等，但直到美国革命宣称"人生而平等"，法国革命把"平等"列为三大原则之一，世人才处处事事争起平等来。妇女争选举权，残疾人争工作权，小国争主权，小民族争自治权。既然艾滋病人可以争入境权，同性恋可以争结婚的权利，那么文化当然可以争和其他文化平起平坐的权利。

我们不可把"平等"理解得太宽泛了。人当然是生而不平等的。他生得又聪明又漂亮嗓子又好家里又有钱，我生得又蠢又丑公鸭嗓子家里捡破烂的，啥平等？平等是指我们在某种捉摸不定的"人格"的意义上平等，在一定的法律程序上平等。美国很少想着和格林纳达、巴拿马、伊拉克平等，但在某些国际交往的场合还是得遵循平等的说法做法。

国家间实质不平等，但可以有个正式身份上的平等。文化却没有正式身份,要平等只有一途:文化各有各的特殊性,所有文化都不相类。

维特根斯坦考察Spiel(游戏、玩)这个词,发现并非所有被称为Spiel的活动都有一个共同点。这些活动中甲类与乙类有共同点,乙类与丙类有共同点,甲丙两类则并无共同点,但甲乙丙连绵统称为Spiel。

实际上,一切自然概念都具有类似的性质。五千年中国文化形成一个统一体,不但不必一成不变,甚至不必围绕同一个中心。

中国的传统文化,被称为"儒家文化"。道家释家的影响却也不小。即如儒学,也难一言以蔽之。曰"仁",曰"忠恕",言其大概而已;细究,"仁"、"忠"这样的概念包含了太多的方面。在民间,重"义"或甚于重"仁"与"忠"。皇帝有过千百个,民间都不修庙,但到处是"关帝庙",一个败军之将,当神来崇拜,盖因其义气焉。考了进士做官,而进士是皇帝考定的,于是进士自称"天子门生",可见对皇帝的忠也有几分报答知遇之恩的意思,而知遇之恩是从义想过来的。中国的封建传统弱,人身本无依附关系,皇帝王侯大人识我于屠钓之中,我是报答恩情,不是尽义务。日本也袭儒教,但那里有封建系统,于是更讲究"忠"。

用一个字、一句话概括一个文化,只有在很特殊的情况下才有意义。中国人重义,日本人重忠,美国人重自由,这是大概言之,并非美国人一举手一投足均表明他"爱自由"。

文化比较学得出的一个极为流行的结论说:西方人重分而中国

人重合。凡说到东西差异，莫不如是说，不但我们说，西方也有不少人这样说。

文化比较学身为一门学问，当然具有客观性，但在讨论义理的时候也难免不知不觉中立下了弘扬本族文化的目标。我们说到西方人重分而中国人重合，心里已经想定合比分要好、要高。可在我看来，什么该分什么该合，端视事务而定，没有一般的原则来决定孰高孰低。党政该不该分开？四代人该同堂还是该分住？何况，中国人在很多事情上，好分之心颇胜于西人，即使外寇当前，国共也绝不肯诚心合作，人家能合成一个大企业的，我们只愿各自做点儿小本儿买卖。

文化比较学的主体内容是绕一个学术用语的圈子来证明本族文化的优越。无怪乎弱势民族特喜欢这门学问，而强势民族要表明自己优越性的时候不妨采用直接的手段。文化比较学家赤诚可感，唯于事无补耳，就像谁要想成为工业强国，有效的办法是自己生产出像样的产品来，靠不上一场又一场抵制洋货的运动。

比喻在不同类的事物中发现共同点，比较则从同类事物的差异入手。

要是把中西比较放在更多的文化类型的背景下，我们会发现这两大支文化十分相近。两种文化都提倡勤劳致富，尊崇建功立业，并注重记载自己的历史。这差不多是理所当然的——要不是具有这些相类的品质，很难想象恰恰是这两大支文明数千年生生不息，不断创造出繁荣昌盛的局面，雄视周围世界。这种优越的历史，反过来又增强了这两支文化的共性：这两种文化都具有强烈的优越感，同时具有深厚的宽容精神和人文精神。

　　价值系统随文化而异，就像概念系统随语言而异。但不同语言之间竟能翻译沟通，这是因为，语言是从自然中生长出来的，语言之外，有着一个共同的世界。两个说不同语言的聪明人关在一个牢房里，什么都不许做，只许说话，谁也教不会谁另一种语言。放他们出去，一起盖房、打猎、捕鱼、种地，像鲁滨孙和礼拜五那样，他们能很快学会了对方的语言。

　　一种语言包含着对待共同世界的一个特殊视角，同时又反映着一个民族的特殊历史和生活方式。有些高度凝聚着这些特殊性的概念是无法翻译的，如"仁""义""官""福"。但它们可以得到解释。翻译不会是完全的，解释也不会是完全的。不过我们对自己的语言和文化也并非了如指掌。

　　我们学习一门外国语，是按照汉语的习惯来理解的，还是照那门外语的习惯来理解的？如果只照汉语的习惯，我们连一个听起来自然的外语句子都说不出来。但也不可能完全按外语的习惯，因为我们时常说得生硬勉强。我们处在这两种习惯之间。最关键的，是我们并不因此制造出第三门语言来。

　　我们并不需要一套独立于各文化之外的价值标准，就能够跳出一种特定模式来了解别的文化，评价不同的文化。就像我们比较今天热还是昨天热，并不需要从绝对零度测量起。

　　五笔字型输入比较快，可学起来比较费事，坐地铁比坐公共汽车快，可是比较挤。事事时时，我们都在比较。他老婆比我老婆漂亮，我儿子比他儿子聪明，他比我有钱，可我比他德行好。

有技术性的比较，有总体性的比较。下棋时比较走车还是跳马的得失是技术性的，比输赢是整体性的。棋手上场是来比输赢的，但行棋之际，脑子用在技术性的比较考量上，一脑门子输赢，反倒影响行棋了。我侪尚未超凡入圣之时，难免计较得失，比量高下，但权衡而至于患得患失，最后是得是失先已经损了。权衡计较终有竟时，什么也代替不了痛痛快快干它一场。凡一为事就要与人一比高低可算作病态。毕竟天下之大，容得狮虎，也容得鸥鹤。

一向优越的和一向居劣势的，较量一番的冲动较弱。曾居优势而退居劣势的，冲动最强。于是中国好"比较"。比较比较，不只是比，还有一番较劲在后面。这较劲的冲动，要老是用在比较上，倒是可惜了。要真恬然于中国文化的独特性，我们何不高高兴兴做点儿自己高兴做的事情？

祝贺《中国书评》创刊[①]

书评从来有益而重要，在当前中国，我觉得书评这种形式尤其重要。一是由于我们的图书市场尚未建立秩序。现在图书业已经享有相当的自由，书出得很多，但是这种自由刚出现，还来不及建立自由的秩序，何况这种自由还远不充分，磕磕绊绊的，妨碍了自由秩序的建设。外国好多名著翻译过来了，很想买，一翻开，满篇误译，不忍卒读。上好的题目，《左传》与《史记》的比较研究啊，现代性话语的特点啊，打开书一看，竟不如中学生对着女朋友吹牛皮。自由国家出好书也出烂书，但哪类出版社出哪类书，哪些书店卖哪类书，哪些杂志上的书评评哪类书，书评本身的品质怎样，这些都比较清楚。好书坏书杂出，不算没秩序，实际上，正因为必须允许好书坏书都出，才需要秩序。而在建设这种秩序的过程中，书评起着不可或缺的作用。

书评在我们这里有格外重要的意义，还有一个方面，那就是活跃的深入的书评有助于我们建立起一个学术界。鸦片战争后的一个世纪里，旧有的学术传统渐渐式微，新学又始终不大成熟。八十年代起，开始了重建学术界的工作。依我看，现在中国还谈不上有

[①] 本文首发于《中国书评》1994 年创刊号。

个学术界。我们在学理方面实在还没作出什么贡献，要么介绍外国人的学理，要么把这些学理应用到具体研究中去。我们看重外国的新思想更甚于看重我们自己的新思想——如果我们真有什么新思想的话。同样，外国人对我们学术水平的评价，也比国内同行的评价来得更权威。所有类似的现象都说明我们还说不上有一个中国的学术界。一个学术界的主要标志是：一项研究成果能够在这个"界"里产生反响，得到评价，受到批评。在已经建立了学术秩序的地方，这项工作主要是由各种专业委员会和专业杂志来做，可是在中国，什么一级二级刊物，什么专家评审小组，我不知道它们的存在是否阻碍学术发展，但说到促进学术发展，它们显然无所作为。所以，像《中国书评》这样专门而严肃的书评杂志，在建设中国的学术界，建设学术秩序方面，会起到一种特殊的作用。

说到学术建设，我愿意特别强调批评的作用。介绍一本书的梗概，彰扬一本书的新意，把一本书放在一个学派或一个思潮里确定它的位置，这些都是书评要做的事情。但批评还有一种独一无二的作用。我设想，一位作者的长处，他在写书的时候，有意无意总是在张扬的，思路不通之处，材料不详之处，作者即使并非有意掩饰，也容易忽略或绕行。这时候很用得上旁观者清这句话。可是批评的传统在我们中国似乎格外弱。庄周惠施辩驳对方的观点一点儿不客气，但看起来两个人的交情无人能比。这种风气到先秦以后好像就衰歇了。后世的读书人，要么探几发微，索引一本老书的故实，引申某种大道理，要么各依门户互相攻讦。中国人的学问是好的，但黑格尔讥笑"中国式的博学"也不是没道理，因为我们在学理方面，实在没什么进步。批评的精神，说到底，是科学精神。而我们两千年的学问，不大讲科学精神，了不起是个悟字。悟到了没悟到，人各一心，无从取证，但因批评精神、科学精神缺乏，学问渐失生命力，最后我们不得不主要从外国汲取学理上的资源，这是人人所见的实情。如果《中国书评》能在弘扬批评精神一事上有所助益，那简直要说厥功甚伟了。

提一个具体的建议，《中国书评》似可以设一最差书榜，各位编委，并邀请各路专家，每一期提出他或她这一季见到的最差的一本书，愿意的话，再写上几句评语。我希望读书杂志都设立这种最差书榜，如果我的书在两三处都上了最差书榜，我估计自己再动笔时会多少更认真些，贻误读者的几率会小一些。

说"淡"[1]

最近读到周国平去年十一月发在《文汇报》上的一篇文章,《平淡的境界》,认为文章,至少散文,应当写得淡,冲淡、散淡、闲适,当然,不是扯淡,是要淡而有味。这是件难事。怎么做得到?必须货色好,"只有鲜鱼才能清蒸"。周国平是如今出名的散文家,他自己的文章就写得淡而有味。即如《平淡的境界》一文,娓娓道来,颇多妙思。如今走"淡"这一路的作家,很多,其中不少名家。《美文》第三号上"人寰速写"之三,写"大妈们",写许大妈、罗大妈,没什么要紧的事,只说:"听见她乒乒乓乓地剁菜,剁韭菜,剁茴香。她们家爱吃馅儿";只说:"她也就是五十出头吧,不应该把牙都掉光了,想是牙有病,拔掉的。没牙,可是话很多,是个连片子嘴。"没什么要紧事儿,就这样写写,淡。这两年流行随笔散文,俱称"美文",其实已经提示这种倾向——论文难免艰涩,诗难免奇诡,连杂文也难免要求惊警。随笔,总随便些;散文,自然可以散淡。

淡之为文章的一个境界,古已知之。周文中就举出不少古人的话,说明古人也常推崇淡的境界。不过,现在流行起淡来,想来还有更切近的缘故。按新华体,文章要布满豪言壮语,再早几年,样

---

[1] 本文首发于《东方杂志》1994年第4期。

板戏大批判稿,更是血脉偾张。今人的神经从血和火里松弛下来,耳朵不那么习惯震天动地的频率了,烦透了重大题材,写点儿随随便便的,随随便便写点儿。

淡的文章会是好文章,殆无疑问。淡也不等于浅白,淡淡之中,可以蕴含深刻的道理。深刻不一定都用"'我'的言说就是偶然性之一种偶然的肉身性发生"这样超级深刻的句子来表达。然而,如周文说"以平淡为散文的极境","极境"二字却可能让人误以为淡为作文的不二法门,青年习作甚至可能扭曲自己的真性情,压抑自己某方面特具的才华。周作人、梁实秋用淡淡之笔写出了好文章;庄周汪洋恣肆,尼采跌宕峭奇,却也一样是好文章。一道算数题,有一个正确的答案,其余都是错的。文章,有很多办法一定能把它写得糟,却没有一定的办法把它写好。如果不要庄周的恣肆汪洋,不要司马长卿的诡势环声,不要尼采的跌宕峭奇,把他们都换成了苦雨斋的冲淡,一部文章史就没什么味道了。

文章散淡,或可匡正言语动辄激烈的弊病,然而,并非人人都像国平那样入乎淡而有致的境界。很多不过是寡淡、淡薄。哪一种风格都有其末流,难是难在冲淡平实却不一路流向浅淡、浅易,一路流向浅露。现今的散文,一反重大题材,鸡毛蒜皮,涉笔成趣,淡淡的冰糖梨片水儿似的,色淡、臭淡、味淡、微甜、舒服,不读白不读,读了也白读。时人好问:"累不累"?倒是不累。倒也是,如今识字的人多了,细读精读的人少了。夏晚街头卖西瓜的,灯下也手捧一本杂志,为这样的读者着想,要写得多,写得浅露。写作者一面也类似,大学毕业生多了,或多或少能作文,若不幸沦落到卖字维生,当然也要写得多，写得易读。现代生活匆匆忙忙的，读者作者，谁耐烦十年磨一剑？

摇篮曲浅易，听得舒舒服服，但太舒服了，难免不惊动读者的智性。要让人惊动，却往往走不成淡的路线，倒需要用锤子来写作。尼采惊动我们的智性，还不只在他格外聪明，他的聪明和着热情一同涌现。就像梵高画笔下的色彩随着对无限生长的渴望一道涌现。对生命的原始热情实是所有写作的源泉。一部《石头记》，有七宝楼台的精巧构造，有草蛇灰线的隐秘呼应，有学问有才情，但把这一切带向不朽著作的，是曹雪芹用心和血呼应着人的种种命运。而为人作文过于讲究老成往往是以热情为代价的。明清的诗，不是写得不高明，但总不像唐诗那样打动人。诗歌文章越来越成为文人一试笔墨高低的考场，佼佼者文思泉涌，却不再涌现出对生命的原始热情。

固然可以说，这里谈的不是一种风格，而是文章的本质。无论庄周，无论尼采，无论什么风格，在某种意义上仍是"用自然平实的话把合乎物理人情的意思原样写出来"（周作人语）。但合乎物理人情的意思原是什么样子的？即如物理人情本身，恐怕原来就有很多种样子。文章一定要自然，是没有错的，但"自然"和"原样"差不多，不仅定义不来，便是存乎一心地体味，也难免十分犹豫。理发刮胡子，是自然还是不自然？米开朗琪罗把大卫的腿增了几公分，是自然，不自然，还是"比自然更自然"了？

去掉了艺术作品的多样性，就没有艺术了。艺术之外的世界又何尝不如是？小桥流水人家，是一境界；天外黑风吹海立，又是一个境界。环肥燕瘦，各领风情。要是天下的女人都生得像某一个标准美人，世间是更美了些，是更乏味些？

这就从文章说到了世间。因为见到过更听到过写好文章的人做坏事情，所以不敢再完全相信"文如其人"这话，但曲曲折折，为文和为人确实相连。诚如周文说，平淡不但是一种文字的境界，更是一种人生的境界。提倡文章的淡，想必是要我们看得淡些。性情冲淡，自是可羡，不过，人生有这样那样让人钦慕的境界，却没有唯一的至高境界。人的性情，乃至人的为善，像艺术和人生里的美一样，非得多种多样，才能造就一个适宜居住的世界。没有美排斥其他一切美，也没有善囊括一切善。有的人临危见胆气，平日却不大顾忌公德。有的人平日里热心善良，临危却不敢担事。周作人先生的处事后人未必都称许，但他素日的冲淡平和仍然是一种好处。只是我们一定不愿见满世界人都像他一样性情。其兄的为人为文差不多到了冲淡平和的反面，可嘉可敬之处却并不少些。至于有机会一显身手的时候激烈不减常人，高压之下就格外提倡淡的，那就等而下之，不属本文讨论的范围了。

我们这个时代，中西隔绝了好几十年，又一次面对面冲撞；反传统反了一个世纪，重新来了延续传统的冲动；压迫和苦难造出甚多出奇的经历和思考。这些好像都是产生优秀作品的条件。读一读，一边是"想是牙有病，拔掉的。没牙，可是话很多"，一边是"偶然性之一种偶然的肉身性发生"。正不知如何了结，读到今年《读书》第五期上韩少功谈"后现代"的一篇短文，不淡，却也丝毫不偏激；读得懂，却还有需要反过来再读再想的。湖山自美，淡妆浓抹，都会合宜的吧？下锅的是条鲜鱼，生吞熟吃，清蒸红烧也都会好吃的吧？

于天人之际，求自由之真谛
——忆熊伟先生[①]

今天是先生的百日祭。捧了一束鲜花到先生像前，与先生平和而慈祥的面容默默相对，良久无言，却恍如往日与先生促膝，谈笑风生。

先生去得很平静，平静得让人难以相信他已然离我们而去了。病中的先生也仍然那么平静，虽日日与病魔苦斗，却从不显出一副挣扎的苦相。每次去看他，他总是和往常那样和我们谈天说地，没有几句，便又说到学问上。学生不免要说些安慰宽解的话，他却总是说，他早就有了准备。古人说"朝闻道，夕死可矣"。活着，就要做事，做不了事了，还不如死。随后他还会数出一大串他想要做的事，说，总之他是不会只是为了活着而活着的。言语之间，神态始终安然。

先生这一辈的学者，大概都没有过真正平静的生活。先是战争，国耻，无宁日的颠沛流离；后来便是没完没了的运动：洗澡，脱裤子，割尾巴，进牛棚，坐飞机。也许，正是这种生活练就了先生

---

① 这一篇不是我写的，是熊伟先生弃世后王炜写的悼念文章。王炜是文章好手，写得也认真，写成此篇后仍嘱我修改润色，我改动不多，添加了几句。在《东方杂志》1995年第1期发表时，王炜坚持署我们两个的名字。收入此文，一则纪念熊伟先生，二则纪念王炜。

那种平静而坦然的心态。或许也可以反过来说，要是没有那样一种处世不惊的心态，大概是熬不过来的。记得是几年前的一个早秋，秋风煞紧，学生因先生不久前的一个发言而为他担心，去看他时，他却风趣地说，那就像是赛跑，我这把年纪，离八宝山不远了，也不知他们赶得上我不？走在落满黄叶的小路上，先生讲了一个故事：六六年的一个仲夏夜，孩子跑回家来通报，说是红卫兵要来抄家；先生坦然地说，来吧；孩子说，会打人的；先生说，那怕什么，就挨几下；孩子又说，会打死，说时已面色如纸；先生却仍平静地说，那又有什么，不就是死嘛。确实，对先生来说，死又何惧？那倒不是因先生从他老师那里学得了一套"在到死中去"的说法；死神的影子幼时就光临过了。先生儿时，因父亲参加了革命政府，半夜叛军来家要满门抄斩，他在床上惊醒来，只见挑开了帐子的明晃晃的刺刀已抵在胸前。不知为什么，刺刀没有刺下来，侥幸留了条性命。那年先生只有九岁。也许因了这番经历，"生死"二字，先生读来也淡然。正如先生晚年所说，"我在世乃由天命抛入时间之流中，方此一瞬，我自不知何自来与何所往，双向看去，皆为空无"。从这样的原始处来体验人生在世的对"死"之"畏"，原无异于"视死如归"的"大无畏"。秉此精神，先生一世，心态常是十分的平静坦然。依先生之见，人的一生犹如在世间划了一道浅浅的痕。然而，他划这痕却又极认真。并不是因为划这一道痕是什么了不得的功业，只因为系于生死之间的全为"活的历史"，划出的都是亲在世间的心迹。不汲汲于功利，已不寻常；不汲汲于功利而又极认真地做人做事，就更鲜见了。我们说"长者风"，此之谓欤？不了解先生的人很难识得这浅淡而又认真的痕，更难识得这痕中透出的思的力度。

先生是当代西哲大家海德格尔的亲炙弟子，也是最早向中国读者介绍海德格尔思想的人。据先生说，当年和他一起听海德格尔讲课的，还有两位中国学生，一位是后来的逻辑学家沈有鼎先生，沈先生回国后虽一直在哲学界工作，却一生未对海德格尔发过一言；另一位是学工的居伯强，当时每次从外地乘火车赶到弗莱堡来听海德格尔讲课，慕名而来，极认真地听，极认真地记，却只是好奇，自那以后也再不曾就海德格尔讲过一字。只有先生，自四十年代初回国起便孜孜不倦地向国人翻译、介绍海德格尔的思想。在中国，不少的人都是在看了先生的文章或译文后，才了解海德格尔，喜欢海德格尔哲学，研究海德格尔哲学的。至今还有些学人，甚至在文风上也显出先生的影响。但是先生从不挟师以自重，更不以中国的海德格尔权威自居。先生只是认为海德格尔的哲学于当今诸种究天人之际的形而上理论中，见解尤为精到，且启人深思，确值得国人一阅，便几十年辛勤笔译海氏著作几十万字，直至在病榻上，仍念念不忘于此。

然而，先生却又不像他的老师，逝后有著述等身，流传于世，反倒有点儿像中国的古之贤哲，述而不作，写的不多，发表的更少；文章不多，更不说书。他从来是把海德格尔哲学当作一种人生哲学来理解，来实践的，同时他又是把人生当作一本大书来看，来写，来做的。人生的一行一动，都是他深思着的"说"，他深思着的"写"。以先生的性情，那一行一动，不作金戈铁马的铿锵，叱咤风云的轰烈。那深思的"说"与"写"，好似入夜时分的滴滴细雨，润物无声。

先生对海德格尔哲学的理解，自有独到之处，不仅充满了中国传统哲学的智慧，也体现出先生个人的敏锐和力度。几年前，读到先生赠的早年文稿,发现早在三十年代末,先生就已在题为《说,可说,不可说,不说》的博士论文中对当时海德格尔思想中刚刚显露出来的"语言转向"表现出敏锐的洞察和深刻的理解。后来先生据此论文用中文写了一篇同名的文章,写在一九三七年,发表于一九四二年。文章本欲对冯友兰先生区分哲学与神秘经验之论作一商讨,落笔下去,却一发不可收,对形而上学之"说"是否可能这一问题,用独特之言,说出了独特的看法。在先生看来,宇宙间的一切"在者"皆因其"有"而成为"可说"的,"不可说"的则是"无"。然而"'可说',要'有''可说';'有''可说'又要'无''不可说'乃成其'有''可说'。是'可说'要以其'不可说'乃成其'可说'。又正以其'可说'反成其'不可说'。……'可说'与'不可说'都是'说'。……'不可说'乃其'说'为'不可'已耳,非'不说'也。"先生所言之"说",即语言,无论可形诸人的语言的(可说)还是不可形诸人的语言的(不可说),都已进入语言(说)。语言中之"不"(沉默)是使语言之"说"(朗朗上口)成为可能的东西。默默无语常是语言中更有力量者。我们可以看出,在这篇论文中,海氏前后期的思想,海氏思想与中国传统思想皆两相照映,熔于一炉。它把《形而上学是什么》关于"有"与"无"的思想和"可说"与"不可说"联系在一起。海德格尔后期提出的"语言自己在言说",在先生这篇三十年代写就的文章里也已经初露端倪。

先生的文章是对着冯友兰先生的观点而发的。当时冯先生的新理学一出,便引起了热烈的讨论。同代学人认真地发表各自的见解,空气之自由,学风之端正,常使后来的学人心向往之。先生生前每每忆起,亦十分怀念。这里还有一个有趣的巧合。冯先生的新理学当时引起刚回国的西学少壮的诘难，不仅有熊先生，后来还有维也纳学派的成员洪谦先生，两人从完全不同的角度对冯先生的理论发出批评，其言凿凿，亦可见当时西学对国学冲击之一般了。

先生的文章，为当时的国内哲学界带来了一股新鲜的空气。然而，当时国内学人对海德格尔的思想对先生的文路还相当陌生，以至先生四十年代初回国路过昆明以此文章之题发表讲演时，听讲的人大多不甚了了。时隔半个世纪之后的今天，海德格尔的思想已为相当多的中国学者所知，再读此文应可解其一二了。

先生在此后相当长的一段时间里沉默着。为了人们的不理解，更为了那个时期的他所面对的人力无法抗拒的形势。然而，沉默并不曾阻滞深思，反使思更其深沉了。不被接纳，也要积极地投入新生活；遭受无理批判，那就洁身自好。在那个时代，即使先生，难免有时也有些茫然。先生从未放弃他对人生意义的执着追求，时时自省，直到晚年。再次有机会带研究生，先生已经年逾古稀，这时他曾认真地对学生说："过去，也许我是独善其身多了些，而少兼善天下。今后似应在这方面更多努力才是。"自那时起，先生几乎把他的全部精力都投在了他的学生身上。

先生生性本就淡泊，晚年更视名誉地位如草芥。不带博士研究生，他就多带硕士研究生。直至八十高龄，他仍年年为研究生开课，即使身患绝症动了大手术，身体刚刚有所恢复，他又为研究生开哲学德语课。这课一直开到他第二次入院动手术才停下，课上的学生无不感动。真的，只有亲身受过他教诲的学生，才能体会到先生每次上课所付出的代价。二次手术后，他仍念念不忘地对前去看望他的人说，只要他还能够，他一定还会为学生讲课的。他总是说，和学生在一起是一种乐趣。先生从来不为自己的福利求人力争,但为学生入学、毕业、出书、留学,他总肯抽出时间写信写证明找领导。但他所作的评语,从无溢美之辞,自然更无妄语;求他的学生拿到手里,有的会生出一点儿失望。但了解先生的人,不论中国人外国人,读到这样一份实事求是的介绍信,就知道先生笔下每一个字的分量。很多事情,就因为这种信任,顺利地办成了。

  先生德高望重,但在学生面前,从来不拿架子。在学术问题上,也从不因为自己是真正的老前辈把自己的想法强加给任何人。讲课的时候临时想起引用一段材料,恐怕自己记错了出处,就会当场向自己的学生询问。读学生的文章和翻译,发现错处做了改正,仍要问清学生何以这样写这样译,看看学生的写法译法有没有一些道理。海德格尔常用的 Dasein 这个词,他本来是译成"亲在"的。有一个学生把它译成"此在",先生觉得好,自己以后就这样译。另一些学生觉得还是译成"亲在"好些,先生反过来为"此在"这个译法辩护。先生常说,你们在治学方面,一定要争取超过老师,学生不如老师,一代不如一代,那是老师没有当好,是老师最大的悲哀了。在先生眼里,果然学术是天下之公器,不是由地位尊卑来定优劣的。唯其虚怀若此,在学生眼里,先生的地位始终是最尊贵的。

  先生鼓励学生独立思考,却并不纵容学生妄语。有一次谈学问时谈到海德格尔和萨特的区别,先生对萨特的某种提法提出异议。有学生语快,接话说,萨特哲学其实很浅。先生正色,沉吟说,这样一语断下来,是说过头了。话不重,却让那位学生觉得羞愧,从此以好大言好断语的流风自警。先生教学,首先是教人,育人以德,且以其德育人。为师如此谦虚,又如此顶真,先生之德,可谓大矣。

先生也常常告诫我们这些后学,为师先要为人。这一点,先生是做到了的。

先生教书育人,从来是有教无类的,他不但教他名下的研究生,外系外校的学生只要有问题去找他,他都极认真地回答他们。有些问题当时没有把握,他从不当面敷衍,往往是回来几经查找或想好之后亲自找上门去答复,直到问者满意为止。十几年来,全国各地的老师学生工人农民来信向先生求教的至少也在两百人以上,先生都亲笔一一回复。其中有不少人与先生保持书信往来长达几年甚至十几年,他从无厌烦或轻疏。先生为人持之以恒,日月可鉴,此一例也。

先生为师如此认真,做学问也极其认真。记得几年前的一个仲夏,先生为了写一篇题为《莱布尼茨与康熙》的论文,曾顶着烈日酷暑,三次从北大进城去故宫查实材料。每次回来,先生都已疲惫不堪,但只要有所收获,先生便显得十分高兴,挤公共汽车、在故宫里问人寻物步行几个小时的劳累便都忘了,如此一直到他本人对论文满意为止。那时先生已年近八十。先生留德十年,刚一毕业就被柏林大学聘为讲师。他的德文是第一流的,一生译作也不算少,但先生对自己所译之文从不疏忽,即使多年前已发表过的译作,如要重新发表,先生也都要亲自校过。先生在病中仍以极大的毅力校订了自己几年前所译的几十万字,才放心让人拿去发表。每当他校出译文中的错处或不妥的地方,改过之后,他会高兴地告诉我们,好像是小学生改正了错误那般天真。

先生为人教书问学都是极认真的。在先生看来,人生在世求的就是这个在世之在的"真"。有了这个"真",就有了人生在世的自由。存在之真理的本质就是自由。自由却不是无法无度、任性妄为。先生说，自由是要"选择最适当的可能性以适应之，善发挥主观能动性，以成其善"，亦即孟子所说，万物皆备于我，反身而成，乐莫大焉。那才是真正的自由了。人生一世，总是想做大鹏，搏扶摇直上九万里，在茫茫天海之间，去寻自由的空气与空间。人容易忘记的，是去思存在的基本真理，去保护人生在世的根基。先生一生就像是农夫，总是以他诚恳的德性以他辛勤的思索在人类精神的大地上，在学生的心田里不断地耕犁。人们行于田野，赏心悦目的是鲜花和果实。农夫却不同，他更关心的是那生出花和果的树木，是那树木的根基，那不为人见的扎向土地深处的根，那树木立脚扎根汲取营养的土地。先生耕耘，浇灌，施肥，他的眼睛一直向下看，看得很深，却又不着痕迹。看过先生所译的海德格尔那封著名的"论人道主义"的信的人大都会记得那极富诗意的末尾一句："语言是在的语言，正如云是天上的云一样。这思正以它的说把不显眼的沟犁到语言中去。这些沟比农夫用缓慢的步子犁在地里的那些沟还更不显眼。"六合之内，万物芸芸，这诸多存在者是显眼的，存在却极难寻，存在之真便更不显眼，更难把捉。

  1978年以后，中西文化思想第二次大碰撞，西方当代思想最重要的一支以存在主义为名汹汹涌入。作为一种社会思潮介绍进来，难免泥沙俱下。但谁来正本清源呢？熊伟先生是存在哲学宗师海德格尔的亲炙弟子，且几十年来未辍研究海德格尔哲学思想的发展。他已经沉默了几十年，这时却并没有逢其时而大发议论。他默默地在书桌前译着，淡淡地在燕园里走着，缓缓地在课堂上讲着。桃李无言，下自成蹊。就这样，一批青年学者渐渐从学理上了解到了海德格尔的哲学，一步一步深入到现象学-存在哲学-解释学传统之中。本世纪最重要的一个西方思想传统，从学界几无所知，到毫无所知却大批判，再到如今，海德格尔哲学在中国学界几成"显学"，这不能不在很大程度上归功于熊伟先生。海学一线单传，先生之功可谓伟矣。但从不见先生有矜功之色。这也是自然的事。太上者立德，立言立功，都在其次。

先生一生都在求在之真理，究天人之际，求自由之真谛。求到了吗？先生相信他偶有所得。因而在晚年，先生想要写书了，书名都早就起好了：夕死记，取自孔夫子"朝闻道，夕死可矣"。然而仍是忙，忙着教书、译书、校稿，一直没能腾出手来。在病中，先生似更有所悟。临终前的几天，他总说，如果他还能复原，他要写的书就不是小小的《夕死记》了，那将是本大书。那正是苏梅克彗星与土星相撞的那几天，先生天天关注着，也还思着，虽然身体状况日益不堪。从彗星与地球相撞的历史资料中，先生联想到，原来我们总是把自然史与人类史分开来，现在看来也许那仍是人类中心论的。似乎应该这样设想：人类史与自然史是一致的，不可分的。人与自然，分享着共同的命运，是为天命。先生很费力地说着，还说这就是他的遗书。先生躺在病床上，气力已经不支，形容却依然高贵，坦然。他一次也没有问过自己的死生之事，所问所究都在天人之际。这样的思，已经神游于生死大限之外了吧？但我们现在却再不可能知道那原应写进他书里去的思想了。但先生用他的生活写下的，我们还不断读着，从中汲取性情和智慧。这也是先生最要我们读的吧——

先生思真得真，因为他生活得真。

论 名 称[①]

一、小引

这篇文章讨论"名称"这个概念。和"名称"属于一个家族的还有"专名"、"通名"、"名字"、"称呼"和"叫作",等等。"名称"是语词的一类,语词不都是名称,此外还有"概念"、"确定描述"等等。这些我们自然也要涉及。

据说希腊文里不分"语词"和"名称"。古代汉语也没有这种区别,我们现在叫作"语词"甚至"语言"的,古人就叫"名",我们现在说"语词和事物",古人就说"名实"。但这不等于说,古人的"名"这个概念和今人的"语词"这个概念是一样的。应当说,古人在这方面的概念系统和今人的有些差别。无论中西,"名称"的用法古今都有差别。后来虽然有了"名称"和"语词"的区别,今人使用"名称"这个词,仍难免依其古义,泛指语词。维特根斯坦专谈名称的时候,是区别 Name 和其他语词的;在其他地方,却有时混用 Name 和 Wort。海德格尔好古,专在古义上用 Name。我们的成语里面,"名"自然都是古义,如"名正言顺"、"名副其实",等等。不过古

[①] 本文首发于《中国现象学与哲学评论》第一辑,上海译文出版社1995年版。

人只说"名",不说"名称"。

本文所说的"名称",取其今义或狭义。我们不是先给"名称"下个定义,然后来讨论"名称"的内容。我们先听听实际说话的时候,我们把哪些词叫作"名称",不把哪些词叫作"名称",然后来琢磨其中的道理。

有一段时间,人们思考语词的性质,倾向于从名称开始。这可能和"名"的古义今义的混杂有关。但更主要的是因为名称是最简单的语词,所以很容易用来当作思考语词的范式。

密尔就是这样。他把语词大致都看作名称,分作两类,一类是专名(proper names),指称个体,相当于墨家所说的"私"或"私名";一类是通名(common names, general names 或 class names)或概括语词(general terms)。然而概括语词并不都是通名。密尔自己也承认至少像"如果"、"和"之类的语词怎么也无法说成名称。这些语词也许可以称作"语法词"甚至"句子的语法成分"。但如"幻想"、"打击"、"原谅"、"正当",显然是概括语词,却很难说是名称。

我同意克里普克等人的看法,专名和通名起作用的方式是一致的,和其他概括语词起作用的方式则有较大差别。所以,在名称和非名称语词之间有一条相当重要的界限。但按密尔那种划分,名称与概念等等非名称语词的区别消失了,取而代之的是专名和概括语词的区别,通名和通常根本不认作是名称的语词裹在一起,而"名称"这个概念却被割裂开来,专名成了一个单独的问题。

名称本来是语词中最简单的一支:一边是名字,另一边是它所指的东西,两者通过实指之类的方式联系起来,名字代表这样东西,这样东西带着这个名字。因此,哲学家对名称的强烈持久的兴趣看起来是挺奇怪的。这种兴趣大概来自两个相反相成的角度。如果认为意义就是指称，则名字就是语词如何具有意义的典型。如果否认指称论，则名称似乎就没有意义；我们希望找到一种能说明一切语词的意义理论，而某些语词居然没有意义，这就成了一件让人伤脑筋的事。名称起作用的方式的确很简单，恰因为此，这类语词显得独具一格。这种独特性这么突出，乃至有人干脆认为名称是"语言之外的符号"（extralinguistic symbols）。无论你认为名称有意义或没意义，要说明你的看法，你就被逼着去解释什么是意义以及意义和指称的关系，也就被逼到了当代语言哲学的核心问题上了。

但这就是说，搅进了一团混乱。混乱的一个原因简简单单就是"意义"这个概念本身还很不清楚。德文里有 Bedeutung，Sinn 和 Bedeutsamkeit，英文里有 meaning，sense 和 significance。英文动词 to mean 和 meaning 是一个词，与之相应的德文动词 meinen 却和 Bedeutung 及 Sinn 是两回事，动词 deuten，bedeuten，sinnen 则又连到别的概念组去了。至于中文里面的"意义"、"意思"、"含义"、"涵义"、"内涵"和"意思是"这些语词更是用得半中半洋，没人认真考究一下。

不过我以为，不少争论已经有了定论。例如，并非所有的语词都是名称（维特根斯坦和奥斯汀[①]）；专名和通名没有明确界限，实际上，自然种类的通名和专名都是典型的名称，它们的性质几乎一模一样（克里普克等）。但还有一些很重要的问题有待继续探讨。

[①] Austin 把这种看法称作一种 curious belief。但他自己行文中屡屡这样混淆，有时他甚至把词组也称为"名称"：a cricket bat and a cricket ball and a cricket umpire，"all are called by the same name"。即使他有意模仿他的论敌这样说，这句话仍很费解，把什么用同一名称来称呼了？ a cricket bat 不明明是三个"名称"（词组）吗？

名称和非名称语词有没有明确的界限？名称和描述究竟是什么关系？名称究竟有没有意义？本文尝试为回答这些问题提供一些线索。本文将先说明通名和专名起作用的方式没有原则区别，继而检阅包括专名和通名在内的名称的特点，最后通过名称和概念的对照对意义问题做一些探讨。

二、专名的特点

近代哲学家里用是不是专名来划分语词的，第一个大概是密尔。密尔认为，专名只有指称没有内涵，通名则既有指称又有内涵。他说的"内涵"和后来说的"意义"差不多。很多人继承了他的观点。莱尔就是其中突出的一个。

莱尔曾列举专名的特点。"'菲多'（一条狗的名字）这个词不传达关于这条狗的任何信息，无论是关于它的品质、来历，还是它在什么地方……没有怎样来正确或不正确地翻译'菲多'这个词的问题。字典不告诉我们专名的意义是什么——道理很简单，它们没有意义……听是听到了'菲多'这个词，却无所谓理解了，理解错了，或没理解。没有什么东西需要解释或加以定义。丘吉尔是首相，从这个信息我们可以推知不少事情，例如他是议会多数党的领袖……但我们却不因为使用了一个专名而断言任何其他的事情。专名是标记而不是描述……专名是任意给予的，不传达任何真的或假的，因为它什么都不传达。"[①]

---

① 莱尔（Gilbert Ryle），《意义理论》（Theory of Meaning），载于 Collected Papers, Volume Ⅱ, New York: Barnes and Noble, 1971, 第 357—358 页。

莱尔说"星期六"也是个专名，但"它之为专名的方式和'菲多'是专名的方式不一样"。怎么个不一样法？这里他似乎又提示说专名说来说去还是可以说是有意义的，只不过它们"远远不能为意义观念提供最终的解释"。当然，什么能为意义观念提供最终解释呢？指称观念"原是意义之树上的一支特别的分权"。[①] 这话说得很好，但莱尔没有说明，它怎么个特别法，又在何处分的权。

持密尔-莱尔观点的其他人还加上了专名的另外一些特征。字典可以力争收集一种语言里的全部语词，但不可能以收集所有专名为目标。造出更多的专名并不会让一种语言变得更加丰富——这一点有超级市场里日新月异的商品品牌作证。关于专名的知识是事实方面的知识而不是关于一种语言的知识。专名没有特定的语词搭配限制（specific co-occurrence restrictions）。

这些特征却不像莱尔洋洋洒洒叙述起来那样明白不容置疑。

我们说专名代表一样东西，这样东西具有名称。早有人指出这里的"代表"和"具有"或相类的说法本身都大可考究。至于"林黛玉"代表什么，更有人当作一个专门的问题提出来。

关于专名是否需要翻译，学者们见仁见智。Vendler 认为 Vienna 不是 Wien 的翻译而是其"英文式样"，但 Linsky 却相信 Adamo 是 Adam 的翻译。这还不只是说法不同而已，此中有义理之争。"金星"和"太阳"是 Venus 和 Sun 的翻译还是其"中文式样"？Fiddle 不是专名，但我们不是也可以说它是德文词 Fiedel 的"英文式样"吗？反过来，the Holy Roman Empire 是个专名，但"神圣罗

[①] 莱尔，《意义理论》，第 365 页。

马帝国"却显然是翻译。

多数字典事实上收集了相当一批专名。学习一批专名对学习某种语言似乎不可或缺。我们很难想象学习古希腊语而不学习相当一批希腊神祇的名字，也很难想象学习现代英语而不学习 Washington, New York, JFK, CIA 这样一批专名。

专名也不是绝对没有搭配限制。"济南"是个地名，我说"我去了济南"却不说"我去了济南那儿"。"陈嘉映"是个人名，我只能说"我去了陈嘉映那儿"而绝不能说"我去了陈嘉映"。

莱尔关于"传达信息"的说法过于简单了。我恐怕听得懂"英国首相明日访华"的人未必都知道英国首相必定是议会多数党的领袖。再者，你问"秀兰嫁给谁了？"我回答说："一个男人"或"一个穷教授"提供了更多的信息还是"嫁给陈嘉映了"提供了更多的信息？这要由好多具体情况来决定。其中之一是你认识不认识陈嘉映。要是你和陈嘉映很熟，显然后一个回答提供了最多的信息。这里的问题不是关于一般所谓"传达信息"而是关于语义推论的。区分这一点是很重要的，因为两者的混淆给名称的讨论带来了很多混乱。莱尔的意思大概是：有一些知识天然包含在"首相""男人""穷教授"这个用语里面，而关于"陈嘉映"的知识却是语言之外的知识。

事实知识和语言知识的划分，却是个更深更难的问题。我们后面还要专门讨论。总的说来，我并不认定莱尔的主张是错的。但其中包含了不少疑问，须得更细致深入地审查，名称问题才会澄清。为此首先要问一问，专名和通名有根本区别吗？

三、通名和专名没有根本区别

我希望说明的是,莱尔等人所举的这些特征属于名称而不仅仅属于专名,我们提出的疑问也不单属于专名。这些特征和疑问对通名也是一样的。就日常对"名称"这个词的用法来说,专名和通名本来不分。克里普克则特别注意到自然种类的名称起作用的方式和专名起作用的方式是相同的。

我认为专名和通名没有根本区别。但我愿意立刻说明,经常用来支持这种立场的一种论据是站不住的。这种论据说,可能有两个人都叫"陈嘉映",于是"陈嘉映"应该看作通名而不是专名。然而,我们把两株牡丹都叫作"牡丹"是因为它们差不多一样,属于同一个品类。两个陈嘉映也属于同一个品类,但这却是他们都叫作"人"的缘由而不是都叫作"陈嘉映"的缘由。比起陈嘉映和雷峰,两个叫"陈嘉映"的人并不格外相像。一个人和一条狗都可以叫"陈嘉映",却不因为他们属于同一品类。

但"陈嘉映"这个词里面专名和通名已经有点混居杂处了。"陈嘉映"里的"陈",应该看作通名而不是专名。"陈"起作用的方式接近于"北京人"、"中国人"这样的语词。

有些语词应用的对象不止一个,却经常被看作是专名。莱尔说"星期六"是专名,但我们一年就有52个星期六。反过来,有些语词所指的对象只有一个,却往往被看作通名。我们只有一个宇宙,但"宇宙"不像个专名。一神论者的"上帝"也不像是个专名。还有"天"和"地"呢?"天狼星"、"金星"和"木卫一号"是典型的专名，但"太阳"、"地球"和"月亮"呢？说起来，太阳、地球和月亮与天狼星、金星和月亮在天文学上正好相应，但在英文里，the sun, the earth 和 the moon 通常是小写的，就是说，把它们当作概括语词来看待的。当然，为了强调它们和天狼星等等的一致，我们也可以把这些词大写。然而，后羿射下了九个太阳，原子弹"比一千个太阳还亮"，这些说法里的"太阳"还是专名吗？此外还有一大类语词，如"诸葛亮"、"拿破仑"和"法西斯"，等等。我们说"事后诸葛亮"，说拜伦是"诗坛拿破仑"，说江青"比法西斯还法西斯"，这里的"诸葛亮""拿破仑""法西斯"是不是专名呢？是通名吗？抑或根本不是名称？再有，人是灵长目的一支，黑猩猩也是灵长目的一支。"黑猩猩"是个典型的通名；"人"呢？如果"人"是名称，为什么我们竟可以说一个人"没有人性"、"没有人味儿"、"不是人"？

一个语词是专名还是通名似乎不总是可以说定的。哥德巴赫猜想是个体还是类？这完全看我们怎么定义个体。为什么不相信我们每天都在迎接一次新的日出？大概基于类似的观察，Lewis 主张所有的专名实际上都是通名，指称只有一个成员的品类，例如"拿破仑"指称的是拿破仑这个品类，而这个品类事实上却只有一个成员。[①] 我以为他的立论是错的，不过我们暂时存而不论。

通常区分专名和通名的理由，是说专名没有意义而通名是有意义的。但所说的"意义"是什么却往往很不清楚。一种说法是通名具有描述力。把一种物质叫作"钼"在什么意义上描述了这种物质

[①] Lewis, "The Modes of Meaning", *Readings in the Philosophy of Language*, ed. by Jay F.Rosenberg and Charles Travised, 1946, p.19.

呢？要是我知道钼是什么，告诉我这是钼的确说出了些什么。但若我知道陈嘉映是什么人，你告诉我"这是陈嘉映"也一样说出了些什么。

有人认为通名描述所指对象的本质特征，例如"马"描述"长头直耳四蹄善跑的哺乳动物"。这是一种错误的说法，我们将在第七节讨论。无论对错，对通名说得通的对专名也说得通。如果"马"是一组对马的描述，那么"亚里士多德"就是"柏拉图最出色的学生""亚力山大的老师"等一组描述了。这些知识也许只是事实知识而不是语言知识。"钼"和"菠菜"都不是专名，但关于钼关于菠菜的知识也都是事实知识，而不是关于中文语词的知识。

有人进一步争辩说，虽然不能把对马的正确描述都算作"马"的内涵，但有一些描述却必然属于"马"，例如"趾端为蹄"就以分析的方式对"马"为真。对亚里士多德的描述却都是偶然为真的。对此克里普克反驳说，亚里士多德是其父母的儿子之类的命题对"亚里士多德"也分析地为真。我觉得这里不一定要采用"分析综合""必然偶然"这些本身就很成问题的概念，但我同意克里普克，假如通名可以说包含分析内容，专名也包含。

当然，通名和专名有一个突出的区别。专名指个体而通名指类。这是用来区分专名和通名的定义，而我们争论的，正是这个区分在语词分类上到底有没有什么重要的结果。

把专名放在一边把概括语词放在另一边，这种区分和形而上学里的一个重要传统即所谓"个别与一般"或"个体与共相"这组范畴是相适配的。我们这里可以从所谓分类谱系（taxonomy）来看到这种适配的情况。

我有一条狗,我叫它"菲多"。菲多是一条哈巴狗,哈巴狗是狗,狗是一种哺乳动物,哺乳动物自然是一种动物,动物是一种生物。于是我们有了一个阶梯或类别谱系:菲多,哈巴狗,狗,哺乳动物,动物,生物。人们在这里看到的最重要的事情是,这个谱系的一端是一个个体,此后的一层一层都是"共相"。相应地,称呼这一端的是一个专名,而称呼其他各层的都是概括语词。从此就生出了专名问题,个体与共相的关系问题,语言是否能表达个别事物个别现象的问题,等等。

其实,从以往的形而上学转过来关注语言,本应该使我们从这个简单的阶梯学到另外一些东西。我们会注意到,我们不是把"菲多"这样的词作为基础,一层层习得更高的抽象。语汇的"基础层次"是"狗""跑"这样的中间层次。[①] 这个层次不是从更低的层次抽象而来。它原是最先学会的层次,理解得最具体的层次,低于它的那些层次是从它分化而来,高于它的层次则从它抽象而来。在这两个方向上,又各有一个基本层次,"菲多"和"动物"。在这两个层次上,就像在中间层次上一样,我们通常使用的多是些单词,而在另外的层次上,我们的语言里所有的多是词组。中间层次在多种意义上是根本的,例如,日常使用的多是在这个层次及其以下层次上的词汇。我们说"菲多在跑","一条狗在跑",而很少说"一个动物在运动"。

这些现象值得从多方面来探讨。就名称问题而言,我们应注意

---

① 关于基础层次,参见 George Lakoff, *Women, Fire, and Dangerous Things*, The University of Chicago Press, 1987, p.31-38。

到，中间层次以上的语词，通常不可能是名称。"菲多"、"哈巴狗"、"狗"是专名或通名。但有谁会把"哺乳动物"、"动物"和"生物"称作"名称"呢？"哈巴狗是狗"和"狗是动物"在逻辑上像是一式的，于是人们很容易设想既然"狗"是通名，"动物"自然也是通名，只是更抽象一些罢了："推而共之，共则有共，至于无共然后止。"[①] 但这恰恰是受逻辑的表面一致性误导的一个例子。从菲多到狗和从狗到动物这两个阶梯性质不同。可以说，菲多总是狗；而狗却可以是动物，是家畜，是畜牲，是人的最忠实的伙伴。无论我们说菲多是动物还是畜牲还是人的忠实伙伴，菲多总是作为狗来是这些东西的。亚里士多德说像"狗"这样的概念比"动物"这样的概念更多一些 ousia，大概和这里所说的合拍。[②]

至于"原谅"、"正义"、"文化"、"产品"以及所谓"语法词"就和"哈巴狗"这类语词的词性相去更远了，绝不宜于把它们叫作"名称"。

四、家族相似不能用来作名称分析

像密尔那样把专名放在一边，把所有其他语词放在另一边，如前所述，有传统形而上学作为根据，这种形而上学反过来又由对语词的看法来支持。概括语词，无论是不是名称，都概括称谓着多个或多种东西，而它之所以能概括不同的东西，是因为这些东西具有

---

① 《荀子·正名》。

② 亚里士多德的这个说法是靳希平先生提醒我的。(ousia，希腊文，意为"实体、实质"。——编者)

共同的特征可以"推而共之"。众所周知,维特根斯坦提出"家族相似",就意在瓦解这个传之已久的教条。①

不过,若我们讨论的只是通名,我们会承认,我们用同一个词来称呼的东西的确具有很多共同的特征,而且我们也的确因为它们具有这些共同特征才用同一个词来称呼它们。这只要想想这株牡丹和那株牡丹,这块钼和那块钼就可以知道。奥斯汀好像是承认这一点的,所以他特别加注说明,重要的不是追问我们为什么用同一个词来称不同的事物,而是追问为什么用同一个词来称不同种类的事物。他所分析的那些词,如"健康"、"变化"和"快乐",都不是我们平时称作"名称"的语词。概括语词根据的是不是共同特征,在很大程度上可以帮助我们确定这个概括语词是不是一个名称。

莱考夫(Lakoff)研究语词中间层次(他称之为"基础层次")的时候指出,基础层次是我们能够综览各个范畴成员之间的共同性的最高层次,因此也是我们能对范畴成员形成意象的最高层次。从这个层次再往上,概括语词就不那么明显地依据于直接可见的共同性了,同时这些语词的名称性质也越来越淡。维特根斯坦明确列举为家族相似概念的,如"游戏"、"工具"和"数"等,都是基础层次以上的语词。反过来,"围棋"、"剪刀"和"自然数"就蛮可以用共同性来说明,而这些语词的名称性也很明显。

"家族相似"概念不适宜解释通名,若用它来解释专名就更不通了。在《哲学探索》第 79 节里,维氏写道:

---

① 参见 Wittgenstein, *The Blue and Brown Books*, Basil Blackwell, 1958, p.17;《哲学探索》(*Philosophische Untersuchungen*, 通常译作《哲学研究》), 第 65-66 节。

……一个人说"摩西没有存在过";这可以有各式各样的意思。可以是:以色列人从埃及撤出时并没有一个唯一的领袖——或:他们的领袖不叫摩西——或:从不曾有过一个人做了《圣经》说摩西所做的一切——或诸如此类。——我们可以跟着罗素说:"摩西"这个名称可以由各种各样的描述来定义。例如定义为"那个带领以色列人走过荒漠的人","那个生活在彼时彼地、当时名叫'摩西'的人","那个童年时被法老的女儿从尼罗河救出的人"等。我们假定这一个或那一个定义,"摩西没有存在过"这个句子就会有不同的意思,而且其他关于摩西的句子也是这样。——再考虑一下另一种情况。我说"N死了",名称"N"的意义可能是:我相信曾经活着的那个人(1)我曾在某某地方见过;(2)看上去是某某样子(像照片上这样);(3)做过某某事;(4)在社交圈子里用"N"这个名字。——问到在"N"的名下我所理解的是什么,我会列举所有这些,或其中的一部分,场合不同所列举的也不同。

这是《哲学探索》里引起广泛争议的一段话。多数论者主要是反对维氏在这里所采用的罗素式的专名理论。但贝克和哈克(Baker & Hacker)为维氏辩护说,维氏在这里并不曾打算提出什么专名理论,他只是用这番议论来为家族相似的总观点做一个例子。我相信他们的诠释是成立的,但这恰恰是更糟糕的一面。因为维氏这个例子无助于澄清"家族相似"概念,反而给这个概念带来了混乱。对一个名称所指的事物的种种描述(不是对名称的描述)是互相独立的描述,它们之间没有概念性的联系,没有什么家族相似。"那个带领以色列人走过荒漠的人"和"那个童年时被法老的女儿从尼罗河救出的人"有什么相似之处呢，这两件事情之间有什么概念联系呢？

五、命名系统和确定对象的标准

"陈嘉映"这一类名称是最简单的。被命名的人是个明显的整体，这个名字一定指整个这人，绝不会是这个人的左半边的名字。当然，之所以给他起个名字，是因为他身边的人经常会谈到他。我们也不难区分出一只单独的蜜蜂，但我们不会经常谈论它，于是也不会单独造个词来称呼它。

指着一只兔子教你"rabbit"，他最可能就是指兔子，而不是指兔子的某个部分，或指比兔更高的类，如"动物"。这是由完形感知和基础范畴来说明的。然而，他到底指的是什么——兔子的眼睛？颜色？跑动的姿态？这你是没有把握的。学习第一个名称，学习某个范畴里的第一个名称，是个相当复杂的过程，绝不是把一个词和一样东西联系起来就行了，因为你不知道这个词是从什么方面来确定这样东西的。"菲多"不是这一个的名称，而是这一条狗的名称；"红"不是这一个的名称，而是这一种颜色的名称。我强调这个简单的事实是想说明，这里的问题恰恰在于"一个"是怎么确定的。确定一只狗之为"一个"和确定一匹马之为"一个"是一样的，但和确定太平洋之为一个就不一样。确定猩红之为"一种"颜色和确定猩红热之为"一种"疾病也很不一样。确定颜色只看表面而不靠分析光谱；确定疾病却恰恰要透过症状确定引起症状的原因。

我们说明一个名称，总要这样说："菲多"是一条狗的名称，"猩

"红"是一种颜色的名称。"某某的名称"这个说法是名称的语法。上帝、宇宙独一无二，"上帝""宇宙"就不会是名称。日月首先不是恒星卫星，而是独一无二的天体，所以"日""月"首先也不是名称，同理，"天""地"也不是名称。"黑猩猩"是名称；"人"却不是，因为"人"自成一类，人有自己的道，是谓"人道"。"人"是一个典型的概念而不单单是个名称，乃至我们可以说一个人"没有人性"、"没有人味儿"、"不是人"。一些名称比肩并列，同属于一个范畴，是名称的特点。刘易斯（Lewis）倒是觉察到了专名理论里的疑点，因此被逼着主张专名原是通名，只不过其指称的品类只有一个成员，这却错得更离谱，恰恰把名称的本性解释反了。

最初学习某一类名称，仅仅把名称和对象一一对应起来是不够的，你在学习某个特定名称的同时还在形成某种概念格式（conceptual schema）。你一旦有了这个概念格式，学起第二个第三个名称来就易如反掌了。

塞尔（Searle）主张，"猩红"属于"颜色"，"喜马拉雅"属于"山"是分析的真理。换成平易的因此更中肯的说法，那就是：和一些同伙同属于一个范畴是名称的本性。这个范畴，我们称之为基地范畴（base category）。狗和马同属于动物，红和蓝同属于颜色，星期六星期日同属于星期。除了同为颜色，红和蓝没有什么共同之处。"颜色"不是由所属品类的共同性或家族相似得到的，而是一个纯粹意义上的范畴，是我们在学习具体颜色名称的过程里形成的。在同一个基地范畴上的名称，其语法一模一样。名称的一个重要语法特征即几乎没有搭配的限制，就是从这里来的。我去了一个地方，或去了一个人那儿。所以我去了济南，或去了陈嘉映那儿。

由于语法一模一样,我虽然分辨不出哪一块金属是钼,我仍然可以正确使用"钼"这个名称;即使我认不出哪种颜色是猩红色,我也可以正确使用"猩红"这个词。学到"猩红"这个词扩展了你谈论颜色的词汇,但你的"颜色"概念却并不因此增益。我们把一个新名字用在一个新成员上,根据的是这个新成员和同类成员的感性差异而不是靠形成一个新的概念格式。

这里我们可以提到塞尔的一个奇怪的直觉。他说即使戴高乐变成了一棵树,"戴高乐"的指称仍然可以不变;但若戴高乐变成了一个素数,"戴高乐"所指的就不可能还是同样的东西了。我想他直觉到的是:我们确定一个人和一棵树的个体性所据的概念格式差不多一样,但确定一个素数之为一个独立的单位则相差很远。克里普克在讨论固定指号(rigid designator)的时候忽略了这类重要的差别。

戴高乐之为个体是那么分明,似乎不用着眼于任何系统他都是那么个个体,甚至他是个人还不是个人也无关紧要。太平洋印度洋并不是那样界限分明的个体,但我们也可以比照戴高乐这样分明的个体,把它们当作个体,给它们专门起个名字。同样,我们可以比照别的界限分明的种类,给季节起上"春夏秋冬"的名字,为城市命名,为国家命名。比照或类比是产生语词的基本方式,也是学习语词的基本方式。

一种概念格式造就一个命名系统。即使给"同样"的东西命名,所据的概念格式仍然会有差别。我们现在根据原子序数之类来确定金属种类,但在这些标准建立以前很久很久,人们已经为很多种金属命名了。世界上为日子命名的系统成百上千,"星期六"只在其中一种有意义。包含在这意义里的有太阳的出没，一个日子从什么钟点开始在什么钟点结束的规定，有七天为一循环单位的宗教传统，还有时间像车轮一样旋转循环的观念。循环性又有其逻辑后果：每星期七天是互相定义的，星期六跟在星期五后面而不是相反。要学会这些名称，单靠实指还不够，还需要了解这个循环的规律。这些规律形成了星期名称的语法。

同是为天体命名，天文学和星相学的命名系统不同。这些命名系统规定了怎样来确定对象，并在这个意义上具有描述力。我们不能把出现在西方的金星叫作"启明星"，出现在东方这种性质是必然属于启明星的。星辰在天上的方位本来就是确定星辰身份的重要标准。如果相信星辰的出没指示着我们在尘世的命运，那么方位不同的星星当然更是不同的星星了。要让一个只有星相学没有天文学的民族认识到启明和长庚是同一颗星，要教给他们一个新的命名系统；而要教会这个命名系统，就得教会他们一整套认识天体的新方式。

不同的概念格式确定对象的方式和标准也不同。最近这些年，名称讨论中的很大一部分转移到了这一方面：用哪些标准来分辨真假陈嘉映是最可靠的，用哪些标准来决定历史上是否有过荷马这个人摩西这个人，用哪些标准来测定一块金属究竟是不是金子。我以为这类讨论逸出了哲学讨论的范围，和警察业务或考古学矿物学的关系更近些，没有多少哲学兴趣。稀有金属的分类，海洋生物的分类，量子运动的研究，当然都是很繁难的工作，把大量用语用作术语，并创造出新的名称和语词。但就日常语词起作用的方式而言，就日常语言的语法而言，这些研究及其成果的影响却往往是十分迂回的。

我们讨论命名系统，所关心的是语法，名称的语法，日常语言里的名称设置。无论确定对象的技术手段怎样进步，这些事情很少受到影响。也许随着生物学的发展，我们会找到更好的办法来定义"马"，例如用基因构造的方式。我们对于"马"这个词的学习和使用，却不大会因此受益。大家一直叫"陈嘉映"的这个人，也许是火星帝国派来的间谍，谋杀了真正的陈嘉映，扮装成他的样子混入地球人之中。警察侦探有时真的要决定这类故事是真是假，通过血型、指印、出生证、基因分析或其他什么。第一，这些手段可以同时使用，不必事先决定哪一种是最有效的；第二，什么情况下该用什么手段，哲学家未必有更适当的建议。而我们，平常说话的人，在故事证明为真之后，仍然可能决定用"陈嘉映"来称假扮成地球人的火星人而给那个冤死的地球人另起个名字。无论我们决定怎样称呼，却都不影响名称设置的一般语法。关于荷马，除了他也许是两部希腊史诗的作者之外，我们几无所知，但"荷马"这个名字却并不因此等于"希腊史诗的作者"。"荷马"是一个人的名字，这个人吃饭睡觉溜达说话，有时吟吟诗。我们明明知道历史上从来没有过林黛玉这么个女子，但我们使用"林黛玉"这个名字就像使用"陈嘉映"一样有把握。我们用类比的方式把名字用到古人和虚构的人物身上；"陈嘉映"、"荷马"和"林黛玉"属于原则上相同的命名系统。我们了解古人和虚构人物的方式和了解身边的人很不一样，但我们对于一个人的了解并不是其名称语法的一部分。我在这里愿斗胆声称：关于名称怎么可以指称不存在的人或物的争论，全部或至少大部分是无字匾之争。"孙悟空"是个好好的名字，虽然现实里没有任何一只猴子和它对应。凤凰飞舞的样子一定和乌鸦大不相同，但"凤凰"这个名称起作用的方式却与"乌鸦"一样。

六、名称里的描述成分

自罗素以来，名称问题的讨论有一大部分围绕着名称和描述的关系旋转。然而，"描述"或"具有描述性"和"意义"一样，其上疑云密布。本文只涉及和名称相关的描述。上一节提到命名系统通过确定对象的方式而具有描述性。下一节将讨论罗素一派的提法。在此之前，我们先简略谈一下"牧羊犬"里的"牧羊"、"蓝鲸"里的"蓝"这样的描述性成分。至于"事后诸葛亮"里的"诸葛亮"、"铁拳"里的"铁"、"蚕食"里的"蚕"这类用语是否描述怎么描述，我们到第八节再表。

第三节里提到，基础层次上的用语经常是单词或最短的语汇，基础层次以下的名称则经常是在基础层次语词上再加些什么，如"哈巴狗"之对"狗"，"牧羊犬"之对"犬"，"蒙古马"之对"马"，等等。这些加上去的语词经常标识这个子类的某个特征，在这个意义上具有描述性。然而，我们不可把它们看作纯粹的描述。名称使用了具有描述性的语词，并不使名称变成了描述语或伪装的描述语。名称中的描述语所起的是标识作用而不是纯粹的描述作用。牧羊犬不一定在草原上看着羊群。河流改道了，"河口"还是"河口"。伏尔泰曾经想到一个好例子："神圣罗马帝国"所称的政治实体，既不神圣，也不是帝国，和罗马也没什么关系。"蓝鲸"和"蓝玻璃"有着不同的语法结构。蓝鲸是鲸鱼的一个子类，蓝色的玻璃通常不是一类玻璃。我们只要懂得"蓝"和"玻璃"，也就懂得"蓝玻璃"，但我们懂得"蓝"和"鲸"却不一定懂得"蓝鲸"。同样，我们即使认识哥德巴赫也知道"猜想"是什么意思，我们仍可能完全不知道"哥德巴赫猜想"说的是什么。从这里又可以知道，一个名称无论多长，都是一个单词而不是一个词组。

名称里的描述成分会给翻译带来混乱。"New Jersey"翻译成"新泽西"，New York 却不译成"新约克"。但像"神圣罗马帝国"我们一定是按其成分的意思译出来的。

名称是否含有描述成分，是件可有可无的事。名称里的描述词主要不是用来描述的，而是用来命名的。自行车自己是不肯走的。名称里的描述成分往往提示出了名称语词的来源，但它不说明这个名称何以是名称。印第安人并不居住在印度，却仍然被叫作"印第安人"。

不过，名称里的描述成分如果完全失去了描述作用，我们也会觉得别扭，比如我们会说"神圣罗马帝国"徒有其名。"文化大革命"名不符实，我们就可能决定改个名称，叫它"十年浩劫"，以求名副其实。金星如果从不在黎明时分出现在东方，我们绝不会叫它"启明星"的。

七、对象的特定描述不同于语义

名称和描述的另一种关系是由罗素的特定描述语[①]理论提出来的。罗素把专名看作一束经过伪装的描述。前面所引维氏的那段

[①] 不宜把 definite description 译作"摹状词"。1. description 一般译作"描述"；2.definite description 经常是词组，不是词。

话看来承继了罗素的思路。既然我们都承认描述语是有意义的，名称若和描述语连在一起，似乎也就应该有意义。第四节的引文里，维特根斯坦就说到"名称'N'的意义"并解释为关于 N 的种种描述。

把名称所指对象的特性描述当作名称的内容或意义，正像卡普兰说的，一听就有点儿可疑。克里普克对这所谓"弗雷格—罗素—维特根斯坦理论"更有系统的驳论。他认为，凡是把"确定描述"当作名称意义或名称内涵的说法，在这里都弄错了方向。无论像罗素那样说名称是伪装的描述还是像维特根斯坦和塞尔那样说名称和描述联系在一起，或者是确定描述中某一些不确定的集合。克里普克指出，用来定义"马"的那些特征是一些经验事实，并不似初看上去那样是马所必然具备的。一匹马断了一条腿，这匹三条腿的马仍然是马。马这种动物的种种事实，并不包含在"马"这个词的语义里。

莱尔对照"首相"和"菲多"所要说明的，也是这种区别。"首相"是概念，"菲多"是名称。概念的意义和名称所称对象的性质，人们通常是这样对照的：必然的和偶然的；逻辑的和经验的；语义的事实和语言外部的事实。"马"的定义和"马"的联系是事实的，而"骘"的定义和"骘"的联系是逻辑的、语义的、必然的。按照义素分析派的看法，"骘"可以分析为"成年"、"公"和"马"三个义素；这种分析是语义方面的而不是事实方面的，也就是说，"是公的"之类对"骘"分析为真。骘必然是公的，这一点始终改变不了。如果哪一天有些母马也叫作"骘"了，那绝不是因为我们发现了马的什么新事实，而是"骘"这个概念变掉了。我们还可以进一步注意到，"成年"、"公"不仅包含在"骘"里面，而且是很多语词的共同义素,例如"男人"。又如"大小"也是经常用来产生概念的义素:山和丘,河和溪,城和镇。

但若一个概念可以被分析为构成该概念的某些必然因素,名称为什么就不能分析为构成该名称的必然因素呢?"马"的定义是"长头直耳四蹄善跑的哺乳动物";"骘"的定义是"成年的公马"。两个定义分别说明了两个词所指对象的本质特征。当然,四蹄不是"马"这个词的特征而是这个词所指的动物的特征。但难道是公的不是"骘"所指的动物的特征吗?概念的内涵和名称所称事物的特性似乎相类;语义事实和语言外部事实很难区分。"义素"如公母大小不也是事实方面的吗?跑比走快是事实还是单纯语义?

笼罩着这场争论的始终是语词意义的疑云。人们以为一个词的意义在于其定义,在于必然和它联系在一起的陈述,于是名称有没有意义的争论就围绕着究竟有没有哪个描述对名称所指对象必然为真打转,进而又去争论有没有确定对象身份的必需标准。我以为这里的路走岔了。意义问题不在于有没有一个定义必然为真,而在于一个定义形成没形成有助于我们有效认识世界的概念。

八、名称与意义

我们的确有时解释说"'骘'的意思是'成年的公马'"。于是人们就认为"骘"的意义就是"成年"、"公"和"马"三个义素或这三个义素之和;推而广之,所有概念的意义都可以作如是观:概念可以分解为义素,这些义素和概念必然地联系着,因此对概念分析地为真。

"骘"是个简单的概念,"游戏"、"战争"、"结果"、"自然"这些概念就不可能这样比较完整地分析为义素。但即使我们假定概念可以无余数地分析为义素,我们仍然不可以把这个概念的意义认作其义素之和。找出哪些因素构成一个概念只是概念分析的第一步,实质的工作在于说明为什么是这些因素而不是另外一些因素结合而成为概念。"骘"是成年的公马,性别对于人对于和人接近的动物都是很重要的,同时又只有在成年时性别才重要。年龄和性别结合为一种概念方式,形成了我们看待家畜、看待动物、看待人的一个角度。这里还应该注意,并不因为"骘"指的是一些马,"马"就是"骘"的义素。"马"不是"骘"的义素。"骘"的义素是"公"和"成年"等,"骘"之为概念在于这些义素的结合体现着我们理解人和动物的一种方式,一种概念方式。

名称所指对象的诸特征却不是以这种方式结合在一起的,更谈不上建构。但若一个对象的特征形成了我们看待事物的一个角度一种方式,这个名称就有了概念用法;如果这种概念用法固定在语义里了,这个名称就同时是一个概念。"铁"在"铁拳"里,"蚕"在"蚕食"里,都是概念用法。"铁"的概念用法当然和铁这种金属的性质有关,但和我们如何确定一块金属是不是铁却不是一回事。我读了你的文章说"整个一个王朔","王朔"在这里是概念用法,这个用法十年前就不成立;但若王朔今后成了曹雪芹,"王朔"就可能像"西施"和"诸葛亮"那样成为通用的概念语词。哪些事实被吸收到了语义里面,没有固定标准,事先更是没有办法知道。"议会多数党的领袖"在"首相"的语义里吗?领也是脖子,颈也是脖子,可是"领导"的意思却吸收到了"领"这个词里而没有吸收到"颈"

这个词里。

围绕着我们而又特征突出的事物，耳目手足，猫狗马牛，虎狼鹰蛇，桃李松柳，金银铜铁，其名称通常也是我们常用的概念。这些事物，海德格尔不称为"对象"（Gegenstand）而称为"物"（Ding）：桥与犁，溪塘丘树，鹿与马，王冠与十字架。物拢集他物，由此及彼，呼来天地人神，使世界得以勾连。"唯连环出自世界的，才一朝成其为物。"[1] 与比肩并列的对象相比，物为数寥寥。

概念是统一体，是我们的经验可以依之有效地组织起来的单元。"三角形"有意义不在于它有一个明确的定义而这定义对三角形分析为真。我们可以造一个词"Jibx"，定义它作"边界为63厘米的封闭图形"，它有一个明确的定义，此定义对它分析为真，但"Jibx"并不因此而有意义。我们要这样一个毫无意义的词干嘛呢？和当今好多时髦家的期望相反，造出一个词并不见得就造出一个概念。不，我们根本不说"造出"概念，而说"形成"概念。"三角形"有意义是因为把三角形看作一个品类有助于我们研究几何学。一个词的意义不在于有一个定义对它分析为真，不在于有一个确定的标准来判断什么属于这个品类；而在于包含在这个定义里的道理和理解，这一点决定了为什么采用的是这些标准而不是另一些。

这里来到了关键处。我们一直所说的"意义"、"语义"、"概念性"等究竟是什么？因此也是："名称性"究竟是什么？意义是属于概念的，是结晶在概念语词系统里面的对世界的认识和知识。概

---

[1] 海德格尔，《物》(Das Ding)，载于 *Vortraege und Aufsaetze*, Pfulling: Neske, 1954, 第53页。

念概括着事物之间的基本联系方式,分与合的道理。奥斯汀说,我们的当务之急在于弄清楚用同一个词来称不同种类的事物道理何在。追问意义,就是追问我们之所以有这样一个概念的道理,追问它何以概括这些事物而不包括另外一些事物的道理。我们有"骘"这个概念。然而,我们不会有一个包含"雄性"、"幼年"和"蟾蜍"的概念。成年的公马是一个重要的类别,而雄性的幼年蟾蜍则不是。维特根斯坦说,我们(日常语言)只在自然事实所形成的重要区别那里划界。我们问一个概念的意义,从一个重要角度看就是问在我们的语言里为什么会有这个概念。正像德文"Bedeutung"和中文"意义"所提示的,有意义和具有重要性是相通的;一个词有意义也是说这个词在语言里是重要的。

我们问:为什么把这些不相同的活动称作"游戏"?但你要问:为什么把他称作"陈嘉映",你问的是什么呢?你是问为什么不给这个人的左半边起个名字吗?把陈嘉映看作一个单元是这样显而易见,不需要什么理解,"陈嘉映"这个词因而也就不包含什么理解,没有什么"内涵"。意义就是理解。真正说来,不是语词有意义,而是我们借以理解世界的概念有意义。概念内容少,说的就是可供理解的内容少,有助于我们理解的内容少。我们不说一个名称"有意义",并不表明名称是没意义的。就像我们不说地球是竖的,并不表明地球是横着的。我们不谈论名称的意义,因为本来"意义"就是属于概念的。关于名称有没有意义,那么多聪明人争了那么多年,还没个结果。因为我们没有看到意义是属于概念的而不假思索地认定意义属于语词,因为我们一直在问:"地球是横的还是竖的?"

日常语言里的概念语词,或多或少或深或浅,总有它存在的道理。我们有"骦"这个词,事出有因,但这不等于说,我们必然要有"骦"这个词。实际上,城里人今天难得见一回马,"骦"这个词早消失了,非要说起,就说"公马"。"公马"这个概念和"骦"差不多,然而是个词组。只在农村"公马"还用一个单词来表示:"儿马"。同理,我们今天骑车开车,即使农村人还坐坐马车,套两匹马还是三匹马也视当下的情况需要而定,不像古时候有一定之规,"骈"、"骖"和"驷"这些词自然就死掉了。有意义的有道理的,不见得必然存在。"合理的就是现实的"这一说法,不仅稍嫌乐观过了头,而且误解了"有道理"。有道理不一定是有必然之理。但并不因为不是必然之理就是偶然之理。英国人开汽车的比我们多,却还保留着"mare"这样的词。这和英语语词更倾向于把性别作为义素包含在单词里有关。但不能因此断定说英文必然会保留"mare"这个词。哪些理解方式结晶在我们的语词系统里,没有先验的标准,对于我们——语言的使用者——却是先验的。

我们曾有"骦"这个词,道理是明显的。我们没有把"公的"、"幼年"和"蟾蜍"包括在一起的词,道理也是明显的。当然,并非所有概括语词之所以像它们所是的那样,其中的道理都这么明显。概括语词的分析可能十分繁难而又具有重要的哲学意义,例如关于"知道"、"认识"和"理解"这一片概念语词的分析就构成了一大片重要的哲学领地。

我说"这一片",因为理解从来不可能是一个孤立的理解,概念语词不可能单独地具有意义。恰当表述起来,并非一个概念语词体现一种理解方式;一个概念语词体现着概念网络的一个枢纽。枢纽位置的差异,体现着不同语言的概念框架的差异。概念是一张网,一个概念和它相邻的概念从不是比肩并列的,而是互相涵盖互相交缠的。我们可以把维特根斯坦的一个比喻借用到这里来。"我们的语言可以被看作是一座老城,错综的小巷和广场,新旧房舍,以及在不同时期增建改建过的房舍。这座老城四周是一个个新城区,街道笔直规则,房舍整齐划一。"[①] 概念就像老城区,有些概念语词处在老城的中心,从中可以琢磨出我们理解世界的核心方式;积满了历史,盘根错节,牵一发而动全身,极难改造。有些概念处在城市的边缘。而名称则处在最外面。一个基地范畴像一个街区,其上排列着整齐划一的同类名称。一个概念语词的意义改变将伴随着毗邻概念的意义改变;核心概念语词的意义改变将带来语言系统的改变。学习一个概念语词,也就在辅助着学习一批概念语词。误解一个概念语词就是在不同程度上误解一批概念语词。我们不可能对"权利"理解得稀里糊涂而十分明了"正义"的意思,或误解了"未来报酬"而正确理解"边际效益"。但我们无法从一个人不知道"猩红"是什么颜色来推知他还有哪些颜色也不知道。一个人用错了"无花果",同时却可以正确使用大多数水果的名称。

在这里,我们必须特别留心区别"名"的狭义和广义。就狭义言,名称无非是个标签。神圣罗马帝国既不神圣也不是帝国,和罗马也没有什么特别的关系;所谓"神圣罗马帝国"毫无意义,不过是个名字罢了。英语有不少词专门用来说狭义的名称,仅仅是个名称,例如 label, dubbing;我们有时也这样来用"名号"、"衔头"。这些用语用法常带贬义。为什么?因为它们不提示意义。具有意

[①] 维特根斯坦,《哲学研究》,第 18 节。

义是一种褒扬；具有意义就是有道理，有理当然是褒，无理当然是贬。说一个人是个名副其实的英雄，就是说我们有充分的道理把他叫作"英雄"。有些带点贬义的说法也从反面提示这一点。"借个名头"就是借个由头：有一点儿道理，假装有道理。

古汉语里的"名"，和现在所说的"名称"是有区别的。荀子称"物"为"大共名"，这里的"名"，就不是今天所说的"名称"。所以王力建议，"名"有时应该译为"名称"，有时应该译为"概念"。① 西语中"名称"的意义，古今也有别。海德格尔好古，通常不在狭义上使用"Name"："命名不是分贴标签，不是使用语词，而是唤入言词。"② 他所说的Name，译成"名"比"名称"好。命名就一物的本质称谓它，述说它，例如特拉克尔的诗句"灵魂，大地上的异乡人"是就其本质为灵魂命名。在这个意义上的"名"，把所名之物带入联系之中带入意义之中，可说是和狭义的"名称"正好相反了。海德格尔考据，在希腊文化的全盛期，符号（Zeichen）是从显示（zeigen）方面得到经验的；到了泛希腊时期以后，符号才被理解为某种标识。"符号从显示者（即让事物现象）到标识者的变化植根于真理本质的转变。"③ 在源始意义上，"名"从一物的意义来显示一物，从而就有了显示、显耀、荣耀和荣誉这些意思，如"名声"、"名誉"、"实至名归"和"以国王的名义"这些说法所提示的。此中的道理更深一层，我们不在这里探讨了。

考察"名"从古到今的意义转变，更可以看清名称当然不是"语

---

① 王力，《中国语言学史》，台湾骆驼出版社1987年版，第10页。
② Heidegger, *Unterwegs zur Sprache*, Neske, 1979, S.21.
③ Ibid. p. 245.

言之外的符号",那种说法只不过表达了由于解决不了名称为什么没有意义这个问题而生的绝望。名称依赖于语言的分节结构,并通过基地范畴连在语词之网上。名称好端端地就是语词,而且还被当作语词的范式呢。不过,名称的确处于语词之网的边缘,通过基地范畴连接在网上,其增其减并不影响语词之网的编织样式。

莱尔所说名称无需翻译,也来自名称在语词系统中的边界地位。有些各个民族都看得见的东西,例如星星,其名称我们是需要翻译的,但这也是一对一的关系,例如用"土星"来翻译英语词 Saturn。但核心的概念语词,如 excuse 或 culture,我们无论如何找不到一个单独的中文语词和它一对一。学会使用一个名称,学会正确地用某个名称来指称一个或一类确定的事物,是一件独立的事情,并不增进我们对语词系统的了解,不增进我们对其他语词的理解。这一点在自然品类的名称那里也表现得很明显。各民族对自然品类的称呼并不完全相应,但莱考夫等人的研究表明,各种语言在这方面的差别是很小的。名称对不同文化不同概念系统原则上是中性的。

九、小 结

本文说明,名称与概念的区别在哲学上比概括语词和专名的区别要重要得多。哲学中的"语言转向"本来很有利于看清这一点。但大批语言哲学家却仍然陷在传统存在论的个体/共相框架里,从而只注重专名和概括语词的区分。维氏提出的"家族相似"概念有助于我们转换视角,但他的提法对于澄清概念结构的建设性工作来说不够充分。

　　名称和非名称语词起作用的方式不一样。因此，密尔把所有语词都看作名称，罗素把专名看作伪装的特定描述语，维特根斯坦用家族相似来说明"摩西"这样的专名，都不成立。但我们因此就可以用两分法来解释语词起作用的方式吗？名称没有内涵或意义而其他语词有？关于一种语词的知识是事实的经验的偶然的而关于另一种的则是逻辑的分析的必然的？甚至干脆把名称驱逐到语词范围之外去？这些看法也是不能接受的。最明显的原因是：专名和通名没有原则区别，自然品类的名称和人造物品类的名称没有明确界限，名称和非名称语词也没有明确界限。"铅笔"、"橡皮"和"桌椅床柜"的语法有点像"金银铜铁"；"门窗厅堂"和"桌椅床柜"相去不远；再下去就是"风雨水火"。形状的名称如"正方形""椭圆"算自然品类吗？半自然品类？此外，很多名称可以作为概念使用，"金口玉言"、"蚕食"和"猫腰"。要把名称从语言里驱逐出去，挽留不挽留那些又像名称又不完全是名称的语词？和它们毗邻的语词呢？可以用作概念的名称呢？

　　"名称"本身是个"家族相似概念"。名称和非名称语词没有明确界限，名称这个家族内部，也有各种各样的差异。一些名称比另一些名称纯粹些典型些。让我们来想一想人的名和姓，机关的名字名称，自然品类的名称，海洋的名称，国家的名称，工具的名称，官职，猩红热，微积分，春秋，星期一，手脚脑。就此而论，很多时候使用"较强的名称性"和"较强的概念性"这样的用语比用"名称"和"概念语词"要更适当。

　　然而，如果这个范畴那个范畴之间的界限都是不确定的，我们又为什么费这么大力气来区别名称和非名称语词，寻找它们起作用的不同方式呢？如果各种语词形成了一个连续统，我们不还是得用单一的方式来说明它们的性质吗？要么都有意义，要么都没意义。如果是一个连续系统，那么，所有语词，至少大多数语词，岂不在某种程度上都和名称同类，因而都可以看作名称吗？我们兜了一个圈子，不是又回到密尔那里去了吗？"普选"不是名称，但也听得到说"这次的普选，徒有其名"；"民主"不是名称，但也有人说"所谓'民主'，不过是个好听的名字罢了"。"进步"不是名称，"负责任"更不是，但我们的确会说"你把这叫作'进步'吗"，"这才叫'负责任'"。把一样东西"叫作"个什么，差不多就是给这样东西起个名字。甚至像"物"这样普泛的词，也是"大共名"呢。

泛泛讲，这鸭头不是那丫头，"鸭子"是名称，"丫头"不是名称。但天下少有绝对的界限，泾渭难得分明，水火时亦相容。我们不必因为没有"绝对的名称"就硬把"这"、"那"说成是名称。相对的区别也是区别，有时还是很重要的区别。儿童和少年没有绝对界限，少年和青年，青年和壮年，壮年和老年也没有，但并不因此小孩儿就是老头儿。

把名称当作语词的范型，本来不无道理。从学习和使用来看，名字名称是最简单的语词。我们学习语言，或一般理解，广泛借助范式通过类比从简到繁。但我们身上"对概括性的渴求"（维特根斯坦语）往往太过强烈。我们有时要弄清一个词指的是什么，于是就有人认为所有语词都有所指称。"正义"指称什么？一个共相。但"如果"和"甚至"指称的是什么呢？我们需要很出色的想象力才能提供答案。但我们仍然不肯放弃名称这个范式。反过来，如果我们的确经常问到说到一个词的意思或意义，因而我们就倾向于以为是个词就该有个意义。奥斯汀在谈到"做一件事"的时候说，我们往往把做一件极为简单的事情，例如推动一块大石头，当作模式来谈论做这样那样的事情，即使当我们谈论的事情已经和原来的模式相去甚远，即使当这个模式已经无益于看清我们谈论的事情甚至扭曲了事实，我们仍然使用着这个模式而不自知。[①]也许，我们可以勉强通过类比谈论"正义"的指称，但"甚至"和"如果"这些语词离得太远了，我们的类比实在走不动了。我们的确需要说明各种语词是怎样连续的，但也必须看到一环一环之间的区别。我们的确需要一个统一的说明，但不是一个单一的说法。我希望本文在这个方向上走出了一步。

无论如何，把名称性和概念性加以区分，只是摸索概念结构和概念分类这一"当务之急"的准备工作。真正重要的工作是概念分析。对专名之类的讨论实在事出无奈，因为基本问题还没有澄清。也许这篇文章有助于让我们回到概念分析上面来。当然，作为对"名称"这个概念的分析，也可以说本文正在开始尝试这项工作。

---

① Austin, *Philosophical Papers*, Oxford University Press, 1961, p.150.

让语言自己说话
——海德格尔论语言[①]

一、海德格尔对语言的关注

海德格尔毕生所思的，是 das Sein，"是"、"在"、"存在"。刘晓庆是人，玫瑰是红的，权利是法的基础，这个万能的"是"把个体和共相，实体和本质，概念和概念联系起来。一个东西是个什么东西，似乎纯粹要由经验由物理去决定。但还有一个先于物理的问题。那就是，它先得"是"个东西。首先得有个东西"是"玫瑰，才谈得上玫瑰是红的是白的。一个东西无论是些什么别的，首先得"是"个东西。这话在西方语言里说出来，比较自然些；用不成话的中文来对应，有点像说，一个东西首先要是个"是者"，是个存在者。"是个是者"，"存在者之为存在者"，是西方存在论的基本问题。

"是"是一个系词，通过这个系词，事物和事物，概念和概念，

[①] 本文原载于徐友渔等，《语言与哲学——当代英美与德法传统比较研究》，生活·读书·新知三联书店 1996 年版，但那里删去了第六节。最后一节，"海德格尔语言思考的几个疑点"，原载于湖北大学哲学研究所《德国哲学论丛》编委会编，《德国哲学论丛》，中国人民大学出版社 1999 年版。

事物和概念"系"到了一起。刘晓庆是个体，人是共相，个体不是共相。但我们说"刘晓庆是人"，却说得不错，别人也听得明白。系词"是"所起的作用在这里已经够奇妙的了。但海德格尔最关心的，还不是"是者"及"是者"之间的联系，而是这个"是"本身，是使存在者之为存在者的存在。我们只要和存在者打交道，就已经听到存在的声音。首先听到的不是"井是……"而是"是井"。我穿过院子到井里去打水；虽然我一言不发，我却已经说着，这是院子，那是井。院子之为院子，井之为井，存在者之为存在者，这里面就有"是"在说话，就有语言。是与人，存在与此在，有着特殊的相属；而这相属是由语言规定的。人听到"是"的声音，从而是会说话的动物。语言是人的首要规定性，"说话的能力特别把人标识为人"——人随时随地以各式各样的方式说着，而最经常的是没有说出却说着"它是（Es ist）"。① 是"井"，是"院子"，进而会说"井就在院子外边"。

　　人和存在相属，是海德格尔的一贯提法。不过在早期他比较偏重人对存在对"是"的领会，后来则更明确地从语言来理解这种相属：人倾听存在之言回应存在之言。是和说，存在和语言，一对孪生。不过，即使早期所强调的存在之领会，也具有语言的特性，因为对存在的领会不是笼而统之的，而是分节勾连的。

　　据海德格尔自述，存在和语言的联系的确一开始就抓住了他。他的博士论文题为《邓斯·司各脱的范畴学说和意义理论》。范畴学说通常是讨论存在的，意义理论则就语言对存在的关系进行反

---

① Heidegger, "Der Weg zur Sprache", *Unterwegs zur Sprache*, Neske, 1979, S.241.

省。不过,他承认他对二者的联系其实还全不清楚。在他的就职论文中,海德格尔对中世纪的思辨语法做了详细的研究。他的目的是发展一种先验的思辨语法,从而把胡塞尔的纯逻辑语法和自然语言的经验语法结合起来。不过,后来他明确地反对他那时提出的理论,因为他那时的理论仍建立在传统形而上学对实质和偶性的区分上。①

在他早期的主要著作《存在与时间》里,语言直接与存在相关这一思想,已趋成熟。不过,专论语言的只有一节即第34节,与语言问题直接相关的则还有第32、33、35诸节,分别讨论解释、命题、众议。②据他自己说,他当时还不敢明确地把语言作为专题来讨论,这"也许是《存在与时间》这本书的基本缺点"。直到1934年,在题为"逻辑"的一门课程里,他才开始尝试专题讨论语言。③在"逻辑"名下,海德格尔所作的是"把逻辑转化为追问语言本质问题"的工作。④从三十年代中到四十年代末,海德格尔在任何讲演中,特别是在多篇对荷尔德林诗的解释中,几乎都大量讲到语言问题。尽管如此,直到五十年代,他才系统地铺展这一课题,才觉得开始说出他久已想要说的。《走向语言之途》一书收集了他五十年代的六篇专题讨论语言的文稿。其中有一篇采用对话形式,有四篇以诗论的形式出现。这个集子是本书介绍的重点,因为它代表了海德格尔最

---

① Heidegger, "Aus einem Gespräch von der Sprache", *Unterwegs zur Sprache*, SS.91-92.

② Gerede,我曾译为"闲谈",颇不适当。今译作"众议",仍勉强。高诱注《山海经》"众议成林"说:"众人皆议,平地生林;无翼之禽能飞,凡人信之,以为实然。"

③ Heidegger, "Aus einem Gespräch von der Sprache", S.93.

④ Heidegger, *Was heisst Denken*, Tuebingen:Niemeyer, 1961, S.100.

成熟最系统的语言观。

二、言谈与 logos

虽然海德格尔一直大量使用"语言"、"语言的本质存在(Wesen der Sprache)"、"语言本在(Sprachwesen)"这些语汇,他却申明他后来不大喜欢 Sprache 这个词。他后来考虑采用 Sage 来作关键词;他没有反复使用,是怕这个词会成为某种概念的标记,因流行而遭损害。Sage 主要是指传奇史诗。海德格尔偏爱这个词,和他重视语词的暗示作用,和他重视语言本质存在的承传有关。更重要的则在于 Sage 和 Zeige 与 sagen 的联系。Zeige 从显示方面而不是从标识方面来提示语词,符号。① 语词有所说,这就是 sagen。Sage 和 sagen 语出一源;而 Sprache 则是从 sprechen 来的。Sprechen 是人说,sagen 却是历史在言说,存在在言说。② 但 sprechen 和 sagen 的区别,在中文里通常体现不出来。我们说,你说了半天什么都没说出来,等于什么都没说。前一个"说"相当于 sprechen,后面的"说",相当于 sagen。可见,Sprache 是一个概括用语:说既可以言之有物,也可以言不及义。不过,即使在德文里,sprechen 和 sagen 也不是划然有别的。

在《存在与时间》里,海德格尔还没想到采用 Sage;他那里用的关键词是 Rede,言,言说。他在那里先讨论了情绪和理解,然后转向解释和命题,进而阐述言说。说出来(aussagen)的是命题(Aussage),而我们能说出命题,当然靠的是理解:自己理解了并且

---

① Heidegger, "Der Weg zur Sprache", SS.253-254.
② Heidegger, "Aus einem Gespräch von der Sprache", S.145.

和别人交流让别人理解。但也不是笼而统之的理解,而是已经分成环节的理解;因为命题、句子是由词构成的,句子的意思、句子所包含的理解从而是经过分解的经过解释的分成环节的。

概括起来,我们从理解到解释到交流(说出来)到命题。初看上去,言好像是一种派生形式,依据于情绪和理解。但海德格尔坚持认为,就其源始性来看,言不是和交流更不是和命题并列的,而是和情绪、理解并列而为此在开展自身的三种基本方式之一。这正是海德格尔的洞见所在。这种洞见的关键何在?主要在于海德格尔见识到人类理解从最基础之处就已经是分环勾连的。"言同感悟理解在生存论上是同样源始的。甚至在解释提供理解之前,理解就总已经是分解成环节的了(gegliedert)。言是理解的分环勾连(Artikulation)。① 从而,言已经是解释与命题的根据。"②

从前说情(感情)知(认识)意(意志),如今海德格尔说情知言。这里铺陈的概念网果有新意。不过,海德格尔后来基本上放弃了用范畴模式来进行哲学讨论。但若我们用范畴方式来模拟他后期的提法,可以看到在很多方面,后期的语言哲学和《存在与时间》提出的,颇为接近。人的语言是一种感——依照存在的声音调定自己;是一种理解;是分环勾连。

"语言"既从横向上概括着"说",概括着言之有物和言不及义

---

① Gliedern 这个德文词和 Articulatus 这个拉丁词有时意思接近,但前者更多强调分成环节,而后者更多强调把笼统的整体转变为互相勾连的环节的整体;后者还特别指人类语言:分成清晰可辨的音节来表达,清楚地表达。我在中文里找不到哪怕有点接近的语词。把这个词译作"分环勾连",只能传达一部分意思。这是件很遗憾的事儿,因为在我看,这个词集中道说着语言的本质。

② Heidegger, *Sein und Zeit*, Tuebingen:Niemeyer, 1979, S.161.

的说，又从纵向上概括着"说"：从深层上说，"从生存论上说，言就是语言"。从表层上说，"说出来的言即是语言"。话一旦说出来，就成了一种现成的东西，可以像其他东西那样拆碎成的言词物（Worterdinge）。从整体上说，"语言这一现象在此在的开展这一生存论状态中有其根源"，而这一根源就是言："语言的生存论存在论基础是言"。①

不管言在深层是什么样子的，话总要达乎言辞才成话。但言辞里所包含的理解，却是一种平均的理解。话可以传得很远，说的人不甚了了，却都可以侃侃而谈；听的人不甚了了，凭着平均的理解也好像听了个差不离。对芸芸众生来说，言说中要紧的事情不过议论了一番。只要有人说过，只要是名言警句，似乎就为真实可靠做出了保证。不负责任的空谈，连篇的套话，虽然不是有意欺骗，却是扭曲事物的真相，封杀中肯的理解。言不及义，空谈，闲言碎语，人云亦云，信口开河，这些都集中在"众议"名下，构成了沉沦在世的一种主要方式。我们今天也许比任何往时都更痛切感到海德格尔所论的语言之沉沦。温馨，美的享受，后现代，符码系统，话语滔滔而来，我们似乎听得挺明白；细听，却全然不知所云。

不过，把空言泛滥的情形表述得精彩，还不等于解答了理解上的疑点：无论真言空言，一旦道出就变成了现成事物，那么，我们又怎么区别本真之言和学舌之言呢？海德格尔承认，我们只能在所说的东西里寻找言。言完成于所说的东西里。但完成并不是停止；"言以掩蔽的方式保留在所说的东西里面"。②我们必须学会倾听，

---

① Heidegger, *Sein und Zeit*, Tuebingen:Niemeyer, 1979, S.161.

② Heidegger, "Die Sprache", *Unterwegs zur Sprache*, S.16.

让已经结晶在所说之中的言重新开口说话。

言不及义也罢,言之有物也罢,语言在根本上组建着此在的在世。无论"看"多么重要,希腊人还是把人定义为 zoon logon echon——会说话的动物。后世把这短语理解为理性的动物,实在是失之毫厘,谬以千里。希腊人没有相应于"语言"的词,他们首先把语言理解为 logos, Rede, 言说,所说的,言中之物,言中之理。言主要不是指开口说话而是指说话的根据,说话的道理。首先在这个意义上,言就是道,就是 logos。

海德格尔后来在《逻各斯》一文里对 logos 一词做了系统的考究。他断言,声音、发声、符号、表征这些线索都不能引向语言的本质。在希腊早期,logos 及其动词形式 logein 是从一个完全不同的角度意指"说"的。logos 既意指"说",又意指"让某种东西现出"。这两个含义又完全混而为一。就原初情形考虑,任何言说都是让某种东西现出,而任何让某种东西现出的活动也都在自身中包含了言说。何以 logos 这个词后来单单标识说话,这实是一奥妙无穷之事。[①] 人们后来把 logos 整理为关于现成事物的逻辑,更失其本义。为了真正了解语言,就必须"把语法从逻辑中解放出来"。[②]

海德格尔的思考提示出了一种极其根本的转向。关键的一点在于,他所说的"语言"或"言",从一开始就和我们通常理解的"语言"所指示的方向不完全一样。这里考究言的意义之一是让(人)看见、揭示、解放。这一点今后得到强调,并把语言和真理从根本

[①] Heidegger, "Logos", *Vorträge und Aufsätze*, Pfullingen:Neske, 1954, SS.210-212.

[②] Heidegger, *Sein und Zeit*, S.165.

处连到一起：不是命题和所述的符合，而是言词让事物如其所是地现象。我们讨论语言，或者停留在表面上，或者由表及里；他却主要是从深处开始思考的。他从语言中看到的是"是""存在"、"现象"、"显现"，是理解本身的分环勾连，更是现象本身的分环勾连的显现方式。世界只有作为分成环节而互相勾连的意义整体才能现象。"道说绝不是事后追加在现象者之上的语言表达，毋宁说，一切显耀、显象、一切销黯，都依栖于起着显示作用指示作用的（zeigend）道说。"① 在这个意义上，世界只对人现象而不对动物现象，动物是"无世界"的，因为动物不会说，不会面对分成环节的世界。分成互相勾连的环节这回事和世界的关系，他后来更通过世界的双重化加以阐发。

《存在与时间》的基本深度已经决定了海德格尔不可能把语言理解为某种现成的工具，用以表达或传达与现成事物相应的现成观念。于是他提出一套新见解，今后的很多重要主张在这里都有了雏形。虽然如此，如前所言，这本书里讨论语言的部分是相当薄弱的。我想正因为此，在《存在与时间》的其他处所，海德格尔在提到此在之此的开展方式时，经常忘掉言说而只提情绪和理解。

三、语言是存在之家

在《存在与时间》之后，语言受到越来越重的注视。我们已经提到，1934年，在题为"逻辑"的一门课程里，他开始尝试专题讨

---

① Heidegger, "Der Weg zur Sprache", S.257.

论语言。在那里，以及在大致同时期的《形而上学导论》里，海德格尔已为其成熟的语言观定下基调：要追问存在问题，就是要把存在带入言词。于是，语言与存在直接勾连起来。语言干脆就是入乎言词的存在。要体会这一点，仅仅指出 logos 有着"让人看见"的意义还不够。他进一步考证，logos 的原始含义是拢集（Versammlung）。

言词何以是拢集呢？海德格尔曾就特拉克尔《冬夜》一诗的首句"当雪絮拂窗飘落，晚祷的钟声悠悠鸣响"这样对听众说："雪絮飘落与晚钟鸣响此时此地在诗中向我们说话。它们在召唤中在场。但绝非落到此时此地在这个讲堂上在场的东西中间来。哪种在场是更高的——是摆在眼前的东西的在场，还是被召唤者的在场？"诗人不是用"雪絮"指称了雪絮，用"钟声"指称了钟声。"落雪把人带到暮色苍茫的天空之下。晚钟把人之为终有一死的凡人带到神圣之物面前。"落雪和晚钟在这里构成了一幅画面，没有被指称的事物，也在这画面之中；不在画面之中的，也应召唤而临场。还不是说，画面使我们联想到了画面以外的东西。而是，雪絮钟声之为物，就在述说着冬夜，述说着温暖的家宅，述说着尚在雪中行路的浪游人。在召唤中，在适当的联系中，物召唤天地人神，物联系世界，呈现出意义来。给对象贴个标签，对象并不变得更有意义，标签也不因此就获得了意义。真正的命名，却是一种邀请，"它邀请诸物，使物之为物与人相涉"①。

可见，拢集说的是："言词本身即是关联，因为它把每一物拥入存在并保持在那里。"② 在言词中被拢集的就是存在者的存在本

---

① Heidegger, "Die Sprache", SS.21-22.
② Heidegger, "Das Wesen der Sprache", *Unterwegs zur Sprache*, S.176.

身。此在以言词就存在者之存在为存在者命名。于是,命名就不是把一个约定的符号加到一个已知的物体上去;相反,命名才开始令一存在者就其存在显现出来,事物通过命名始成其所是而不成其所不是。

如果这样来理解言说,在语言中,存在与此在相较就具有更重要的地位。语言不再首先属于此在的生存论状态,而是首先属于存在的真理。言说者就必须先领受存在者的存在才能真正地言说。人,就是呼应存在之言的存在者。

人说话。即使一言不发,即使一人默默劳动或自娱,人仍在说话。实则,人之所以能使用工具而劳动,人之所以能脱却利害而游戏,都借助于语言。① 语言可以使最亲近的人变成对象,也可以使远在天边的到眼前现场。语言不能只被看作人的能力之一,语言是人的天性。语言与每一个人也与人的社会命运攸关。讲到存在,就离不开语言。"语言的命运奠基于一个民族对存在的当下牵连之中,所以,存在问题将把我们最内在地牵引到语言问题中去。"② 在《诗人何为》里,海德格尔更进一步提出"语言是存在的家":

> 存在亲自遍测自己的畿域。它现身 [west] 在言词中,于是这畿域得以划分成畿域 [bezirkt, temnein, 切割; tempus],语言是存在的畿域 [templum],即,存在的家。……因为存在是语言的家,所以我们能随时随刻从这家宅穿来穿去,以这种

---

① Heidegger, "Die Sprache", S.11.
② Heidegger, *Einfuehrung in die Metaphysik*, Tuebingen: Niemeyer, 1953, S.55.

方式达乎存在者。我们走向井台，我们穿过树林，我们也就穿过了"井"这词，"树林"这词，哪怕我们没有说出这些词，哪怕我们想也没有去想语言这样的东西。从存在的殿宇方面来想……①

"语言是存在的家"这个命题不久就通过《关于人道主义的信》变得众所周知。这句话在那里是这样说的：

> 思完成存在对人的本质的关联。思并不制造与引起这一关联。思只是把这一关联作为存在交托给它自己的东西向存在供奉出来。这一供奉在于：存在在思中形成语言。语言是存在的家。人栖居在语言所筑之家中。思者与诗人是这一家宅的看家人。他们通过自己的言说使存在的开敞形乎语言并保持在语言中；就此而论，他们的看守就是存在的开敞的完成。②

《存在与时间》提出，理解甚至在获得解释达乎命题之前就是分成环节的。现在海德格尔表明，划分环节不是此在后来做出的。存在本身是分段分节的，虽然远不至于段落分明。而环节的划分及其源始的勾连，都和语言相关，因为语言的本质就在于把笼而统之的意义整体转变为由语词组成的言说。诗人和思者根据他们领会

---

① Heidegger, "Wozu Dichter?", *Holzwege*, Frankfurt:Klostermann, 1950, S.310.
② Heidegger, "Brief ueber Humanismus", *Wegmarken*, Frankfurt: Klostermann, 1978, S.318.

到的存在本身的旋律歌唱言说。存在就像巡游的王者,语言就像王者的行宫。但这些殿宇也容人居住,问题只在于这些宫舍不是砖瓦构成;人必须先学知存在在自己划分的畿域如何分布,了解存在的"拓扑学",才不至于投宿投错,才能牢守于存在的家一如安居于自己的家园。

"存在的家"这句生动的话此外引出不少发挥,各基于自己特有的想象。海德格尔提醒说,这话不是一个避重就轻的譬喻,仿佛家是一个建好在那里的建筑物,存在像个可以搬来搬去的东西,搬到了这个建筑物里。① 无论怎么解释怎么发挥,有一点都须同意:语言,即存在的家,不是人随心所欲构筑的。诗人和思者奉领存在本身的指示使这一家园完成,并从而守护这家园。这完成,这守护就是行动,是其他一切行动所赖的本质行动。

但若语言是存在的家,一个明显的问题就是:说着不同语言的人就居住在不同的家里。② 用学究气的话来说,每种语言都有其独特的概念框架。那么,说着不同语言的人们之间能不能互相理解呢?海德格尔半虚构了一位西方学者(大致就是他自己)和一位日本学者的对话,借以探讨这个问题。

我们知道海德格尔有点"语言沙文主义",他强调德语特别适合哲学思考,甚至法国人和英国人要真想作哲学思考,也会采用德语。但他对东方语言及其体现的东方精神似乎十分推崇。那位日本学者说,和欧洲思想遭遇后,东方语言暴露出某种缺陷,因为它

---

① Heidegger, "Aus einem Gespräch von der Sprache", S.118.
② Ibid., S.90.

不能明确地界划对象从而把它们排列成此包含彼、彼隶属此的秩序。西方学者听了问道：你认为这是个缺陷吗？你们也需要概念吗？① 海德格尔对概念思维十分警惕，他宁肯把暗示（Wink）看作语词的基本特征。但他当然了解，对任何一个民族，完全排除所谓概念表象方式是不可能的。② 日本学者说，把真正的意思藏回到不可确定的东西之中，在日本人看来是挺自然的。西方学者回应说："思想者之间，任何成功的对话都有这个特点。就仿佛对话自己就能够留心，不仅不让那个不可确定的东西滑走，而且使它随着对话的进程越来越鲜明地展现其拢集的力量。"③

无论如何，东方人和西方人对话，有一种危险。不在所讨论的课题里，也不在讨论的方式里，而是隐藏在语言本身之中。往往要说明的是东方的精神（如"气"、"道"这些概念），所用的却是西方的概念语汇。④

那么，东西方有没有可能进行真正的对话呢？日本学者谈到他作翻译的经验，好像是在两种语言的本质之间穿来穿去，但忽而有一道亮光投来，这时会感到不同语言的本质源泉是同一的。⑤ 西方学者对此没有定见。海德格尔的这篇对话就是一个尝试。他还看不出，他认作语言的本质的东西，是不是和东方语言的本质同道；他也看不出能不能获得使东西方进入对话的语言的本质。所能明

---

① Heidegger, "Aus einem Gespräch von der Sprache", SS.86-87.
② Ibid., SS.114-116.
③ Ibid., S.100.
④ Ibid., S.89.
⑤ Ibid., S.115.

确的无非是,迄今为止还没有东西方的真正对话。[①]

现代汉语,特别是学术语汇,有好多最早是为翻译西方概念造出来的,一方面有中文的语义渊源,另一方面又常常要和西文语词对应。这里讨论的问题,对我们实有格外重要的意义。

四、语言自己说话

语言首先是存在之言,我们凡人必先倾听始得发言。

听和看同为最重要的感觉。在传统认识论里,看却被赋予最突出的地位;看清了也就是理解了。海德格尔却强调听,这当然是因为他考虑到语言才是人的最根本的规定。早在《存在与时间》里,海德格尔就把听看作言说的组成部分。"每一个此在都随身带着一个朋友;当此在听这个朋友的声音之际,这个听还构成为此在对它最本己能在的首要和本真的敞开状态。此在听,因为它领会。"[②] 听的关键在听话,听语言说话,听分成环节而又互相勾连的语言。唯听懂语言说话的,才能有世界,才能看见形形色色的事物作为它们各自所是的东西在世界中现象。"说自来是一种听……说首先是一种听而并非同时是一种听。听语言,这以一种最不显眼的方式也先于一切寻常发生的听。……我们听什么?我们听语言说。"[③]

我们平常说:人讲话,人用语言讲话。海德格尔却说:"语言即

---

① Heidegger, "Aus einem Gespräch von der Sprache", S.94.
② Heidegger, *Sein und Zeit*, S.164.
③ Ibid., S.254.

是:语言。语言自己说话(Die Sprache spricht)。"[1]

流行见解把语言看作是由人支配来表达人的内在思想感情的工具。工具自己怎么开口说话呢?然而,语言只是工具吗?"把语言定义为交流信息促进理解的工具……只不过指点出了语言本质的一点效用。语言不仅仅是一种工具。"[2]且不说"用处"这个讲法本身就颇须加以讲究。听听人们打招呼,开玩笑,讲故事,用处在哪里?

但这还不是海德格尔的深意所在。他对"表达"这种提法本身提出了疑问。"把语言认作形声于外的表达是最风行的",但从哲学上说,"这种见解已经预设了某种内在之物的表象——外在化着、表达于外的内在的东西。"[3]流行的语言观与传统认识论沆瀣一气,一上手便假定了理解首先是某种内在之物并因而立即面临如何从内到外这一致命的问题。

海德格尔从来不把语言视作单纯"精神方面的现象"而贬低语言的发音等物理方面的现象。问题是:如何理解语言的"物理方面":抑扬顿挫,这些都是极关紧要的,只要别把它们都弄成物理定量就好。风土人情也在语言里。德文表示方言的词是 Mundarten(字面意思是:口型)。方言诉说着地方、土地,而且每一次都以不同的方式诉说着。口型、口,不能单被理解为有机体的一个器官,口以及我们整个的机体,都属于"土地的流动与生长",而土地在语

---

[1] Heidegger, "Die Sprache", S.12.

[2] Heidegger, *Erläuterungen zu Hölderlins Dichtung*, Frankfurt: Klostermann, 1981, S.37.

[3] Heidegger, "Die Sprache", S.14.

言中绽出繁花。语言的物之理方面的研究,倒清楚地告诉我们:"语言比我们强大,因此也更有分量。"

深入一步,人们会认为,虽然语言由人支配来表达人的内在思想感情,但话语受语言体系的制约不亚于受特定心态的制约。何况,心态本身一般也是伴随语言学习逐渐形成的。人发明出语言,既以之为游戏也当作工具使用;随着人类的发展,语言结构不断巩固,从而在很多场合指定了说的方式。说的方式在很多场合是给定的。

但海德格尔谈的不是心理学。语言根本不是人发明出来的。"就其本质而言,语言既不是表达,也不是人的一种活动。"[①]语言建立世界拢集事物。当世界成其为世界而事物成其为事物,人便诞生了。本真的语言是存在的言说。人的本真言说在于顺从存在本身的言说,回应"存在的无声之音"。因而本真的人类语言就是与存在的原始言说共振合说(homolegein)。"静之声(语言)不是人弄成的。相反,人是……由于语言的言说而成的。"看似人发明了语言使用着语言,实则是人在语言中发现自己。而人也就彻头彻尾由语言规定:

是人,就叫作:是言说者。人是能说出是与不是的言说者,而这只因为人归根到底是一个言说者,是唯一的言说者。这是人的殊荣又是人的困境。这一困境才把人和木石和动物区别开来,同时却也和诸神区别开来。即使我们生了千眼、千耳、

---

① Heidegger, "Die Sprache", S.19.

千手以及其他众多感官、器官,只要我们的本质不植根于言语的力量,一切存在者就仍然对我们封闭着:我们自己所是的存在者之封闭殊不亚于我们自己所不是的存在者。①

语言首先使事物就其所是显现,从而我们才有东西可以表达。说到表达,总已经是第二位的了。至于把语言理解为专门传达信息的工具、用所传达的信息量来评价语言,那就更不得要领了。当然,语言信息论也不得不承认,形式化的语言毕竟在这里那里须得求助于自然语言,然而,这里的自然语言被认为是需要形式化却暂时还未形式化的语言。然而,"自然语言是无法加以形式化的语言"。②但即使这样说,也仍然只是从否定的方面来看待自然语言,好像能不能形式化是语言的一种重要规定性似的。实则,自然语言之所以自然,原在于它来自作为Physis的自然的自身涌现。自然语言(natuerliche Sprache)来自语言的本性(Natur),就是语言的本在、本质(Wesen)。我们知道,海德格尔从来不把本质理解为某种逻辑抽象,而是理解为命运使然的存在。大道(Sage)周行,开辟通达,把道说指派给人,因此,"任何本真的语言都是大道的遗赠,都是天命使然。③……所有语言都是历史性的④"⑤。逻辑斯蒂语言也不例外——它是技术时代的产物,是被单纯技术要求阉割了的道说。

---

① Heidegger, *Einfuefung in die Metaphysik*, S.88.
② Heidegger, "Der Weg zur Sprache", S.264.
③ Geschicklich,天命使然;这个德文词的词根是schicken,遗赠。
④ Geschichtlich,和geschicklich形近。
⑤ Heidegger, "Der Weg zur Sprache", S.264.

海德格尔对形式化语言的批判是和对当今技术时代的批判联系在一起的。"逻辑斯蒂语言和人造卫星是一回事。"不过本文限于容量不能展开这一论题了。

五、本真之言——诗

"语言自己在说话"这个讲法，大概诗人是最能领会的。几乎所有大诗人都有语言自己言说这类感觉和提法。本来诗歌始终被认为是通过诗人之口说出的神的声音。

西方自古以来就有诗哲之争。似乎一边是感性，一边是理性，两不相容。海德格尔却格外推崇诗。在《艺术作品的本源》里，他断称"一切艺术本质上的都是诗"[1]。这看上去是个奇怪的断语：艺术的本质怎能由艺术的一个品类规定呢？在海德格尔看来，一切艺术根底下都是语言，而诗是直接凭借语言的艺术形式，于是可以说诗歌的根底上规定着每一种艺术形式。这一点若要成立，显然须得表明一切艺术方式都根源在语言中。海德格尔认为："要看到这一点，所需的无非是正确的语言概念。"[2]

海德格尔关心的，始终是现象，即万物怎样如其本然所是的那样显现。在《艺术作品的本源》里，他把这种显现和艺术作品联系起来：一件艺术作品不是把某些新的现成事物添加到已经现成的芸芸万物中间。相反，唯作品才开启一个世界。世界开启，露出了尚未决断尚无规度的东西，从而也就公开了尺度和决断的必要性。新

---

[1] Heidegger, "Der Ursprung des Kunstwerks", *Holzwege*, S.61.

[2] Ibid., S.59.

升的世界把胜利和失败、扶掖和诅咒、统治和奴役交给具有历史性的人类去裁决。万物通过世界的开启始获得自己的形象：在作品里，天地人神如它们本然所是的那样显现。

艺术的本质在于诗，而诗活动在语言中，因而诗的本质要通过语言的本质来理解。不难注意到，对语言的威能的描述与艺术作品（包括诗）的往往一样："哪里有语言，哪里才有世界，即才有决断与劳作的、事业与责任的不息周行，但同时也就有忘形与惊扰的，沉沦与迷乱的不息周行。……才有历史。"①

我们当然都知道，诗是"语言的艺术"。不过，海德格尔强调诗和语言的关系，有更深一层的内容。在海德格尔看来，诗并不是把语言当作某种质料加以运用；倒不如说首先是诗才使语言成为可能。"本真的诗绝不是日常语言的某种较高品类；毋宁说日常言谈是被遗忘了的因而是精华尽损的诗。"世上万物并非现成摆在那里让我们用现成的语言来议论。日常语言，及日常议论的一切，都首先是由诗敞开的。"原始的语言即是诗。"诗人由语言本身蕴藏着的内在丰富性引导着，聆听、应和这种本然所是的语言，就存在者的本质所是把存在者带出晦暗而使它作为存在者显耀，从而让万物向我们展现出它们的本来形象。这是诗人的工作："诗人就诸神和诸物的所是为它们命名。……当诗人说出本质的言词，存在者才第一次就其所是得名……于是事物才始闪出光芒，而人的此在从而才被树立在牢固的牵连之中和根基之上。"② 反过来，"在喋喋不休的

---

① Heidegger, *Erläuterungen zu Hölderlins Dichtung*, S.38.
② Ibid., S.41.

闲谈中,在口号和习惯中的语言误用使我们失去了与事物的真实联系"①。思者与诗人通过自己的言说使存在的开敞形乎语言并保持在语言中。

语言是存在的家;人栖息在语言所筑的家中。筑居和栖居是海德格尔心爱的题目。他有一篇文章,题目引的就是荷尔德林的一句诗"人诗性地栖居……"。另一篇题为《筑·居·思》的文章专论诗性的栖居。据海德格尔考证,栖居与存在从词源上同根,在意义上相亲。诗既被理解为首先使存在者进入存在者,诗与栖居的形式关系就不难得出了:"为诗始令栖居成为栖居。……为诗既让人栖居,便是一种筑居。"②

这里译为"筑居"的德文词 Bauen 也可指播种耕耘。播种耕耘自然也属于乐业安居。但仅仅养育那些从土地中滋长出来的稼禾是不够的。更窄些的意思是指建树那些不会自己滋生繁衍的东西。这包括制造器物。播种耕耘制造器物固可成绩斐然,但它们加在一起也仍不能穷尽栖居的全部本质内容。"相反,若把它们当作目的而营求获取,它们反会阻止栖居进入自己的本质。"非诗性不足以成人之栖居。而"是人,这唤作:在土地上作为有死的凡人栖居"③。

这样的筑居无法通过对现成事物的计算推导来完成。只能通过诗。一方面,诗人截取诸神的无声之音,把它们变为有声之言传给他自己的人民;另一方面,诗人从民族的古老传说中听取对存在者整体的原始领会。这种领会多半却是在流传过程中磨得愚钝了,

---

① Heidegger, *Einfuehrung in die Metaphysik*, S.16.

② Heidegger, "Dichterisch wohnet der Mensch", *Vorträge und Aufsätze*, S.63.

③ Heidegger, "Bauen Wohnen Denken", *Vorträge und Aufsätze*, S.21.

所以必须由诗人予以解释，使之重新显耀。"诗人自己则立在诸神和人民之间。"①

诗人以运思的方式歌唱；思者聆听着诗。诗思比邻。人们说，这无非是个比喻的说法。但什么是比喻或形象（Bild）？语言是否或如何通过比喻说话？在《诗中的语言》一文里，海德格尔讲到特拉克尔"星空这夜的池塘"一语。惯常的说法是："夜的池塘"是星空的诗意的比喻。海德格尔反驳说："然而，夜空就其本质真理来说就是这个池塘。相反，我们惯常所说的夜毋宁是一个图像。即对夜的本质存在的苍白空洞的摹写"。诗思比邻，是因为诗和思都是本真的言说，而真言必相邻近。"近与言是一回事。"临近不见得是物理空间的间隔小。两家农户，相隔数里，却可以是最近的邻居，大都市里，一墙之隔，陌为路人。如今的时空观远不够规定临近。相邻是由近（die Nahe）得到规定的而不是相反。

鉴于诗思的切近关系，海德格尔特别注意的是诗人和哲人的对话。对话并非种种说话方式中的一种，毋宁说，语言只有作为对话才成其为语言。对话不仅要求能说，而且要求能听。关注诗和思的对话，海德格尔绝不是第一人。但别人都不曾强调如斯，且宣称从存在的真理和语言的本质这类本源来阐释诗和思必然具有的内在联系。"诗活动在说的元素中，思也一样。当我们沉思诗，就发现自己已处在思活动于其中的元素中。"②

然而据我看，诗和哲学的关系在海德格尔那里还远远没有澄

---

① Heidegger, *Erläuterungen zu Hölderlins Dichtung*, S.39.
② Heidegger, "Das Wesen der Sprache", S.188.

清。一方面，他提出"思就是为诗"①；另一方面，他又断称思和诗有着最不相同的言说方式。谈到诗思同源，他总是振振有词；至于思和诗的言说方式究竟如何最不相同，他从始至终不曾为我们提供具体的说明。稍涉具体，往往自相矛盾。特别值得一提的是，在海德格尔克服传统形而上学的努力中，澄清诗和思的关系却是至关紧要的。语言不是思想的外在形式，克服形而上学包括克服传统的概念语言。然而问题是：离开了概念语言，思究竟还有没有自己独立的言说方式呢？

六、词与物

前面说过，海德格尔的语言哲学多以诗论方式出现。这里以"语言的本质"一文为主干，辅以他其他地方的论述，举一实例，不仅可借以具体而微地把我们前面的介绍联系在一起，且有助于窥见海德格尔后期语言论的风格。

1957年底至1958年初，海德格尔以"语言的本质"为题在弗莱堡大学做了三次讲演，这篇讲演后以同名收入《走向语言之途》。开讲之初，海德格尔提出要经验语言。经验不是制造出来的，而是要让所经验的事物冲击我们，改变我们，而我们则承受它，接纳它。对语言的经验将触动我们最内在的此在，因为人在语言中有他最本真的居处。语言学、语源学、语言心理学、语义分析、外语知识，这些虽然各有其重要性，同经验语言却不是一回事，经验语言不是

---

① Heidegger, "Der Spruch des Anaximander", *Holzweg*, S.328.

收集关于语言的知识。经验语言是要让语言自己说话。为了这样经验语言,思就必须进入与诗的对话。只有在对话中才可能从语言的本质方面听取召唤而又被唤向语言的本质处去。"本真的吁请(Heissen)即是言说的本质。"而聆听是与言说同等原始的。

我们只能在所说的东西里寻找言说。但到处都是说过的话。我们自然不能随便捡起随便说说的东西,而须选择纯粹的所说。这里,说出来了当然也是说的完成,但这里的完成不是停止了言说,而是开创性的完成,也就是说,它为后继者敞开了种种继往开来的可能性。在日常喋喋不休之际,语言自己却退缩不语。倒是有时候,有某种东西使我们身不由主而我们却无能为之辞,这倒是语言在说话了。深思熟虑的言谈不是由语词的通常意义指导的,而是由语言深藏着的丰富性指导的。语言在某种从未被说出的东西中说话。"只有当事关把从未被说出的东西付诸语言,这才全要看语言是否馈赠或拒绝适当的言词。"[①] 言此未曾言者,诗人。

于是海德格尔举出史蒂芬·格奥尔格的一首诗以助听众经验语言。

言词

远方的幻梦或宝藏
我曾带往家乡的边壤

---

① Heidegger, "Das Wesen der Sprache", SS.161–162.

守候着,直到黎明女神
在她的泉池里找到名称——

于是我能将它笃实掌握
让它娇艳的光彩四下闪烁……

有一次我愉快地返回家园
怀藏一样珍奇,精美绚烂

女神久久搜寻,向我宣称:
"井泉虽深,无可得而为名"

那珍奇倏忽从我手中消隐
我再不能向家乡把它奉赠……

于是我学会割舍,充满悲哀:
言词破碎处无物存在。

这首诗的题目叫"言词"。对诗人来说,大概没有什么比怎样对待言词更令人激动的了。但诗人并不创造出他如何对待言词的方式。言词从自身为自身就需要诗;而诗人因了这要求才始为诗,才始成为诗人。

诗里有两处用了省略号,这两个省略号把全诗分成三片:前面三节一片,中间三节一片,最后一节是一片。第一片的开头和第二片的结尾，诗人两次提到"家乡""家园"。什么是诗人的家园呢？当然是诗歌，是为诗。诗人不愿独占珍奇，而愿把它表现出来。于是他需要名称。"名称就是有所表现的言词。名称把已经存在的东西提供给表象。"[①] 借助于表现的力量，名称证明自己以给予尺度的方式统辖着物。"[②] 已经存在的，以及像幻梦那样被当作存在着的，都借助言词的表现力量而成为可以把捉的，都变得笃实。这里的"笃实"用的是 dicht，与 dichten（为诗）呼应。为了获得名称，诗人必须旅行到家乡的边壤，黎明女神的井泉就在诗歌之乡的边界上。第一片结尾，诗人得到了名称，充满自信。

然而，第二片所述的经历却不同了。第二片里独独说到"有一次"，可见诗人这一次旅行十分独特，不同于以往的旅行。这次他带来的珍奇精美绚烂，女神须得久久搜寻一个名称。这里译作"珍奇"的 kleinod 在德文里泛指一切珍贵的物件，故近乎"无名"。这里发生了奇特的事情：随着名称阙如，珍奇也隐遁了。"言词不再是通过为已经得到表象的在场者命名来把捉它，不再是用来表现眼前事物的工具。相反，唯言词才赋予在场，赋予存在，即某物在其中作为存在者现象的那个存在。"[③]

这首诗的题目是"言词"。什么是言词？回看第四行，可以认为言词说的是名称。那么最后一行说的可能是：我们先有一件现成的但是还没有名称的东西，我们为了方便起见给它起一个名字。

神圣罗马帝国既不神圣也不是帝国，和罗马也没有什么特别的

---

① 失去了 darstellen, zustellen, vorstellen 的游戏。
② Heidegger, "Das Wesen der Sprache", S.225.
③ Heidegger, "Das Wesen der Sprache", S.227.

关系；所谓"神圣罗马帝国"毫无意义，不过是个名字罢了。仅仅是个名称，狭义的名称，海德格尔喜欢用 Titel，名号，名衔。然而，真正的"名称"、命名"不是分贴标签，不是使用语词，而是唤入言词"[1]。他所说的 Name，译成"名"比"名称"好；所谓"名"者，颇具古义。古语里，所有语词都是名，我们今天说"词与物"古人就说"名实"。命名就一物的本质称谓它，述说它，例如特拉克尔的诗句"灵魂，大地上的异乡人"就灵魂的本质为灵魂命名。[2] 在这个意义上的"名"，把所名之物带入联系之中带入意义之中，可说是和狭义的"名称"和贴标签正好相反了。海德格尔考据，在希腊文化的全盛期，符号 Zeichen 是从显示 zeigen 方面得到经验的；到了泛希腊时期以后，符号才被理解为某种标识。"符号从显示者（即让事物现象）到标识者的变化植根于真理本质的转变。"[3]

按照海德格尔的见解，名称从来不是在物之外的，命名并非把诸词系到熟悉的对象上去。在《存在与时间》里，命名已与解释的作为结构（Als-Struktur）联系在一起：通过命名，某种东西被作为某一特定的事物得到领会。后来在《艺术作品的本源》里又说："哪里没有语言，哪里就没有存在者的敞开，从而也就没有不存在者与空无的敞开。语言第一次为存在者命名，于是名称把存在者首次携入语词，携入现象。名称根据其存在并指向存在为存在者命名……宣告（Ansagen）出存在者以什么身份进入公开场……取缔（Absage）

---

[1] Heidegger, "Die Sprache", S.21.
[2] Heidegger, "Die Sprache im Gedicht", S.41.
[3] Heidegger, "Der Weg zur Sprache", S.245.

存在者藏掩退逃于其中的一切混沌迷乱。"[1]

命名"唤入言词。命名呼唤。呼唤被呼唤者临近"[2]。不是把一件现成东西唤到一堆已经在场的事物之中让它们拥挤在一起；命名把前所未唤者的在场唤向近处。而被呼唤者却恰恰在这一临近和到场之际保持其遥远。因为，命名才始引出距离，从而被呼唤者才可能保持其距离，而成为独立的物。狭义的名和对象相应，而真名和物相应。抽象的人算计对象，有死的凡人生活在意义之中。代替上帝关照世界认识世界的人也许是全知的，但只有对有限的存在者才谈得上意义。意义从来都是有限的意义。

"言词"一诗最后一节以"于是"开始。这个"于是"把我们引回到前面的六节。扼要地说，前三节描写诗人在经验之前，后三节描写诗人的经验。诗人曾相信的幻梦宝藏本身足以保障其存在，所需的无非是找到适当的言词来表达它们。这信念有道理，部分地可以用诗人格奥尔格一向写得出好诗为证。这一次诗人带着珍奇之物来到黎明女神的领域。这里是家乡的边壤，名称的源泉。家乡毗邻本源。我们可以猜测，诗人这次所带的珍奇不同于诗人早期所把捉的幻梦宝藏，而是诗人晚期特别珍爱的单纯。这珍奇之品就在手头，但黎明女神未能找到言词，于是这精美绚烂的奇品没有达于物的存在。它没有变成家乡的财富，却提供诗人以经验语言的机会。

经验了什么？物及其与言词的关系。然而，这首诗的题名只见"言词"。看来并非一端有物而另一端有言词而二者联系在一种关

---

[1] Heidegger, "Der Ursprung des Kunstwerks", *Holzwege*, SS.59-60.
[2] Heidegger, "Die Sprache", S.21.

系里。我们在使用"联系"、"关系"之时必须小心。"言词把每一物拥入存在并保持在存在里,就此而言,言词本身即是关联。"① 若没有这样起关联作用的言词,事物整体,"世界"连同诗人的"我"将一道沉入晦暗之中。

诗人怀藏的珍奇始终无名。"那作为最高的恩宠临近诗人的总全无名号。"无名,却非保密。我们只能对所知的事物保密。诗人却不知其名。格奥尔格有诗云:"君系于何所君其不知。"诗人的经验入乎晦暗不辨之中。恰恰当诗人要为他的珍奇命名之际,言词与物的联系这一奥秘绽露出其自身实为奥秘。

于是诗人学会了割舍。割舍什么?割舍他从前的确信:对名称的需求将得到满足。从 verzichten 的词根来看,"割舍"来自"有所指点,让人看见",而这正是古德语里 sagan(道说)的意思。的确,割舍意味着放弃对某种东西的要求索求,可见在割舍、放弃、原谅之中,贯穿着言说。但割舍并不单是丧失。诗人通过割舍而得到经验。同样,悲哀也不是为失掉的东西悲哀,而恰恰是为他学会割舍而悲哀。悲哀不同于沮丧,真悲哀与大欢喜相携。悲哀教人泰然自任于被割舍之物的近邻处。割舍并非否弃,诗人也没有因为割舍而停止歌唱。诗人倒是因之进入了另一种旋律,一种更高更美的旋律,即让言词自己歌唱。诗人一任自己被带到言词的神秘面前,一任"言词让物成其为物(be-dingt, Bedingnis·)"②。

诗里所说的"物"已经够广泛,甚至包括幻梦。但却仍不包括

---

① Heidegger, "Das Wesen der Sprache", S.176.
② Ibid., S.232.

言词，可不可以说言词根本不是存在者？那珍奇之品会不会就是言词本身？诗人的直觉告诉他，言本身不是物，他无法为之命名，因而求诸女神。黎明女神也是命运三女神之一。今命运女神告诉他："井泉虽深，无可得而为名。"

"命运把所有命名所有树立的语言赠界存在者，从而使存在者得以闪耀繁生；但在命运赠界语言之所，却找不到为言词命名的言词。为言词命名的言词委实是一件珍宝，但它却是诗人之乡赢获不到的。那么思是否能赢获它呢？思尝试着反思诗之言，结果却显现为：言，言说并不具有存在。我们的流行观念却反对这种想法。人人都看到听到一大堆写出来的讲出来的词呀。这些词存在着。它们可以像物一样通过我们的感官把捉到。……字典里印满了词。诚然。有的是词，却没有语言。……词——不是物，不是存在者。但是当物有了言词之资，我们便可以理解物了。于是物'是某某东西'。物是——物存在。……而我们哪里都找不出'是'，'存在'像一件物体那样附在某件物体上。"①

言不是物。所以，如果我们足够慎思，就不会说"言词是某某某某"，甚至不会说"言是"。我们只会说：有言词，兹予言词。这里的德文表达式"es gibt"，相当于英文的"there is"，意思就是"有"。但海德格尔经常强调这个德文表达式的组成："它给予"；这里勉强用"兹予"二字来应付。

有言，兹予言词；但并非有个其他叫作"兹"的什么东西"给予"言词。"而是：言词本身给予"。泰初有言，然后才谈得上有其他东

---

① Heidegger, "Das Wesen der Sprache", S.232.

西。"言词即给予者。……言词给予存在。"在"兹予"中我们一直在寻找的就是这个始终给予而从不被给予的言词。

那么,言,言词和语言就没有了来源了吗?"对语言本源问题的首要的也是决定性的回答是:这一本源始终保持其为奥秘。"我们不要以为思可以一下子揭开诗作为奥秘供呈出来的奥秘,它是否供呈甚至也不是我们所能保证的。我们努力经验语言,进入语言的领域,"至于在这个领域之内语言是否许我们以它的本质存在,则要看我们的运气如何。"无论如何,思能够有何成就皆有赖于它是否以及如何听取语言的本质在本质的语言中言说。"语言从言说得到规定"。我们在讲到语言的本质时已经在用语言讲,就好像我们总赶不上要讲清楚的东西,即语言。一味讲下去是讲不清的。首先必须聆听。"首先需要的是:语言本身对我们有所赠说。于是,语言的本质就成为其本质的赠言即本质的语言。"[1] 这就是从语言的本质到本质的语言的过渡和联系。我们已经解释过,海德格尔用 Wesen 一词共指本质,本质存在,曾在现场,存在。要弄清楚语言的本质,必须先聆听存在的声音。"本质和存在却都在语言中说话。"人类语言的结构只能是借自己的言说使人来属于语言自己的方式。语言召唤人。所以凡人言说的首要方式是:应和。"凡人聆听几许而得言说几许。……即使他们自己不识其被召唤。"

至上者无名,这是海德格尔常爱讲的。诗人通过诸神命名而使存在者显豁,但寓居在神圣中的至高无上者是无名的。歌者的灵性上游苍穹,"但歌者看不见高居者本身。所以歌者是盲目的"[2]。寓

---

[1] Heidegger, "Das Wesen der Sprache", S.176.

[2] Heidegger, "Die Sprache", S.18.

言家和歌诗者古今中外常以盲目者出现。西方第一位大诗人荷马据说是个盲人。海德格尔这里巧作发挥。称谓此神秘的言词阙如。无论何种言说都无法把语言的本质带向语言。于是我们明白，诗人怀藏的珍奇，无以名之；强为之名，那就是语言的本质或本在。语言的本在有所说，而不被说。那么，我们怎样才能思考语言的本在呢？"把语言作为语言带向语言。"① 这就是"走向语言"这个题目的意思。但走向语言不是因为语言远在天边。我们必须逗留在语言之中，逗留在语言纯粹所说之中，才能思语言的本在。而这就是思想者对诗的倾听和思考，是思与诗的对话。

那么，让我们再一次思索着聆听全诗的最后一句："言词破碎处无物存在。"

这是说：言词破碎处，有一个"ist（存在）"出生。

破碎在这里叫作：作响之言归返寂无声处，归返它由是得以保障之处；归返寂静之音，而这声音作为言说把世界四大的面面相迎移入它们的相近相邻。

言词如此破碎之际，正是真正回步踏上思之途程之际。②

七、海德格尔语言思考的几个疑点

海德格尔把语言理解为道，道是说、说道，更是道路，事物的理路。在这个意义上，Sage 的确和希腊词 logos 和中文词"道"相

---

① Heidegger, "Der Weg zur Sprache", S.242.
② Heidegger, "Das Wesen der Sprache", S.216.

通。在海德格尔那里，语言当然一开始就和存在连在一起。但早期学说一是仍然拘囿在传统形而上学的概念框架里，二是主要是从此在出发的。而在后期学说里，语言首先是存在之言，语言自己说话。这一思路虽然颇多深意，极富启发，却也包含着好几重难点。

语言是世内上手的用具吗？抑或它具有此在的存在方式？抑或二者都不是？①

这个问题是典型的《存在与时间》式的问题。在那本书里，海德格尔把天下万物分成三种：此在及此在式的存在者、上手用具和现成事物。所有这些存在者又和存在相对，两者之间生出存在论差别。

《存在与时间》只讲到三种存在者，除了用具和此在，只剩下现成事物了。但这不可能是答案：海德格尔不可能把语言理解为现成事物。但是，它也远不仅是工具。在这一点上，海德格尔因袭德国语言哲学的传统，从一开始就认得很准。

那么，语言就是此在式的存在者啦？但他接着又问："抑或二者都不是？"这似乎暗示还有第四种类型的存在者。这不是没有可能的，《存在与时间》只提供了粗线条的"存在论"，粗粗地区分了以上三大类存在方式，为了不同的目的，我们可能做出多种不同的区分。

然而，"抑或二者都不是"这话更可能暗示的不是第四种存在

---

① Heidegger, *Sein und Zeit*, S. 166.

者,而是说:语言不是存在者,而是某种存在方式。海德格尔虽提出存在论差别并以之为其哲学的主导概念,我们具体涉及某个概念的时候,颇难了解它属于上述哪一项。在伊索寓言里,蝙蝠选择了飞禽与走兽之间,而在海德格尔那里,但一大批最重要的概念却落入存在与存在者之间,例如世界、空间、神。他一时说世界是"此在式的存在者",一时又说世界"根本不是存在者"——Die Welt ist nie, sondern weltet。说起神,"既不是存在者,也不是非存在者"。这显然不是辩证法,因为他多处明确对辩证法嗤之以鼻。但不管这是什么,这的确给了他自由或随意的余地,一忽而把世界当作存在者来论述,遇到难处,立刻又把世界说成并非存在者。

尤其说到此在与世界的关系。此在是存在者,然而,海德格尔却不把它写成 das Da-Seiende 或 das in-der-Welt-Seiende,而主要写成 das Dasein 和 In-der-Welt-sein。通过这个文字游戏,此在即在世界之中存在(或曰它是在世界之中的一种存在者,das Dasein ist in der Welt, oder das Dasein ist das in-der-Welt-Seiende),又是在世界之中存在本身(das Dasein ist das In-der-Welt-sein)。按前一种指示,世界包含此在,按后一种,此在包含世界。最后,按照我们语言的通常设置,人和世界是两个独立的概念,因此可以谈论人与世界的"关系"。于是,在这个不断变换布景的舞台上,我们发现海德格尔毫不费力地描述此在如何在世界之内活动,又毫不费力地证明世界当作此在的一个环节,最后,他还允许我们谈论此在和世界的渗透和互相促动。

在我看,语言在何种意义上是工具而在何种意义上不只是工具,是一个很有意趣的课题。至于语言究竟是存在者还是存在,就像"言说"是一个名词还是一个动词一样,颇为无趣。在存在和存在者之间有什么存在论差别呢?差别在于形形色色的存在方式之间。

海德格尔后来表明,言词不是存在者,它甚至不是存在,它"给出存在"。①

> 把话语(Rede)说出来即成为语言(Sprache)。因为在(语言)这一言词整体中话语自有它"世界的"存在,于是,言词整体就成为世内存在者,像上手事物那样摆在面前。语言可以拆碎成现成的言词物。②

海德格尔一向不喜欢 Sprache 这个词。这个词来自 sprechen(说话),而"说话"离海德格尔所欲探索的东西相当远了。他所欲探索的是 logos,逻各斯,道。不是我们瞎说八道造成了道的基础;道在先,规定了我们能这样说而不能那样说,这样说就成话,那样说就"不像话"。《存在与时间》用 Rede 来翻译 logos,所以海德格尔会下结论说:Die Hinausgesprochenheit der Rede ist die Sprache(把话语说出来就是语言)。

海德格尔一直想在言说现象里分出两个层次来,一个较深的层次是 logos, Rede, Sage,另一个是凡人说的语言。而标志着言说特征的分环勾连(artikulieren)应该归于哪个层次呢?既然他选用 Rede 或话语来标示那个较深的层次,分环勾连就必然在那里就发

---

① Heidegger, "Das Wesen der Sprache", S. 195.
② Heidegger, *Sein und Zeit*, S. 161.

生了。然而，如果此在的源始开展即情感和领会已经是分环勾连的，那我们就无须乎在这两者之外再加上"话语"这第三种开展方式。但若情感和领会是笼统的而非分环勾连的，"话语"就必须被认作是比这两者较少源始性的形态。《存在与时间》始终没有理清这些关系。

读到后面"语言可以拆碎成现成的言词物"这几句话，我们会了解，海德格尔把说话和语言看得位卑一等。这和他尊源头贬后生的一般倾向相适配。这种倾向在很多课题上导致扭曲的阐述，例如引导他把西方思想史描述为一连串的堕落，既落入整体论的圈套，又在多种细节上不能自圆其说。在这里，这种倾向使得海德格尔盲然无视这个课题中最困难同时也是最有意义的部分，即阐明笼统的存在之领会如何在说话的过程中分化成环节却又得以勾连。如果人的言说不具有这种积极意义，我们根本就不能理解逻各斯为什么需要道说。海德格尔再三声称，存在需要人，语言需要人，但是在他的思想脉络里，我们始终不知道为什么需要，因为他始终不去留意"世界的"或"世俗的"语言具有何种建设性意义。

> 精纯的和粗俗的，一样都是说出来的话。言词就其本身永不能直接担保它是本质之言而不是赝品。相反，本质的言词因其单纯而往往看上去像是非本质的东西。另一方面，看上去装扮得深富本质的东西，却反又是道听途说。①

---

① Heidegger, *Erläuterungen zu Hölderlins Dichtung*, S.37.

语言若要被听懂，就得是通用的语言。海德格尔也把这说成是从神的声音转变为凡人的声音。这一事的结果使语言经历到一种基本的危险：人人都讲话，但鲜有所说。

这里我们可以看出海德格尔看待语言现象的大致思路：语言现象根源于 logos、Rede 或道，道并不属于人，它在人的道说中形成语言，这个过程像是从活生生的此在降格为上手事物乃至进一步降格为现成事物。

无论真言空言，一旦道出就变成了现成事物，那么，我们又怎么区别本真之言和学舌之言呢？这在海德格尔那里始终是个难题，应对之方不过一些泛泛之论。他承认，我们只能在所说的东西里寻找 logos，我们必须学会倾听，让已经结晶在所说之中的"道"重新开口说话。

人们经常设想，每个人首先都有某种独特的内心感受，然后在寻找公共语言表达这种感受的过程里，我们不得不迁就语词的通用含义，只有一种"平均理解"在我们之间流传。所以人们常感慨说真正独特的东西从来表达不出来，总是留在每个人自己的心里。但是另外一方面，我们也知道，并非每个幼儿早有了自己独特的心灵，然后在学习语言的过程里慢慢磨掉了这种独特。"说话的时候，所说的语言已经包含有一种平均的可理解性。……人们的意思总是同样的，那是因为人们共同地在同样的平均性中领会所说的事情。"[①]

"平均"在海德格尔那里总带有明显的贬义。而且他经常留给我们这样的印象：最初的东西是独特的、本真的，然后在社会交往

---

① Heidegger, *Sein und Zeit*, S.168.

中变得平均而庸俗。不过,"最初"和"然后"这样的词,平时说话不经意地经常用着,细考察起来却十分繁难,而海德格尔自定的哲学任务之一,就是考察"时间",包括考察"首先"、"然后"等。一方面,他认为人"首先"就以常人的身份在世,通过畏之类的感悟才"个体化",进入本真生存。但另一方面,"本真"这个词,就已经表明它是本,它在先。

语言理解究竟从平均到独特抑或从独特到平均,就像本真与非本真哪个在先一样,是一个高度辩证的问题。在我看,海德格尔通常只是利用这种辩证性质,有时依一个方面立论,有时则依另一方面立论,而不曾阐明这一难题的内部结构。在这一点上,他的工作远不如维特根斯坦关于"私有语言"的讨论富有成效。关键之点在于,海德格尔总是从负面来阐释开口说话,仿佛这一过程只是造就现成性。这同上面讲到的流俗语言理解一样,我们乃至不明白,既然明知道独特的东西是讲不出来的,我们为什么不把它保留在心里,而非要尝试把它讲出来。

> 保护……那些最基本词汇的力量,免受平庸的理解之害,这归根到底就是哲学的事业。①

语言危及它自身最内在的东西:本真地言说。对此,海德格尔提出要爱护语言,保护语言。

可是,海德格尔用来保持基本词汇力量的办法里,有一个十

---

① Heidegger, *Sein und Zeit*, S.220.

分奇特，那就是反复使用这些词汇，Sein 啊，Ereignis 啊，乃至无页无之，无句无之。谎言说上千遍，也许会让人听上去像真理，但基本词汇的力量似乎相反，按语言学的常识，使用频度越高的语汇，其含义越贫弱。这一点，海德格尔自己似乎明了，前文说到他不喜欢 Sprache 这个词，他先选中 Rede 来翻译 logos，后来则选中 Sage，但他并不常使用 Sage 这个词，并明白表示，这是为了保护这个词免受泛滥之苦。那么，我又不大能理解为什么像 Sein、Ereignis 这样的关键词，他那样反复使用，把 Sein 用得多了，又在这个词上打个叉子。此种反复使用，或用了以后打个叉子，在我看，于事无补而有害，绝算不得爱护语言。再依愚见，他的整个叙述方式都有不够爱护语言之嫌。不过，讨论海德格尔的语言特点是一个超级大课题，这里只能打住。

我绝不否认，海德格尔的语言方式具有强大的力量，而且这种力量中有一大部分来自与当代格式化语言方式的对抗。

语言自己说话（Die Sprache spricht）。[①]

海德格尔首先不是把语言理解为开口说话而是理解为说话的根据，说话的道理。言中之物，言中之理，是为道。道是说、说道，更是道路，事物的理路。在海德格尔那里，语言一开始就首先和存在连在一起，也因此，在此在生存论的框架内很难展开他的语言思考。而在后期学说里，语言首先是存在之言，语言自己说话。这一

---

① Heidegger, *Unterwegs zur Sprache*, S.12.

思路颇多深意，极富启发，我在别处稍有论及。① 这里则愿提出这一思路包含的两个难点。

其一，如果语言自己就会说话，我们就不知我们凡人能对语言做出何种贡献。在海德格尔那里，存在之言那样自足，我们简直看不出为什么还需要人的言说，哪怕那是诗人的言说，可是他偏偏又主张，语言只在人的此在中才有其"真正的演历"。海德格尔表示，语言需要凡人的言说，才能够以形于音声从而达于凡人的聆听。"语言的本质存在需要凡人的言说，以形于音声而达于凡人的聆听。"但语言非要达乎人的聆听干吗？这里的困难与海德格尔中晚期的总体困难是一致的：他中晚期强调存在的优先性和自足性，因此很难说明为什么"存在需要人"。

其二，让我们承认语言本身的优先性和独立性，承认"凡人的言说以语言的言说为度"，然而，人的言说又如何从语言的言说发生？海德格尔当然想到了这里。他问："难道语言是某种和我们的说相分离的东西吗——必须架设桥梁始能通达？……我们难道不是在冒险把语言推高成为某种虚幻的自在的本质存在？语言却无可否认地始终和人的说维系在一起。当然；然而是何种方式的维系呢？……语言需要人的说，但语言仍然不是由我们说话这样一种活动所能控制所能制造的东西。……也许寻找语言的根据之时，我们的追问恰恰错过了语言本质。"② 然而，海德格尔只说明了，语言的本质自身似乎从不形诸言词，从来拒绝在我们关于语言的议论中形

---

① 参见拙文《海德格尔论语言》，载徐友渔等，《语言与哲学——当代英美与德法传统比较研究》，生活·读书·新知三联书店1996年版。

② Heidegger, "Der Weg zur Sprache", S. 255.

成本质的语言，但他却仍然没有正面说明人的言说如何从语言的言说发生。海德格尔回答说，这种守身自在恰恰是语言的本质所在，本质的语言在守身自在中言说。奇怪，诚然；但却是本质说话的唯一方式。所以，所要做的实在恰恰不是关于语言有所议论，而是要经验语言。

  诗活动在说的元素中，思也一样。当我们沉思诗，就发现自己已处在思活动于其中的元素中。[①]

  海德格尔特别注重诗思比邻，注重诗人和哲人的对话。然而据我看，诗和哲学的关系在海德格尔那里远远没有澄清。一方面，他提出"思就是为诗"[②]，另一方面，他又断称思和诗有着最不相同的言说方式。[③]谈到诗思同源，他总是振振有辞；至于思和诗的言说方式究竟如何最不相同，他从始至终不曾为我们提供具体的说明。稍涉具体，往往自相矛盾。

  很大程度是在海德格尔的影响之下，现今广泛流行的见解反对概念思维，提倡诗化哲学。然而，海德格尔不曾明确阐述诗化语言和概念语言的区别，因此，除了一种倾向，我们很难从海德格尔的哲学论述中了解概念语言的特征，从而也无法断定，离开了概念语言，思究竟还有没有自己独立的言说方式。实际上那些主张诗化哲

[①] Heidegger, *Unterwegs zur Sprache*, S.188.
[②] Heidegger, "Der Spruch des Anaximander", *Holzwege*, S.328.
[③] Heidegger, "Zwischen beiden besteht eine Kluft" etc., *Was ist das-die Philosophie?*, S.30.

学反对概念思维的论者还一直不曾对我们讲清楚什么样的思维是概念思维。不过,海德格尔中后期的写作本身的确在探索一种新的表述方式,也许我们可以从这种表述实践中整理出某种非概念思维的特征。如果概念思维就是现今哲学杂志上所发表的文章的写作格式,我当然很乐于一起反对。特别值得一提的是,在海德格尔克服传统形而上学的努力中,澄清诗和思的关系却是至关紧要的。语言不是思想的外在形式,克服形而上学包括克服传统的概念语言。

关于语言的议论几乎不可避免地会把语言弄成对象。[①]

人说话已经是第二层的了,再把语言作为对象来说更等而下之。那么,我们干脆就不议论语言了吧。海德格尔回答说:决不;我们必须不懈地致力于这种说。当然,我们所说的绝不能塞到科学论文的形式里去,不能凌驾在语言之上。其实这就不再是一种关于语言的说,而是从语言而来并回到语言中去,于是也就是一场对话。不是关于语言的对话,而是来自语言本质的对话。话虽如此说,怎样区别关于语言的言说和来自语言的言说仍不大清楚。

不用名号,在公众间就寸步难行。[②]

他精心选择关键词,又不断割弃,其中包括 Ontologie(存在

[①] Heidegger, *Unterwegs zur Sprache*, S.149.
[②] Ibid., S.121.

论），Phenomenologie（现象学），Grund（根据），Hermeneutik（解释学）这些他先前最钟爱的语汇。就连 Sein 这个名号也依然是形而上学的遗产。海德格尔说，如果可能，他本希望任他的思想道路保持在无名之中，可惜在公众间没个名号就寸步难行。

据说维特根斯坦认为海德格尔一直在努力说出不可说的东西。维氏自己的建议是，不可说的，我们就对之保持沉默。他自己也没做到这一点，他写了一本薄薄的然而却分量很重的书，把不可说的东西说了一遍，那劲头仿佛他是做此徒劳努力的最后一人。这有点太霸道了，无论那东西到底可说不可说，你只要说了，就得容许别人也来说，即使你不说，也挡不住别人来说。

我们为什么不愿把自己的思想道路保持在无名之中？一个人不说话，你怎么知道他是有所谓而沉默还是没的可说？好，一个人出门穿反了衣服，你怎么知道他是漫不经心还是天生弱智？你不知道。我们不是全知的上帝，有些事儿我们永远不知道，有些事儿我们要多看看才知道。没有哪个言词能把语言的本质带向语言，那么，就让它在纷繁众名之中呈现又有何不可？是的，对于不可说的，就必须保持沉默。这话的另外一面是：该说的，就说出来。恰如其分地说出该说的，就是对不可说的保持沉默了。

在语言的本质深处交谈
——海德格尔和维特根斯坦对语言的思考[①]

一般认为西方哲学可以粗分为大陆传统和英美传统,在当代,可以说是现象学解释学和分析哲学语言哲学。就我所见,在本世纪,海德格尔是前一传统最重要的人物,维特根斯坦是后一传统最重要的人物。

这两位哲学家有很多共同之处。他们都出生在1889年。即使不相信生辰八字,这个事实仍可能蛮重要的。例如,共同的时代背景可以部分说明怎么一来他们两个都对语言问题特为关注。维特根斯坦当然从头至尾是一个"语言哲学家"。海德格尔早期哲学就把语言放在一个极重要的地位,后期则把语言视作"存在的家园"。在《语言的本质》一文里,这位存在哲学家甚至会断言"语言给出存在"。无论海维两人的思路相去多么远,我以为他们的哲学仍然具有共同的时代关怀,这一点我们最后将稍加概括。海氏和维氏都是德语作家,一个是德国人,一个是奥地利人。考虑到民族语言对思想的影响,这个事实也不是无足轻重的。维特根斯坦虽然是分析哲学语言哲学的泰斗,而且他的影响在英语世界里比在德语世界法

[①] 本文以《海德格尔与维特根斯坦》为题原载于徐友渔等,《语言与哲学——当代英美与德法传统比较研究》,生活·读书·新知三联书店1996年版。

语世界里要更为广泛,但我们还是看得出他的运思方式和流行的分析哲学往往大相径庭。当然,和海氏不同,维氏从来没说过只有德语适合表达哲学。事实上,人们甚至可以设想,如果认为日常语言有一种共同的逻辑结构(早期)或日常语言挺合适的(晚期),维特根斯坦可能会以为各种语言的效力都是等同的。这两位思想家还有一个特别的共同之处:他们各自的晚期哲学都和早期哲学有很大的差别。维氏在后期鲜明批判了自己早期所持的很多观点,早期和晚期的表述风格更是南辕北辙。海氏有所谓的 Kehre,转折,其前后期的文风也截然不同。不过在他那里,前后期的差异不如在维氏那里突出。本文涉及的,主要是两位哲人后期的思想。

就语言哲学而论,海氏和维氏也有很多相似之处。这从他们所批判的学说来看,最为明显。两个人都反对意义的指称论、观念论、图像论和行为反应论,都反对把真理理解为语句和现实的符合,都反对把语言理解为内在之物的表达,都反对从传统逻辑来理解语言的本质,都不承认逻辑斯蒂语言在任何意义上可以取代自然语言。

从建设方面看,两人的共同之处亦复不少。不过,照这样来比较海维二人,就仿佛他们是两位感想家,对这个问题那个问题表达了这样那样的意见。可实际上我们面对的是两位罕见的哲人,沉浸在思想的事质深处,应答着"存在的无声之音"。所以,找出一些语录来,像这样对照海氏和维氏之同之异,远远够不着这两位哲人的对话。他们可曾对话呢?没有资料表明海氏曾读过维氏,维氏对海氏的评论我也只读到过一处。然而,思想像道路一样,其要旨无非"通达"二字;就事质本身所做的思考,必相互通达,形成对话。只不过,袖手旁听,是听不到这场对话的。要听到海氏维氏的对话,我们自己也必须沉入事质的深处，我们自己必须参与对话。限于功力，更由于对话的本性，下面的讨论无疑会使每一个对话者的思路变形。本来，本文的重点不是介绍这两位思想家，而是希望通过道路的分合，导向我们共同关心的课题。

语言哲学的中心问题是意义问题和语言与现实的关系问题。这两个问题又交缠在一起。以指称论为例：语词的意义即语词所指称的事物；一句话有没有意义，就看这话和所指的事物吻合不吻合。这样，指称论不仅对意义问题有了个交待，而且建立了语言和现实的关系。

指称论虽然简单明了，却远不足以解释形形色色的语言现象。更要命的是，它似乎自身就包含着逻辑上的矛盾。要拿所说的和实际情况比较，我们必须已经知道所说的是什么意思了；于是意义或意思似乎就必须独立于实际情况就能确定，于是意义就变成了一个和现实脱离的自洽的系统。意义的观念论，或粗糙或精致，大致也在这样的思路上打转。观念论即使对意义问题提供了一个说法，谈到语言和现实的关系，却往往大费踌躇，而且同样难逃符合论的陷阱。

人们从多种角度列举出这两大类理论的缺陷。例如，我可以从口袋里掏出一块糖，但掏不出一块糖的意义来。这类批评诚然正当，甚至犀利，但限于否定——就是说，没有提示出新思路。维特根斯坦和海德格尔对这些理论的批判，与此类不同，他们的批判开启新的思路，因而是建设性的。初接触维氏的读者，往往觉得他总在瓦解各种成说而不从事建设。这是误解。诚如海氏维氏同样见识到的，哲学的首要建树，不在于构筑理论，而在于引导思考上路。

海氏和维氏对以往语言学说的批评，不在于发现这些成说中的各种逻辑矛盾。他们从根本上对语言的存在论地位作了重新审视。一上来，语言就不被认作某种在自然之外生活之外反映自然反映生活并和自然生活符合或不符合的符号体系，而是被认作一种活动，和人的其他活动编织在一起的活动。海氏在其早期著作《存在与时间》里就明确提出"语言这一现象在此在的开展这一生存论状态中有其根源"[1]。这始终是海氏看待语言的一条主思路。相同的思路也为维氏所具有，集中体现在"语言游戏"这一提法里。

"语言游戏"这个用语有多重意思，但其中最重要的一条在于强调语言是人类生活的一个有机部分。就此而论，"语言游戏"这个译法不是很好，因为德文词 Spiel 里"活动"的意思相当突出，只从"遵循规则"来理解是不够的。"语言游戏"是"由语言以及那些和语言编织成了一片的活动所组成的整体"[2]。

语言和其他人类活动交织在一起，这本来是语言研究的常识。普通语言学家鲍林杰（Bolinger）观察说，我们坐下、起身、开灯、做工，让我们在做这一切的时候都转动大拇指，将是一件极为荒唐的事情；但所有这些活动都伴随着语言，却是十分正常的。"其他行为都自成一统。而语言却贯穿在所有这些活动之中，几乎从不停止。我们单独学习走路，但我们无法那样来学习语言；语言必须作为其他活动的一部分得到发展。"[3]

---

[1] Heidegger, *Sein und Zeit*, S. 161.

[2] PU，第 7 节。PU 是指 Wittgenstein, *Philosophische Untersuchungen*，引自该书的只注明节数，下同。

[3] D. Bolinger, *Aspects of Language*, Harcourt: Brace and World, Inc., 1968, p.2.

从人的生存情境出发，突出的一点就是承认人类活动包括理解活动在内的有限性和与此相连的历史性。海氏早期不断强调此在的有限性，后期则不断强调存在的历史性。维氏不大喜欢反复使用"有限性"这样的概念，但在他对逻辑主义的批评里突出阐发了人类认识的有限性——不是作为一种缺陷，而是作为认识的必要条件。

我说"逻辑主义"而不说"传统逻辑"，因为维氏并不是在逻辑框架内发现了传统逻辑里有一些错误。他关注的不是逻辑体系在构造上是否完备，而是逻辑主义者从认识论上赋予逻辑像上帝的认识那样一种绝对必然性和绝对正确性。"思想被一个光轮环绕。——逻辑，思想的本质，表现着一种秩序，世界的先验秩序；即世界和思想必定共同具有的种种可能性的秩序。但这种秩序似乎必定是最最简单的。它先于一切经验，必定贯穿一切经验；它自己却不可沾染任何经验的浑浊或不确——它倒必定是最纯粹的晶体。"[①]

维氏当然不否认有合乎逻辑不合乎逻辑之别。张三今年二十李四今年十八，这话可能对可能错。是对是错，要到派出所查了户口本才知道。如果说错，那是事实弄错了。但张三今年二十李四今年十八，所以李四比张三岁数大，这就不合逻辑，不须查户口本就知道这话说错了。

Logik 这个词来源于希腊词 logein，说；不合逻辑就是不合我们的说法，就是违背了语法，从而语言就在空转。据海氏考证，在希腊早期，logos 及其动词形式 logein 既意指"说"，又意指"让某

---

① PU，第97节。

种东西现出"。这两个含义又完全混而为一。就原初情形考虑,任何言说都是让某种东西现出,而任何让某种东西现出的活动也都包含了言说。维氏大概没下过这份考证功夫,但就事论事,他恰恰也提出"说就是让人看"。不合事实,相当于:给我看了一样假东西;不合逻辑,相当于:什么都没给我看,说了等于没说。这样的语句,是另一种意义上的"错误":它合乎教科书上的语法而不合乎真实的语法,它貌似句子而其实不然,就像乔姆斯基编造的那个例子"绿色的想法疯狂沉睡",我们弄不明白它说的是什么,我们无法设想它所"描述"的事态。

但这种词源考据有什么意思呢?拿"语法"代替"逻辑",用"让人看"代替"说",不就是换个说法吗?"换了个说法"这个说法,有时有贬义:不管你叫它什么名字,玫瑰依旧是玫瑰。事情还是那么回事情,只是说法不同而已。如果天下的事情都是孤立的,那么怎么改换说法都没有意思。然而说之为让人看,就在于说让事情在不同的联系里显现。从一个角度看不见的,从另外一个角度就可能看见,从一个角度看不清的,从另外一个角度就可能看清。"语法"和"逻辑"涵盖的,并不相等。但即使两者重叠之处,说是语法还是逻辑,仍可能十分不同。

例如,$a+b=b+a$,以往被视作逻辑命题,维氏则视之为转换表达式的语法句子。$a=a$以往也视作逻辑句子,但它显然不是用来转换表达式的语法句子。那它是个什么句子呢?是个毫无意思的句子,如此而已。[1]

---

[1] PU,第216节。

至于像"每个色块都与它的周界正好吻合","我无法偷走你的牙疼"或"青春意味着生长"这样的句子,时常引起逻辑学家的疑惑。它们不大像是逻辑命题,但若说它们是经验命题,它们却似乎必然为真永恒为真。在维氏看来,"每个色块都与它的周界正好吻合"无非是多多少少经过特殊化了的同一律。"我无法偷走你的牙疼"是"必然真理",是因为"不是一件可以搬动的东西"属于"牙疼"的语法,限制着"牙疼"这一用语的使用方式,而"偷走牙疼"这类说法则违背了我们的语法。如果"牙疼"不仅指称一种感觉,同时也指称扎在牙龈上的细刺,那么我们就可以设法偷走一个人的牙疼了。

维氏通常不像海氏那样用某个词囊括一整套思考,为此甚至不惜改变这个词的通常意义;但他的"语法"却不是语法教科书里的"语法",而是概括维氏建设性思想的主导词。批判逻辑主义,海维二人一样强烈。这种批判所提示的道路呢?不谋而合,海氏恰也是用"语法"这个词来提示的:要真正了解语言,就要"把语法从逻辑里解放出来"[①]。不过,"语法"不是海德格尔哲学里的主导词,探讨哲学语法,探讨逻辑和语法的关系,维氏远比海氏具体而微。

难道"我无法偷走你的牙疼"不是对现实的某种必然关系的描述,而只是一些语法规定吗?难道生长和青春不是现实地联系在一起而只是在语法上联系在一起吗?为什么我偷不走你的牙疼却可以分担你的痛苦?我们要问的却是:我们把什么叫作"牙疼"而把什么叫作"痛苦",我们为什么把这些叫作"生长"把这些叫作"青

[①] Heidegger, *Sein und Zeit*, S. 165.

春"？这些诚然不是逻辑意义上的语法问题；它们是哲学语法问题，就是说，是语词和存在的基本关系问题。生长的确属于青春；也就是说，"青春"就语法而论和"生长"联系在一起。我们把这些而不是那些叫作"青春"，这不是随随便便叫的。我们就不把金属的硬度叫作"青春"。我们的语言应和着存在的无声之音。"本质[①]表达在语法里。"[②]

这一论旨和海氏的基本思想镜映生辉。而且我认为，这一思想海氏比维氏阐发得更为透彻。

海氏通常以"命名"为题来讨论语词和存在的关系。不过他说的"命名"，不是一端有一个现成的对象，另一端有一个词，我们用诸如贴标签之类的方式把语词和事物联系起来。命名拢集物，使物在与他物的关联中显现，从而具有意义。因此，命名不是建立一个对象和一个语词之间的联系。命名建立的是一个语词在语言整体中的位置，这又是说，建立一物在世界中的位置。而一物只有在世界中有一个位置，才能显现。海氏从来就是在这种现象的意义上理解事物之所是或事物之存在的。事物唯通过言词才是其所是而不是其所不是，才就其存在显现出来。"哪里没有语言，哪里就没有存在者的敞开……语言第一次为存在者命名，于是名称把存在者首次携入语词，携入现象。名称根据其存在并指向存在为存在者命名……宣告出存在者以什么身份进入公开场……取缔存在者藏掩退逃于其中的一切混沌迷乱。"[③] 在这个意义上，海氏可以说：语言

---

① Wesen，或译"存在"。

② PU，第371节。

③ Heidegger, "Der Ursprung des Kunstwerks", *Holzwege*, SS.59-60.

给出事物的本质（存在）。在相同的意义上，维氏可以说：本质（存在）表达在语法中。海氏说：本质和存在都在语言中说话。维氏说："语言伸展多远，现实就伸展多远。"这远非"唯语言主义"可以一语了得。海维二人的意思恰恰不是：我们怎么说，现实就成个什么样子。而是：语言里所凝聚的存在是什么样子的，语法是什么样子的，我们就只能那样来述说现实。海氏把这一思想结晶在 Die Sprache spricht（语言自己说话）这一警句里，维氏几乎说得一模一样：Die Sprache spricht fuer sie selbst. 我们首须倾听存在之言始能说话。

就本质言，语言不仅仅是一种工具，语言支配人而不是人支配语言。这一思想在欧洲大陆思想传统中本有其渊源。欧洲语言哲学的开山祖洪堡明言："语言是一个民族的精神而一个民族的精神就是他的语言。"对法国语言哲学深有影响的索绪尔把语言放在言语的前面。海德格尔沿着这一传统，直思到语言极致处的简朴。

海氏一向不从工具性来理解语言的本质。工具改变对象，而语言恰恰一任存在者如其所是。这样想来，他谈的竟不是语言，而是事物。实际上，海氏反复强调，我们无法把语言作为对象来议论。语言有所说，而不被说。那么，我们怎么思考语言的本质呢？逗留在语言之中。逗留在语言之中，就是让语言有所说。言而有物：人在说话，显现的是事物。我说"凤姐也不接茶，也不抬头，只管拨手炉里的灰"，我说的不是言词，我说的是凤姐，说的是拨手炉里的灰，说的是这么个粉面含春威不露的女人。人用种种方式说着，包括通过沉默发言。用言词来说，只是道说的一种突出形式。本真的道说本来是显示，让万物各归其本是，因而，"语言的本质存在恰恰在对自己掉头不顾之际，才愈发使它所显示者得到解放，回归现象的本己之中"①。在适当的(译维氏语)本真的(译海氏语)言说中，言而有物的时候，言词消隐，出场的是事物。我们听到的不是言词而是事情。言而无物，我们才觉得辞藻堆砌，压迫我们，我们才说："Words, words, words!"

语词和对象相应，语词表达对象，这是人的根深蒂固的成见，就像欧几里德空间一样。即使语言哲学家在原则上并不赞同这种成见，在思考具体问题的时候仍然可能经常套用这个模式。从这里看，语言哲学中的很多基本观念，和传统认识论中的很多基本观念一脉相承，无论在指称论里还是在观念论中，意义的符合论差不多就是经过语言哲学改装的认识的反映论。维氏说："一种原始的哲学把名称的全部用法浓缩进了某种关系观念，同时这种关系也就变成了一种神秘的关系。"②海氏遥相呼应：首要的关系不是语词和事物的关系，而是：语词就是事物的关系；"言词把每一物拥入存在并保持在存在里，就此而言，言词本身即是关联"③。

可见，海维所讲的"本真之言"，与符合论里所讲的"真命题"大异其趣。本真或不本真全在于是不是言之有物。凤姐云云，也许本无其事，但满可以言之有物。你到人家做客，进门就说"桌子上摆着一只茶壶四只茶杯"，说得可能完全正确，却又完全不适当。符合论自有逻辑上的矛盾，但那还在其次。更值得提出的，是符合论只注意到现成语句和现成事态是不是吻合，而全然不曾留意语言

---

① Heidegger, "Der Weg zur Spache", *Unterwegs zur Sprache*, S.262.
② Wittgenstein, *Blue and Brown Books*, Oxford: Basil Blackwell, 1958, p.172.
③ Heidegger, "Das Wesen der Sprache", *Unterwegs zur Sprache*, S.176.

的源始意义：语言提供了使现实在其可能性中显现的"逻辑空间"。海氏在《存在与时间》里就把此在对存在的理解和可能性联系在一起并提出"可能性优先于现实性"的思想。维氏也从一开始就已经洞见，语言把世界转变成了一个可能的世界。"在命题里，我们仿佛用试验方法把世界装到一起。"① 这一思想维氏始终保持如仪："我们的眼光似乎必须透过现象：然而，我们的探究面对的不是现象，而是人们所说的现象的可能性。也就是说，我们思索我们关于现象所作的陈述的方式。"② 之所以如此，用维氏的话说，是因为一个命题必须由部分组成，其部分必须能够在其他命题中出现。用海氏的话说，是因为言说和理解是同等源始的，而言就是理解的分成环节互相勾连的结构。这两种说法异曲同工，探入了语言之为语言的机关。正因为在这种源头的意义上来理解语言，海德格尔甚至犹豫还该不该用 Sprache（说，语言）这个词来称谓他所讲的事质，因为 Sprache 毕竟可以意指而且通常也的确意指用现成的语词来述说现成的事物。

言词之可能指称独立的物，本由于事物通过言词才成其为独立之物，并作为独立的存在者拢集他物，与他物关联。这当然不是说，人必须先发明出语言，才能依之把事物分门别类加以勾连加以表述。语言就是事物的区别和勾连。逻辑形式不是在语词和事物之间，仿佛一边是语词一边是事物，共同的逻辑形式作为两者的关系，把两者联系起来。而是：语言就是事物的逻辑形式——语言（命

---

① Wittgenstein, *Notebooks*, Oxford: Basil Blackwell, 1961, p.7.
② PU, 第 90 节。

题、思想)之所以和现实有同样的逻辑形式,因为思想就是现实的逻辑形式。"命题显示现实的逻辑形式。"① 特别当我们考虑到逻辑、Logik、logos 和 logein 本来就是"说""道"——语言就是事物能够被说出来的形式。西方思想中的"Am Anfang war logos"(泰初有道)和中国思想中的"道生万物"一脉相通。

有人以为维氏对意义理论的批判和对生活形式的强调所表达的只是语用学语境学的关注。维氏对用语和语境联系的细致入微的注意迷惑了这些读者。在我看,实情完全相反,维氏对语用学语境学没有任何兴趣。他通过几乎貌似琐碎的细节所考察的恰恰是高度形式化的规范问题。维氏有时也这样提醒读者。有一处,他对灵感现象和遵行规则的现象作出区分之后说,我们在这里关心的不是灵感的经验和遵行规则的经验,而是"灵感"和"遵行规则"的语法。② 的确,如果我们不首先知道应该把哪些行为叫作"遵行规则",我们从哪里开始反省"遵行规则的经验"以及其他一切伴随遵行规则的现象呢? 诚如维氏自断:"我们的考察(始终)是语法性的考察。"③ 其中很大一部分人们从前笼统地称为"逻辑问题"。维氏的方法不单单体现了某种个人风格。这是一种新的哲学思考实践——不再在概念之间滑行,而是在粗糙的地面上寻找路标。

但发现规范,不就是在形形色色的表达后面在语言的历史演变后面发现某种深层的不变的东西吗? 我们不是最终还是要乞灵于逻辑的必然性吗? 规则是给定的,因此是某种先验的东西,我们只

---

① Wittgenstein, *Tractatus Logico-Philosophicus*, 4.121.
② PU,第 232 节。
③ PU,第 90 节。

能遵循。

　　这里我们看到了语法和逻辑的本质区别。语言是给定的，但不是超验的给定而是历史的给定。transzendent, transzendental, a priori 这些术语，在西方哲学史上盘根错节，中文译作"先验的"、"超验的"、"超越的"、"先天的"，等等。这里有一个典型的例子，说明当代中国学术语汇的困境：我们既要了解这些语词背后的西文概念史，又要了解中文译名的由来；如果这些中文语词有日常用法（但愿如此！），我们就还得考虑术语和日常用法的关系。语法也许可以说是先天的甚至是先验的，但怎么说都不是超验的。"先天"这个中文词所说的，虽然是给定的，但绝不是超验的。先天近视的人，不得不把近视作为事实接受下来，但他的近视并不因此比后天的近视多出什么神秘的超验的来源，而且，通过一定的治疗或其他技术手段，先天的近视一样可以纠正，或者，可以改变它带来的后果。我不想把维氏所说的语法和海氏所说的存在之言简化为这样的先天性，我只想说明，要理解这两位哲人，我们必须放弃先验/经验的传统模式。

　　那么，为什么我们的语法是这样而不是那样？为什么我们把"绿"单单用作颜色词而不同时把它用作长度词？把"疼"限制为一种感觉而不同时包括引起这种感觉的东西？这里不是逻辑在起作用吗？是的，如果"疼"一会儿指一种感觉，一会儿指一种颜色，我们的语言的确会变得非常不合逻辑。而这首先是说，我们的语言将是一团混乱，不再是一种适合我们使用的语言。语法的逻辑来自生活的逻辑。语言给予我们的不是一堆事实，而是连同事实把道理一起给了我们。我们的语言如其所是，是有道理的。给定了这些道理，我们必须这么说而不那么说。但并没有什么逻辑必然性迫使我们的语言是这个样子而不能是另一个样子。我们的语言是一种相当合用的有道理的语言，倒要通过自然的源始涌动（海氏），自然史，人类的生活形式，语言和其他人类活动相交织的"语言游戏"（维氏）加以说明。

我们要讲逻辑，但我们更要讲道理。道理不像逻辑那么权威，非此即彼。一段话要么合逻辑要么不合逻辑，却可以很有道理，有些道理，多少有点道理，毫无道理。道理也不如逻辑强悍，你死我活，要是咱俩得出的结果不一样，那至少有一个错了。然而，可能你有道理，我也有道理。中国话像这个样子，自有它的道理；德国话和我们很不一样，却自有德国话的道理。逻辑从天而降，道理却是前人传下来的。当然，海维二人都不承认有一种和其他一切道理都性质不同的逻辑。逻辑也是一种道理，一种极端的道理，一种我们优先承认最后修正的道理。

维氏把语言的本质从逻辑转化为语法，海氏把语言的本质理解为具有历史性的存在之言，两者息息相通。语法和存在是"给定"的，然而，是在历史意义上的给定，而不是在超验的意义上给定。我们不能从先验/经验、分析/综合的模式来理解两人的基本思路。他们和以往提法的区别虽然相当细微，却事关宏旨。

维氏从生活形式和语言游戏来理解语言的规范作用，从有限性来论述"理解"，于是人们很快发现维氏是个"相对主义者"。历史的就是有限的，有限的就是相对的。取消了绝对标准，就只剩下一些相对的标准。然而，若没有绝对牢靠的基地，倘若我们真的追问下去，相对的标准就等于没有标准。好坏对错都是相对的，此亦一是非，彼亦一是非，"归根到底"，也就无所谓好坏对错了。语言果然游戏乎？逻辑果然必然乎？

你说"他强迫我戒酒"成话，我说"他力量我戒酒"就不成话。你告诉我说：我们是用两个词来表示"力量"和"强迫"的，而且一个是名词，一个是动词。你有绝对的根据吗？英语里不是用force这同一个词来表示这两个意思吗？而且它既可以用作名词又可以用作动词。可见用两个词来表示力量和强迫没有必然的逻辑根据。于是，"他力量我戒酒"就没说错；即使错了，不过是相对地错了？

人的认识没有绝对的根据。这话在说什么呢？是说人的认识无所谓对错或"归根到底"无所谓对错？维氏当然不承认，而且把反驳这种相对主义作为其哲学的一项基本任务。是说相对于上帝的全知，人的认识会犯错误？维氏不但承认人会出错，而且把这一点当作其哲学的基石之一。但不是相对于上帝的绝对正确而言。上帝怎么认识的，我们不知道。人出错，简简单单相对于正确的正当的人类认识。我们根据实际使用的语言所提供的规范来判断正误；否则还能根据什么呢？自然语言不是维氏的偏好，而是维氏哲学的奠基处。

历史通过什么把言说的理路传给我们？通过一代一代的言说。在维氏，语法是通过日常交往语言传给我们的。在海氏，存在之言是由思者和诗人承传下来的。在这里，海氏似乎与维氏分道扬镳。海氏从来不喜寻常。常人、常态和常识，都是海氏挖苦的材料。日常的种种话语，集合为Gerede，列为此在沉沦三种基本样式之首。后来他又明确断称"日常语言是精华尽损的诗"。

说到这一区别，我们先须指出，"日常语言"这个用语往往是和不同概念相对待的。与日常语言相对的，可以是术语、科学用语、诗词、神谕和理想语言。维氏谈及日常语言，通常针对的是理想语言，逻辑斯蒂语言。在这一点上，海氏和维氏初无二致，只不过海氏只采用"自然语言"这个用语，不像维氏那样混用"日常语言"和"自然语言"。维氏认为自然语言要由自然史和人类的生活形式来说明，海氏认为自然语言是自然的涌现；维氏认为自然语言是其他符号系统的核心，海氏认为自然语言是语言的本质存在；海维二人都认为自然语言从原则上说是不可能形式化的，逻辑斯蒂语言是堕落而不是进步。另一方面，海氏有所贬抑的"日常语言"通常是和诗对称的。既然维氏不曾把两者对待论述，我们也说不上海维二人在这里有多少分歧。

此外，我还愿意说明，海氏之强调诗，并非出于浪漫主义的遐想，而是海氏从学理上特别强调基本言词的力量和语言的开启作用。

让我们从维氏的一个例子生发出一个新例子来。一种语言里没有"把石板搬过来"这样的结构，我们喊"把石板搬过来"，他们只能喊"石板"，那么他们的"石板"是否和我们的"把石板搬过来"相当呢？他们到我们这里找了份工作，听到"把石板搬过来"的时候，就会像在自己的国度里听到"石板"那样行动。在这个意义上，这两句话的意思是相当的。然而，这时师傅说，"是让你搬过来，不是让你推过来"；本地的学徒会改变搬运的方式，外来的学徒却不知所措了。在这个意义上，"石板"和"把石板搬过来"的意思又不相当。这其实是一个寻常问题。force 和"力量"相当不相当？"Man desires to know by nature" 这句英文和"求知是人的天性"是不是相当？设想这句英文后面跟着"but not woman"。简单说，句子一方面和情境相联系，和句子的"用途"相联系，一方面和借以构成的词汇相联系。单就用途来说，词汇只是句子的材料，只要句子具有同样的用途，使用什么词汇都无所谓；材料消失在用途里。然而在诗里，诗句的意思和选用的词汇却密不可分。套用一句已经变得陈腐的话：艺术是形式和质料的完美结合。我们说，诗就是在翻译中失去的那一部分。什么失去了？用这些特定的语词表达这一特定的整体意义。每种语言都有独特的语词系统。表达"同样的意思"用的是不同的语汇，恰恰是不同语言的不同之处。那么，诗就在把语词结合起来表达意思的同时保持着语词本身的力量。在极端处，诗句的意义完全由其所包含的语词（及其特定联系）规定，而与怎样使用这句诗无关。在这个意义上，诗是"无用"的，不用来传达信息，不用来下命令或恳求。但这不是说诗不起作用。诗的作用在于造就规范，在于揭示语词的意义。按照海德格尔的说法，与制造器物不同，艺术作品不耗用材料，而是使材料本身的色彩和力量突显出来。艺术关心的不是有用，而是让存在者如其所是地显现自身。事物的本然面貌在诗中现象，也就是说，诗从存在的无声之音那里承接下本质的言词，从而才有语言的日常"使用"。那么，我们唯通过诗才学会适当地"使用"语言，用语言来表达思想，传达信息，下达命令。

尽管有这些差异，海维二人的基本趋向仍然是很接近的。日常语言突出了语言的承传，存在之言也是一样的，因为在海德格尔那里，存在始终是历史性的。存在者以何种方式显现，存在者怎么才是存在者怎么才不是存在者，不是一个先验问题，更不是人们可以随心所欲加以决定的。人被抛入其历史性的存在。

的确,尽管海维两人的教育背景思想渊源差别很大,两人的方法风格迥异,但深入他们的根本立论,我们可以感觉到一种共同的关切。我有时称之为对人类生存和认识的有限性的关切:如果逻各斯是历史的承传,我们还有没有绝对可靠的理解?如果意义要从情境加以说明,人生还有没有终极意义?上帝死了,怎么都行了?没有对错善恶之别了?若有,又该由谁由什么来作出最终裁判?一句话,被除了绝对怎样不陷入"相对主义"呢?往大里说,这是我们时代最具普遍性的问题。宗教、道德、艺术、政治甚至科学,都面临相应的挑战。

然而,正如海德格尔最初就指出来的,不管喜欢不喜欢,有限性是现代人必须承担起来的天命。海氏强调存在的有限性、历史性,维氏强调生活形式、语言游戏的自然史。其实,只因为我们是有限的,才会出现意义问题,也只有从有限出发,才能解答意义问题。我们不再从绝对的出发点,用上帝的全知的眼睛来看待世界,而是用人的眼睛来看待世界。

关于记录梦境 ①

11月25日晨梦见大气异象，白天在外面骑车，浓黑如午夜，看表，的确是白天，看天，满天星斗，街上有些行人，皆似惶惶。……在医院里想抄近路，把守楼道口的护士，从前见过面的，这时说，"你值班啊"，我含混应了一声就往里走。护士明白过来，跟过来，我已进了一间屋子，里面的套间起先似男厕所，护士不便跟进来，在外面说，你知道已经禁止这么走了。我说既已到了这里就让我走一回吧。里间这时不似厕所，而似仓房，窄楼梯果然已堆了杂物堵死。护士进来了，和她说起外面的异象，她说，听说是美国一家电视台（制片厂？）四边的墙里有一种什么物质弥散出来了。我好像也这么听说的。一边和她说在外骑车时的异样感受，一边张望。她仍想禁止我从这里走，但不是很坚决。我看见楼面悬空的一侧支着架子，就翻身顺一根细圆柱溜下去了。

在记录梦境时想到，记录梦境和记录一个事件有很大区别。

一，（我和护士的）对话不是通过清晰的语词进行的，而像会

---

① 梦让人着迷，让人困惑。很多很多年，我断断续续记录一些梦境，几次起意做一番系统研究，但始终没有施行。收录在这里的是很多零星笔记中的一则。

心。平时我们通过语词确切知道的,现在游移在各种可能性之间。电视台?制片厂?或别的什么类似的建筑?一种用于电影特别效果的物质?弥散是实验的结果?实验不慎的后果?爆炸的后果?但有时似乎很接近语词表达,例如(今天)你值班啊。

二,场景不断改变,而且没有逻辑线索。例如这个套间忽大忽小,忽似厕所忽似仓房,忽而四面封闭忽而有一面悬空。

三,对象不确定。如果这个套间是一间厕所,我就可以省略很多描述,因为厕所有个模式,我只需描写这间厕所的特别之处。而现在它似乎是一间厕所,我就不得不描写所有的细节,就像向你描写一样我们从没有见过的无法轻易归类的东西。而且它还在不断改变。

(我们把一间屋子叫作"厕所",已经说了不少,即已经给出了不少意义;同理,我们把一棵树叫作"橡树",不也说了不少吗?那就和《论名称》的结论相抵触了。)

四,梦里的行为往往没有明确目的。我为什么要不顾阻拦走进医院,是要走近路吗?这个梦还不算明显。我似乎就是要走近路,护士要阻止我。我们之间的往还比较自然,即比较合乎逻辑。但经常,梦里的行为似乎是盲目的。我们就不得不用最原始的方法来描述行为的一切细节。他准备发言,或去上课,准备发言和去上课是有大致模式的。这里可以明显看到,表达目的的语词不是描述一种心理活动而是给出了行为的很多细节。

(自然和合乎逻辑有亲缘。但自然要比逻辑宽。这样说比较自然,但不这样说不一定不合逻辑。因此自然往往比逻辑更有用。但反过来,自然有时又太宽泛了。)

五，我们通常的描述是有目的的。例如描述一个人以便你能找到他，描述大踏的屋子以表现我朋友的安贫乐道，描述于洋的屋子以表现那是所宫殿、城堡，表现我朋友的成功、气派。由于梦中的很多活动、话语没有意义，至少，我们不知道有什么意义，因此，描述起来就很困难，我们为什么记录这个细节而不记录那个细节呢？

读《读书》

有话则长，无话则短；真能照这句俗话做，不知会让我们少受多少"多语症"的骚扰，纸张紧张的情形也必能大大缓解。

《读书》上精彩文章比例之高，国内刊物首屈一指。但仍有不少文章，搬了好多经典，用了好多不知外国人还是假外国人编造的术语，结果除了教给我们这些术语以外，什么都没说。有些文章，用了十倍的文字来说一分道理，也算十足的差文章；长出了十倍的胖肉，不能说还剩阿波罗的十分之一的美。

"说读书"一栏的文字，就不大会有这些毛病，想必是写的人的确是有要说才提笔，没有端出作文的架势。第九期汕头大学的周可《消解话语的垄断权》一文，对学问中人借洋概念谋取学术权力的时尚加以针砭。我们差不多人人都恨这种时尚，听见他说出来，颇有闻风相悦之感。同期上关多默的《不敢论道》更让人击节叫好。短文里说"物理学的简单……与其说是自然的特点，不如说是理智的特点"，又说，若物理学大一统理论梦想成真，则那一天"我们又可以不必再探索真理，而是可以面对真理"；这样精辟的见解让人觉得必有系统的思考作后盾，读了就生出当面聆教的愿望。

关先生署《沈阳轧钢总厂》，也让人高兴。把深入的思考都集中在学院里，久之难免苍白起来；但现而今离开了学院的确很难进行深入专门的对话。这是当代思想无处无之的尴尬处境。听到学院之外的深思自然就格外让人欣喜。

致 夏 红 信①

夏红：

　　燕齐这次回国，项目在身，间间断断耽在北京。她是个大懒姑娘，从不肯到我们西边来，而我每次进城回月坛，本是看望老爸，此外还有其他杂七杂八的事儿，所以三天两头约，也不过见了几次，有时见面还挺匆忙。见面也无非是说说话。或说争论争论吧。我心里是记着你们嫌我不谦和，可争论是我的本职工作呀，一争论起来还是十分投入，现代艺术是创新还是腐朽啦，自由主义是不是变成虚无主义啦，都是我成天想的事儿，好像活着无非是弄清楚这些问题。一到死活攸关之事，人就开始忘了教养和情趣，记不得应该谦和了。好在人家燕齐大家闺秀，宽宏大度，也不怎么在意我。反倒是觉得见面不多，谈得不太深入。

　　你们两个都说我对人敷衍。怎么回事儿呢？其实我越来越懒得社交，希望和人交往得更实质些。可这也有毛病。因为每个人都有他自己那一份实质，有人最关心的是孩子的教育，有人是围棋、政治或实业。关怀不同，难免觉得别人无聊。你想，我要跟于洋讨

---

　　① 这封信大概写于1995年11月。冯夏红跟我一样是从北大到美国去留学的，不一样的是她后来成绩卓著，在美国名校达特茅斯学院教授古地质学。有一段时间，她常就一些科学领域的最新发展给我启蒙，也乐于跟我一起思辨关于科学的一般问题。

论"动物"算不算一个名称,他该觉得我得神经病了。于是乎,聚会的共同关怀还剩下打哈哈。即使别人接你的话题,也只是一时说说而已。我这哲学行当,看起来是比研究白垩纪生态稍微通俗点儿,但做得久了,也显得怪专门的。在美国,咱英语不行,老觉得交流得不透彻。回到母语来了,还是觉得智性交流太少。从心智上说挺闷的。大概再过个三五十年,习惯了就好了。

其实呢,国内的文化学术还是有点提高的。这点上我和燕齐的感觉不太一样。从哲学这行当说,出版的书比从前的质地要高了不少。从前读半本书可以写上三四本,现在怎么也得读上三四本才敢写一本了。不过,多数有点意思的书还是在介绍西方思想,其中最多零星有点自己的想法。从书店架子上抽出一本《论游戏》或《意志与感情》之类的书,一看作者是中国人,保证不翻开扉页就又塞回去了。从纠正八十年代的虚浮学风来说,如今大家做点踏踏实实的翻译介绍工作未尝不是件好事,但终究还是要直接面对我们的时代我们的心灵,要打开自己的思想空间。

我这些年发表的,也是以介绍为主,主要精力已经转到写自己的东西,不过发表的不多。上封信提到出了本书,《海德格尔哲学概论》,挺畅销。还有维特根斯坦的一本译著等着出版。出了些文章,有学术的也有随感之类,可惜写的大多数比较专门,你不会爱读的。有一份81年的游记,陆续在《西藏旅游》发表。申萱那儿有,你要是感兴趣可以让她 E-mail 给你。她的电话是……跟朋友一起组织了一个中国现象学学会,去年秋天在南京开了第一次会,今年九月又到合肥开了第二次会。然后第二次进西藏,玩了两个礼拜。和大踏一起去的。有不少出版社和杂志约书约文,不过我很少承应，主要还是写我"卅年磨一剑"的那本书。眼下在准备一篇论文，是明年四月到香港开国际现象学会用的。和燕齐说了，香港会议之后想到美国走一遭，能的话，待上两三个月。

一天好像也没干什么，但显得忙忙叨叨的。据说越是没事儿的人越显得忙，大概有道理。大型的 party 和郊游好久都没组织过。不过网球一直没断，每周两三次，朋友们也就在网球场上见。我们这一代的人，年轻时候玩倒是没少玩，也的确经验到不少事情，但没有机会做番功业。现在都四十多了，好像要弥补这缺陷似的，个个都挺努力干活儿的。于洋现在一投资什么项目就几百几千万的。另一个朋友魏北凌（你好像也见过），投资一亿，刚建成一个新厂，制造无纺布，引进一条德法意联合制造的生产线；前些日子去参观，那是半夜，还车来车往，干得热火朝天呢。平时在一起打网球，打桥牌，喝酒聊天，哪儿看得出人家指挥着千军万马啊。闲人倒是有一个，对了，还是大踏。一周工作八小时，剩下六天打球、串门、喝酒。一月还是几百块稿费，没饭钱了就谁家蹭一顿去，反正他满北京朋友。不过就连大踏，我看着也像作品越来越多，越来越认真。

听你说情深缘深的话，觉得你还够年轻的。我觉得自己的心态变得挺老的了，只想平安无事就好了。虽然我不大相信你说自己独身独得挺自在的话，猜你身边不知道有几个男朋友，不过你的感想我好像挺有同感的。我自己呢，估计还有五六年精力充沛的日子，希望能集中在工作上，把前面几十年想的做的整理成一两件成品。正如你说，选择了一项肯投入精力的工作不知是不是明智。不过，人生本来无凭据，最好是有人惦着自己，其次是自己有点什么可以惦记着。我们有项专业爱好的，不得上好，至少还可以退而求其次。

解　　道

道可道非常道，
你已道非常道，
我也道非常道。

你道是一道，
我道是一道。
胡说八道也是道，
而且还是八条道。

常道未必常常道，
胡说八道常听到。
胡说八道八条道，
也许无一是通道。

你也道我也道，
全看上道不上道。
不上道常道也白道，

上了道不道也是道。
有了道就上道，
管它常道不常道。

感人、关切、艺术 [1]

　　托尔斯泰在《艺术论》里把艺术归结为感人。这个定义显然有疑问。我在奇尔科廷（Chilcotin）人那里买来一个筐子，摆在组合矮柜上，客人都说它编得很美，很艺术，但我从没见它感动过谁。人们喜欢它。但人们也喜欢打麻将，喜欢奶油蛋糕。当然，我们可以不承认编得很艺术的筐子真的可以叫作艺术或艺术品，我们也可能发现这筐子中吸引我们的东西隐隐约约是有感人之处。这且不去深究；这个定义的疑问主要来自另一个方面：舍己救人是感人的，但舍己救人并不因此成为艺术。

　　不过，我们还是愿意追随巨人走出来的道路，即使这条路哪里稍有偏差。巨人的眼界高而广，只要我们不限于亦步亦趋，那么在巨人所领的方向上，我们多半会发现奇美的景观。侏儒看不出三步之外，即使他没走错路，也不会把我们引到哪儿。所以，我们还是愿意在前贤指引的方向上稍事摸索，在艺术和感人之间稍事停留。

　　我们经常受到感动。大到青年人为理想捐躯，小到母亲的眼

---

[1] 本文据 1996 年 9 月 16 日于浙江美院（即现在的中国美院）的讲演修改，首发于《天涯》1996 年第 6 期。

光、快乐或忧伤。

你的行为举止感动我，因为我和你怀有共同的关切。你勇敢临阵，我受到感动。我们原是并肩作战的战友，生死相托。如果我根本反对这场战争，原被强迫入伍，我可能觉得像你那样子冲锋陷阵，简直傻冒。当然，即使这样，我仍然可能被你的勇敢感动。我的感动来自另一层次上的共同关切，超出这场战争之外。有人说，有一些行为品质，如勇敢和诚实，具有超越一切实际关切的价值，无论我们身处何方，都会为之感动。这里的争论也许只是字面上的，因为在我看，"关切"这个词指的总是实际切身之事。"祖国"这个观念可以十分抽象，但它也会成为非常实际的关切，实际到让人舍家撇业，更不说工资奖金这些实际关切了。唯因为它可以是非常实际的，人们才能没事儿拿它来空谈。关切总是以它有多实际来衡量的。对超越性质的价值的关切也一样。

感人的不仅基于共同关切，而且它也增益和培育共同关切。我本来不大关心邻人。但我碰到难处，你总伸出援手，久而久之，我培育起了帮助邻人的热心。

英勇和善良感人，讲述英勇和善良也可以感人。你从激战之处来，目睹英勇行动，激动不已，迫不及待地讲给我们听。你讲述的事情感人。甚至讲述本身也感人。不在于你讲得艺术。差不多正好相反：我们不在乎你由于激动而没有把要讲的事情讲得足够清楚。你身处英勇战斗的环围，从而具有感人的力量。你作为事中人感动我们。

事过之后，你平静下来，原原本本把英勇行动讲给远离现场的我们听。你不再是感人场景的一部分，感人力量端来自所讲述的事情。非必激动不已才能感人。你刚刚离开英勇献身的战士,讲得声泪俱下。事隔多年,你经常讲到这番英勇事迹,每次都声泪俱下语无伦次,不是有点奇怪吗?让我们感动的方式有无数种,但它必须是"自然的"。只有已经变得矫揉造作的灵魂才会被矫揉造作的方式"感动"。

你自己并不富裕却解囊帮助另一个穷人,会感动我们。感动我们的是你的真实关切,对那个穷人的关切。若我们得知你这样做,目的就在感动我们,我们的感动会大打折扣,我们可能根本不感动,我们可能反而生出反感。你的善良感动我们。但你不是为了感动我们才善良。只有自身具有真实关切的行为,才可能感动我们。

意在感动我们的行为不再感人。一个人怎么会平白无故要感动我们呢?除非他别有所图。如果你确切了解到,我经常帮助你的孩子,目的是要感动你,从你那里谋取一个职位,你当然不会感动。因为这里没有对孩子的真实关切。我想谋取职位,而这不是你我的共同关切,最多我们会在这一点上互相利用。

有人可能会说,无论他的目的是什么,帮助孩子这个事实并没有变。不然。我们从来不孤立地看待一种行为。我们说到"目的",也不指行为者的心理活动,而指他的这个行动和其他行为举止的联系。

感人的行为不可以意在感人。然而,讲述英雄的故事,目的总是感动我们吧?出于这个目的,讲述者使用艺术手法,有所增删有所虚构。艺术的目的在于使人感动。技术和艺术的区别在于两者的目的不同。为了感动人服务的技术就是艺术。

只有在贬义上，感人才会成为目的。艺术也是人的行为，它从哪里获取特权？意在动人的艺术不再动人。这个根本之点当然不会逃过托尔斯泰的眼睛："观众、读者和听众一旦感觉到作者的写作、歌唱和演奏……是为了他们——为了感受者……那么就会产生一种反感。"①

这倒不是说，讲故事的人预料不到我们会被感动。我抽烟，并且知道抽烟会引起咳嗽，但我仍然不是为了咳嗽才抽烟。你帮助我，你知道我会感谢你，从这里却推论不出，你一定为了我会感谢才帮助我。在很多事情上，我们不被目的领着走，而被爱护、关心、癖好和恶习推着走。如果我们不曾堕入目的手段的行为本体论，这原是明明白白的。并非任何行为都为目的规定，也非任何有意的行为都为目的规定。感人从来不可能是目的。所谓把感人变成目的，无异于说把感人变成手段，像大多数宣传和广告那样。宣传和广告本来不是什么坏东西。广告可以把所要介绍的产品介绍清楚。但它常常动用感人的手段，于是变成了坏东西。

我们从本性上抗拒感动我们的企图。我们不"要"被感动，这是我们能被感动的先决条件。为了感动人而做点什么让人厌恶，为了被感动而做点什么一样让人丧气。我们能追求刺激，我们无法追求感动。使我感动和使我受到刺激稍有不同。

真的没有人追求感动吗？难道你不曾见过男女老少要出门去看一场内容悲惨的演出，兴致冲冲备足了手绢。是的，他们准备好

---

① 托尔斯泰，《艺术论》，丰陈宝译，人民文学出版社1958年版，第150页。

了大受感动。是的,人什么都可以追求。渥伦斯基追求卓越,追求安娜。他都失败了。所以格里高利什么都不追求,他爱、他恨、他生活、他战斗。你也可以不追求安娜而追逐女人。你可以把什么都当作刺激来追求。那还有谁挡得住你追求感动。

我们因为怀有某种目的而行动。我们也因为怀有某种关切而行动。这岂不提示出关切本来就是一个目的吗?

我们有时被领着走,有时被推着走,有时就那么走着。目的在前面引导我们。还在起作用的目的总是未完成的目的。未完成既然是目的的明确规定,就不必再说"潜在目的"了,除非我们是在一种极为寻常的意义上这样说:别有用心。"内在目的"也不是一个良好的用语。不过,黑格尔所说的内在目的,的确接近于我们所说的关切、关心,因为他说内在目的无所谓完成不完成,它在,它就完成了。这正好是关切的特点。目的在前面引导我们因而可以是未完成的,冲动在后面推动我们因而可能受阻,而关心就在当前,能做的时候就去做,不能做的时候就惦念。

我当然关心我的目的,关心它的实现,因此也关心实现它的手段。然而我也可以关心他人的目的,他人的做法。我也可以没什么目的却有关心。他关心母亲的墓地,每个月都去打扫。我们设置目的,却不设置关切。关怀生长起来。并非说,关切是盲目的,而只是说,我们不从目的性方面来规定关切。

我可以目的明确,却不明白什么是正确的手段。你我合伙做买卖,目的是要挣钱,有一桩买卖,你想做,我不想做,你证明了做这桩买卖合算，最终把我说服了。你可以有十种办法说服我，没有一种需要感人。

我可能没有明确的目的，而你说服我设置一项目的。其实，你劝说我同意做的那桩买卖，说是手段还是目的，本来只是角度不同。为目的而设置手段，这个手段本身又需要手段，于是它成了目的。人们骄傲地宣称这里有一种目的和手段的辩证法，而且在这种辩证法里苦苦寻找人生的"最终目的"。

理由可以打动我，但不能感动我。你基于我的既有利益使我改变了计划，但你并没有改变我的关切。只有通过感动才会改变爱与恨、关心与冷漠。感动具有深度。这话的意思是：只有打到深处的，我们才称之为"感动"。同理，关切处在深处。只有受到感动，才可能转变关切，才可能生长出新的关切。你的英勇感动了我，增进了我对我们共同事业的忠诚，增进了我对你的敬佩，增进了我对某项事业和某些人的关切。胆小的变得勇敢了，新的热情生长出来。说服改变了我们所挑选的东西，感动改变我们本身。

感动一定会改变我们吗？詹姆士说道，太太小姐听了歌剧，为穷苦人眼泪汪汪，出门碰上要饭的，赶紧拿手绢捂了鼻子，登上奔驰车扬长而去。我们打哈欠是因为困倦，但我不困倦也可以打哈欠。我们握紧拳头，是准备狠狠一击，但我根本没打算出击也可以晃拳头。太太小姐不改变什么，但受到感动，在包厢里流眼泪。她伪装感动吗？伪装总是装给别人看的。但她深夜里独宿闺房，读《苦儿流浪记》读得泪流满面。伪装只是不真实的一种。由于这种形式比较简单，我们会经常用它作范式来说明不真实。虚伪未必装给别人看，它可以在血管里流动。有人流泪，既不是伪装，却也不曾真被感动，这我们见得多了，简简单单说那人爱哭。也许我们该说感而不动。只不过，"感"本来含有"动"，所以感而不动，就不该说是真有所感。我们也许可以界定某种"纯粹的心理感受"，像个小小的黑洞，只受不出。只不过须记住，感动并不是由纯粹的心理感受加上行动合成的。因感而动是常态，纯粹的心理感受是感动的一种残缺形式。在当代的都市生活中，我们深怀关切的事情那么少，制造感动的动机又那么丰富，乃至于感而不动成了常态。假使语词没有历史，我们简直就要说，卡拉OK里的歌词才是真正"感人"的，而那些改变我们生活方式的事情，倒是感人的一种变式，是在纯粹感情之外又加上了点见诸行为的变动。

你爱小动物，我有相当的把握认为你是个慈爱的父亲。你迷莫扎特，我有相当的把握认为你不是个刽子手。然而，我只能有相当把握，我不能断定。一个儒雅的日本将军从百般抚爱的小孙子身边转过身来，向下属指示怎样屠杀手无寸铁的中国平民。四个法西斯军官像捕杀耗子一样射击地窖里的犹太人，然后回到宿营地奏起莫扎特的美丽的四重奏。没有哪条定律阻止这样的事情发生。然而，这不可置信，这难以置信。这几乎违背逻辑。

我们的各种关怀之间是有联系的。但别一下子断定，我们关心的事情是一个统一的整体。爱小动物和爱孩子是有某种共同之处。但它们没有必然的联系。"必然"这个词已经被数理逻辑和力学抢走了。那么，它们该有一种或然的联系啦？它们有很高的正相关系数？竟有人认为模糊数学和概率论表征自然科学终于向人文领域退让了一步。它们是在进一步侵夺心灵的领地。社会科学变得越科学，它的方法论越完善，它就离心灵越远。

爱护幼儿和屠杀平民互相矛盾。矛盾是对人类心智的挑战，它要求解答，呼唤解决。我们这么说，本来没什么错。然而今天，自然科学——更确切地当然该说"不自然的"科学——统治了我们的思想的今天，我们怎样聆听这种说法？逻辑不再努力贯通人生的各种基本关怀，它正忙着建立五花八门的符号学。矛盾不再是对健康心智的挑战，它不过是哪个公式里出现了差错。为了深入了解人心的矛盾，我们指望社会学提供更多的统计数据，仿佛四个军官屠杀犹太人之后去演奏莫扎特还不够我们思考。如果不满于社会学所提供的或然联系，我们还有精神分析呢。它会提供具有科学根据的解答，在演奏莫扎特和屠杀犹太人之间建立必然联系。

托尔斯泰明言，科学要求认识的统一，艺术要求感情的统一。是的，正如人类认识不断面对矛盾并努力建立统一，人也始终面对感情和关切的矛盾并努力建设统一的精神世界，只不过在这里，矛盾来得愈加错综复杂，融会贯通愈加艰巨。当然，融会贯通带来的"快感"就愈加深邃基本。谁面对心灵的矛盾？谁建设精神世界的一统？我们后来称之为"艺术"的那种人类活动。然而，艺术已经奄奄一息，虽然艺术家还在活动——他们正扛着他们的艺术产品在外国使馆门口游弋。

人生的基本关怀，欢乐与忧愁的统一，爱与爱的矛盾，这是一个久已遗忘的领域。最聪明的头脑都去做股票生意和基因分析了。一个歌颂天真的青年怎么会用斧头砍杀他的妻子，一个性情高傲的女人怎么会流落烟花，没有谁还把这些当作对人类心智的挑战接受下来。这些不过是些生活琐事，最多让记者们热闹一番而已。我们对这些现象熟视无睹，却还在研究美学，研究艺术，研究逻辑。

逻辑，从它的高贵出身来看，旨在建立对世界的统一认识。不是靠把不合逻辑的现象砍掉。对矛盾掉头不顾，留下的当然是统一。然而，只有我们不合逻辑的，哪儿有世界不合逻辑的？正是在矛盾的现象面前，逻辑必须扩大自己的眼界，变换自己的视角，让那些隐匿的环节浮现出来，让整个现象呈现原形。

我们建造了数不清的炼油厂，但谁也没有发明过提纯感情的设施。也许有些感情会像油滴那样漂在生活的海面上。但感情愈真实，就愈深愈密地绞缠在责任、生计和欲望的一团乱麻之中。良心和纪律孰先孰后？亲情和博爱是否兼容？自然是我们的母亲还是我们的奴隶？没有任何推理能够提供解答。我们急需心灵的逻辑学。它身怀关切来认识，梳理种种关切的盘根错节。一个歌颂天真的诗人向妻子举起斧头是一幅荒谬的图画，画面上一定多出了什么，或缺少些什么。谁能为我们提供完整的图画？谁来洞见真诚下的虚伪，虚伪中的无奈？谁摆明爱与爱的冲突，并指点出路？谁为心灵的困惑求解？曾经常被称为"艺术"的人类活动。那岂是心无所系游手好闲之徒所能成就的？这些活动曾召唤科学家的智力，苦行僧的赤诚，探险家的勇敢，隐者的高洁。非此就无能在这个领域里做出成就。这种活动可以取消，但无法替代。你要我们保护自然吗？如果我们不是热爱大自然的人，如果我们不变成热爱大自然的人，我们怎么会保护自然？你可以说服我们，为了更有效地掠夺自然，我们必须放慢掠夺的速度。掠夺者的寿命可能延长了一千年，但他还是掠夺者。一万种理由也无法让我们热爱自然。只有热爱自然的人通过他的行为，只有理解人和自然的深邃联系的人通过他的艺术，能让我们热爱自然。艺术曾经充满理解，远不是低能儿特有的自娱。回头看看我们今天的作品，智性的光华流失殆尽，还剩下什么——一点儿温馨；噢，有时还有一点儿吊诡。

没有不食人间烟火的艺术家。他生活在我们的关切之中。由于天职的敏感，他比我们更不安于各种感情的冲突。他关切得更深更广，也更为统一。

那种被称作"艺术"的事业，像所有重要的事业一样，要求健全的头脑和人格。那不是一个稀奇古怪的领域。它从我们的日常生活生长出来，并始终和我们的日常生活息息相关。你教我物理。你借助于我关于物体的既有知识，把我引向新的公式，新的答案。你向我指明我真正的利益何在。你不能对我的既有利益一无所知，因为你必须借助某些显而易见的利益才能让我明白某些我不明白的利益其实是我的利益。以一种可以类比的方式，你可以把我引导到某种感情——从我已经具有的感情和关切出发，通过我所能承认的方式。艺术从寻常之事出发，感动不期而至，我们因感而动，进入从前对我们陌生的感情。

我们熟悉的世界和陌生骇异的世界接壤。能够找到通向陌生世界的道路，需要智性。能够踏上这条道路，需要勇气。震撼人心的艺术背靠常情，展现出骇异的景象。平庸的作品从常情到常情，一团温馨，无所触动。这样的作品，容易得到公认，容易流行，但不会被人记取，原是当然之事。

非必激动不已才是关切，非必大声疾呼才见真情。鏖战正酣，将军却仍然冷静，这不表明他较少关切。心怀深切关怀的人不见得一脸严肃，或者整日愁眉苦脸。出于关切，可能讲得声泪俱下。出于关切，也可能娓娓道来。在峡谷激腾，在平原缓荡。已经到了平原，还激腾不已，不是很奇怪吗？

这是老生常谈。谁不爱说自己的艺术是真实感情的自然表达？

表现和表达可以是有意的。该同志一向争取入党，表现积极。表达也可以是无意的吗？我们说，落泪是悲伤的表达。那是我们说。落泪人却不表达什么。谁通过流泪表达？谁流泪流给别人看？敏感的诗人大为警惕。他说，我不为读者写作，我为我自己写诗。你不知道诗发表在诗刊上，会有人读到？你不曾希望有人读到它？当着人，你却尽量不流泪。的确，有时候你竟当着人流出泪来。你可能顾不得是否被人看见，但你肯定不曾希望被人看见。眼泪若不是挤出来的，它就不在意它表现了什么，怎样表现。诗人，你真的也不在意吗？你的诗歌像眼泪那样流出来吗？不是为了要让人看，你才完成自己的诗歌吗？是的。

我们对"自然的表达"已经疑问重重，而"真实的感情"同样游移不定。你既有高尚的感情又有低贱的感情。如果你单挑高尚的表达给我们看，是否有点不真实？很好，我把我低贱的也拿出来给你们看。且不说你可能没有那份勇气，就说你有，那算什么勇气？那些低贱的东西，留着自己享用还不够，谁稀罕看？

归根到底，你的感情，高尚也罢，低贱也罢，干我们什么事？我们都知道，一个人喜欢谈论自己的程度，大致和他的无聊程度成正比。还没见到警察和大夫，干吗要谈论自己的借条、床上习惯、写作习惯，自己的失眠和痔疮？艺术怎么就给了我们特权，可以让絮絮不休地谈论自己的感情成了美好事业？流露出来的感情也许会动人，成心把自己的感情表现给别人看，不是只能惹人厌恶吗？当然，惹人厌恶也挡不住暴露癖把自己的感情表现给人看，否则怎么还有惹人厌恶的人呢？不仅如此，这种表现自有市场。因为有人专好窥人隐私，因为我们多多少少都爱窥人隐私。但这些精神病学上的案例，和艺术有什么相干？古典时期，即使自传也只限于心灵的共同关切。今天，诗歌、小说、绘画和散文竞相成为表现，进入了兜卖隐私和收购隐私的市场，这不过表明，从晚期浪漫主义到今天的市场经济，所谓艺术已经堕落到什么程度。幸亏我们还有一点感想化的艺术，感想化的学术，在把隐私"打扫"出来兜卖之前尚在徘徊。

"自然地表达真实的感情"这话并不错。但一个理解力低下的时代，只把随地大小便理解为自然的，只把我自己的东西理解为真实的。这种理解让不入流的才子横行霸市，让诚实的艺术家不知所措。他们只好悲叹艺术没有标准，甚至屈尊附和那类论调。他们甚至不敢想一想，我的不一定真实，随地大小便也不一定自然。

创作之际心里有没有读者，要不要有读者？如果这话问的是艺术家的心理活动，我们对这个问题就毫无兴趣。我们谁会关心达·芬奇在落下画笔的时候心里在想些什么？只有在特定情况下出于特定的目的我们才会琢磨作者的心理。

也许作者潜在地想到了读者？思路仍然指错了方向。读者不是守在前头等待读到作品的一群,等待作者去讨好他们的一群,而是站在后面支持作者的动力。作者从时代汲取灵感。他并不面对读者,而是生活在读者之中,分享他们的关切、感情和逻辑。他向时代关怀的深处多走一步,即使得不到时代的反响,他也仍然属于时代,为他的时代创作。正是在这个意义上,普希金告诫:诗人,请不要关注群众的好恶。

诗不是眼泪,诗人知道有人读到他的作品,诗人关心他表达什么,怎样表达。所以他通过时代可以接受的方式——当然这也是他真实了解的唯一方式——表达时代的共同关切。知道有人看而仍然创作,并非弄虚作假。明知有人看却装作自言自语,那才是弄虚作假。

托尔斯泰为艺术总结了三条标准:"独特、清晰、真挚"[1]。这是形式方面的标准。从内容方面说,艺术传达"前人所体验过以及现代的优秀和进步人物所体验到的一切感情"[2]。

细加领会,艺术的形式特征只有从内容方面来看才有意义。母亲怀念远隔重洋的儿子,每来一封信,必捧读数过,感动落泪。她终于忍不住把这些信拿给她的二三好友读。她们读到的东西,文不成句,细琐凌乱。她们暗暗希望她不要再让她们受这份洋罪,丢开无礼,捧读无味。

只有那些能够引发共同关切的事情才是艺术的题材。这些事

---

[1] 托尔斯泰,《艺术论》,丰陈宝译,人民文学出版社 1958 年版,第 150 页。
[2] 同上书,第 152 页。

情只有通过对大家都有效的机制才能形成为作品。真挚,就是具有真切的关怀。独特,就是这种关怀虽然从我们既有的关怀中生长出来,却还没有成为共同的关怀。只有这种意义上的独特对艺术具有价值。你对自己腰间的小瘤子情有独钟,喔,独特倒也足够独特了。清晰,就是通过对大家都有效的机制成形。

诗人为谁写作?没这么问的。——眼泪为谁流淌?既不为别人,也不为自己。是的,诗人知道有人读到他的作品。知道有人看,未必有意创作给人看。你说话,总是说给别人听,你照样大大方方说就是了,你无须有意说给谁听,也无须因为有谁在场就装腔作势语无伦次。我们从别人的习惯那里学会怎样说话,但我们不必专说别人习惯听到的话。读者教给诗人怎样开始写诗,诗人教给读者怎样读诗。

"句里春风自剪裁,溪山一片画图开。"诗既不是为自己写的,也不是为别人写的。诗自然涌现。

天文学家要观测一颗彗星,最自然的就是走到望远镜前面。莫扎特在钢琴上弹出生命的快乐和临终的弥撒,就像伏尔加纤夫唱起他们的劳动号子一样自然。对我们人类来说,不止生理活动才是自然的。她笑得多么自然——却没有哪种动物会笑。他愤怒地握起拳头,骂将出来——握拳和骂人都是后天习得的。农妇在丰收的田野上歌唱,那是自然,也是艺术。荷马在炉火边吟哦,那是艺术,也是自然。别一提艺术就只想到挂在画廊四壁标着高价的油彩。那是不是艺术,还有待探讨。一个舞姿,一句隽语,随手编织的花环,却是艺术。一笑复一歌,自然在哪里结束?艺术在哪里开始?形立则章成,声发则文成,夫以无识之物,郁然有彩,有心之器,其无文欤？丢勒说，艺术深藏在自然中。这话实在表达了所有伟大艺术家的共同经验。所谓理者，原是玉石的纹路；所谓文者，原是鸟兽的色彩。论理和艺术，到了至极之处，无非是让万物自身的理路和文采现象。艺术家的伟大，因此也无关乎皇室的奖掖，甚至无关乎百万群众来送葬。他像一片春风，所经之处，冰融花放，自己却消逝于无形。荷马、莎士比亚、曹雪芹和科尔乌坰夫，诗人中之最伟大者，只剩下空名，我们不知道他们的生平事迹，甚至不知是否确有其人，这绝不会是偶然的。就像我们每天都见到听到的艺术、一个舞姿、一句隽语、一曲高歌，没有谁去追索作者为谁。曲方终，人已不见。

我们这些俗物，自然不敢望此高远。即使不至于急功近利，难免还想以真正的艺术家之名传世。这也罢了。可是，还是让我们当心艺术。艺术就像一切最珍贵的品质，稍稍脱离自然的肌体，就立刻变得矫揉造作。一种感情可以自然流露。也可以用矫揉造作的方式表达出来。它也用艺术的方式表达出来吗？我们不"用"艺术。我们生活在耕耘收获晨炊晚钟之中，我们也生活在艺术之中。为孩子准备好过冬的衣服，清扫母亲的墓地，劝说，歌唱，伏在显微镜上，写诗。是的，艺术是一种生活形式，是一种自然的生活方式。所以它才可能既是自然的又是艺术的。而且它也必然是艺术的才是自然的，自然的才是艺术的。就像一种思想，必然是真实的才是自然的，自然的才是真切的。

艺术从它诞生之日起就是自然的。因为它是形象，而不是象征。形象的意义就写在形象上，一览无余。形象的意义可深可浅，这只在形象本身塑造得有深有浅。形象不再象征什么，不再有什么隐秘的设置，不再通过神秘的含义来联系具有某种特别信仰的人群。

当然，作品必须通过某种机制成形。所以从悲伤中涌出来的，不是眼泪，而是作品。流泪依赖一种生理机制。作品也通过艺术的机制成形。艺术机制和语言机制一样，唯在传统中定型变化。语言的基本机制只有通过训练才能掌握。感谢传统在这一点上那么明智，它不会把基本机制设计得过于复杂，要我们大半辈子也掌握不了，不给我们留下运用机制的时光。艺术家掌握艺术机制，就像我们这些俗人学说话——我们要学习的只是基本的语言机制，至于话该怎么说，端由要说什么决定。说话人没有义务关心怎样改变语言机制，我好好把要说的话说清楚，语言机制自己知道它会因此产生何种改变。艺术家只学习艺术的基本机制，千奇万态的艺术手法自会应境而生，把太多精力花在艺术上的人，不会成为艺术家。

艺术机制经历生长成形积重的循环。一种艺术形式，只在一个时代允许一大批卓越作品涌现。和姜夔、周邦彦相比，苏辛简直不谙音律，然而苏辛却是词坛盛世。艺术机制像所有体制一样，有自增生的倾向。艺术变得越来越精美，所能容忍的感情也越来越精细易折。到了清代，没有哪个进士举人不通文章辞赋，没有哪个字不饱含典故，那时写就的文言诗词，却只能从文人雅士的小圈子里汲取关切，其为作品，大致只能由文学专家来欣赏了。广阔深厚的关切，则在白话文或半白话文的作品中成形。

奇尔科廷人的筐子编得很美。我把它当作艺术品买了回来。首先，人家都叫它艺术品，我也的确是在艺术品商店买到它的。其次，它很漂亮，据说，漂亮的东西就是艺术品。我把它摆在簇新的组合矮柜上，既表明我曾旅行到遥远的地方，又表明我具有艺术鉴赏力。它是否含蕴什么关怀，它是否有感人之处，这些和我了不相干。是的，那个辽远的世界和我们这些旅游人了不相干。我想，他们也在生活，也在劳动。我们也劳动，我们在装配线上把同一零件装配到同一机壳的同一位置上面，或在电脑屏幕上紧盯着瞬息万变的股票行情。我们也爱美，我们在时装店里挑选今年夏季的国际流行款式，我们出入音乐厅和美术馆。美和劳动没有什么矛盾，它们只是风马牛不相及罢了。在一个辽远的世界里，橡树荫下，围坐着几个中年妇女，手里不停编织着箩筐，嘴里轻轻唱着。轻唱的旋律通过灵巧的双手编织到箩筐的形状里。她们从早到晚劳动，做着累人的活计。然而，劳动不只累人，其中自有愉悦？编筐人的愉悦，用筐人的愉悦？生活从来不是田园诗，但也很少会是不堪忍受的重负。生活世界有它的方方面面，但它却是同一个世界。艺术沟通这方方面面，所以它不仅宜人，而且带着力量——如果我们不只把氢弹的爆破力称作力量。男人从女人手里接过筐子，转动着，微微一笑。他今天要到远处山里去采集果实，但他们生活在同一个世界里。那笑容也许和我在艺术品商店用半价买下这只筐子时的满意笑容不一样？我不知道。我们甚至不知道它是不是艺术品。我们只能遥遥猜想，有一个社会，有一些关怀，他们在关心把筐子卖给旅游者之前，曾关心怎样把筐子编得美丽。

感动是人生至深至极的现象。我们可以通过计算改变世界，但我们只有在感动之中才能改变自己。所以，没有什么比动人更加动人。只有真实的关切会感人。意在动人就不再动人，打算受感动就不再受到感动。所以，只有自然能感动我们，而艺术必须作为自然的一部分才会感动我们。

　　感动不期而至。我们不知道自己会变成什么样子。我们可能变得慷慨大度，也可能变得阴暗猥琐。我们可能变得热爱祖国而爱护异族人，也可能把热爱祖国变成一种激烈而又狭隘的感情，对异族人生出无端的仇视。我们可以像大自然一样朴素畅达，也可以骄奢淫逸，榨取自然侵害天性。我们每一个人——包括我们的艺术家——在为我们大家做出选择。

书 的 长 度

　　风入松书店开张不久，就在京城名列榜首，据说一直日进百十种新书，目不暇给，可喜可贺。然而，翻开一本，摇摇头，翻开另一本，摇摇头。非无好书焉，但要从众多鱼目中挑出一本多少像本书的书，颇费工夫。

　　中国人强于外国人之处寥寥无几，书写得短是一条。《道德经》五千言，《论语》千把行，这且不去说它。《日知录》"以一生精力为之"，写了三十多年，从经史子集到天文地理，用铅字印出来不过一部。就连《说文》那样的辞书，再加上段玉裁的注解阐发，也不过一本。有话则长，无话则短，真能照这句俗话作，不知会让我们少受多少"多语症"的骚扰，纸张紧张的情形也必能大大缓解。

　　书短的好处是明显的：买花钱少；带手脚轻省；读印象深，即使忘了，何妨再读一遍？读一人之余，尚可读别人，特好孔子的人，仍有余力读庄子；读书之余，尚可躬行，尚可游乐，特好读书的人，也不一定非落到皓首穷经的悲惨下场。

　　书当然也不是越短越好。一套详尽的工具书能省却好多套不详尽的。你要是编纂环宇昆虫志，即使浩浩十倍于《资治通鉴》，也没话说。你要是编纂当代中国名作家谱，自然还得再长十倍。自述文字尤其要长，以防漏掉某一次三等奖。电视剧脚本当然越长越好，把男女老少都拴在电视机前，省得他们到街头去危害社会主义文明建设，编剧导演数回更多的人民币，这也符合市场规律。

在我从事的哲学这个行当似乎另当别论。维特根斯坦出版了十万字，编定有意出版的二十万字。咱们怎么一下子比人家多出那么多思想来呢？思想家真需要出全集吗？海德格尔全集印出了好几十本，据说不过其半。弄出七八十卷，给谁读？海德格尔的思想的确重要，但也没重要到我一辈子只读他一个人——除非我在学院里靠海德格尔糊口——同样的话，三五百遍说，忽然，中间有个词换了，叫我们学者挑出来，一篇四五万字的论文有了着落。读思想不再为了思想，读诗不再为了培育诗性。

人生识字烦恼始。要不是入了好读书这魔道，也就没这番抱怨。我们敬爱的作者：为了快提职称，为了多挣稿费，尽管多多写来，但在为喜好你的读者写作时，请把你真正值得一写的，写成一本半本或四分之一本。书小一点，流传的空间会大一点。

未来最好不要由我们决定[1]

学生：陈老师，我们今天是为《学园》文化评论副刊来访谈，所以准备谈些比较轻松的话题。

陈嘉映（以下简称"陈"）：这最好，谁都有腻烦了艰深话题的时候。

学生：首先请您介绍一下个人生平。

陈：我1952年生于上海，普通干部家庭，1958年，父亲到北京筹建轻工业学院，全家迁到北京，我那一年上小学，读到中学二年级，开始了"文化大革命"。"文革"之中故事当然特多，但不算生平。1968年到内蒙古自治区突泉插队，在那儿待了八年，我插队的感受和很多人不一样，我特别喜欢那个地方，那段时光。

学生：为什么呢？

陈：我想首先是因为那个年龄好哇，从十六岁到二十三四岁，可以说是黄金时代吧，那感觉什么都挡不住。1976年回到北京，闲逛了一阵后，1977年恢复高考，我考上北大西语系，读德语专业。那时候可以随便考研究生，没有什么限制，我在1978年5月考上北大外哲所，读了三年，1981年毕业，论文写海德格尔，导师是熊伟先生。

---

[1] 本文由周濂、陈岸瑛根据1997年春季学期对我的一次采访整理成文，以《林中路：一个思想者的文化漫步》为题首发于北大哲学系的内部刊物《学园》1997年7月号上。

毕业后留校，1983年11月出国，在美国宾州州立大学。其间两次回国，长的一次待了将近一年，即使在美国，和国内的联系也挺多，应赵越胜、甘阳的请求，写了《海德格尔哲学概论》，那是1987年、1988年，写了一年多，后来风风雨雨，直到1995年才出版。1990年写好博士论文，题目是《名称、意义与有意义》，论文的部分内容在《中国现象学与哲学评论》上发表过。1992年到欧洲，在那里工作了一年，是社会学方面的一个研究项目，题目是"不同文化背景对自然科学家的影响"。1993年5月回国，重返北大任教至今。

学生：刘小枫曾经称自己是"四五"一代人，您和他应属同一代人。请问作为"四五"一代人，你们拥有怎样的心路历程？

陈：我想我们的生活经历有相似之处，走上学术道路的动因也差不多，那是一个所相信的东西与现实明显冲突的时代，只要不是过分麻木的人就会去思考。在思考之中有人就走上了刨根问底的道路，当时（"文革"后期）喜欢哲学的人特别多。

学生：我们也是因为喜欢刨根问底，最后走上了哲学之路。

陈：我们从小就教给我们相信"资本主义坏，社会主义好"，社会主义人人都劳动，都有饭吃，资本主义那里人们受苦受累受压迫。可是慢慢听说了，那边的人不但没有饿死，而且吃的比我们好穿的比我们好。这就需要一个解释。可以从很多方面来解释，可以从"公正"入手：比如说他们生活的确好，但是社会不公正；或者呢，他们现在好一点，可是前途不好。这时还不算哲学讨论。你接着问：吃好穿好之外还有没有公正？现状好未来不好和现状不好未来好，这二者哪一个更好？这个"好"是超乎时间的还是随着时间改变的？你思考公正、善和时间这些基本概念的关系，可以说，你就徘徊在哲学领域的边界上了。

学生：为什么说还停留在边界上呢？

陈：哲学家爱刨根问底，但比起一个平常爱思考的人，还要多一点：他在形式化方面有训练，把所思考的变成合乎学理的东西。

学生：您在课堂上经常讲到形式化，您能不能在这里简单概括一下这个概念？

陈：要简单概括，一个好办法是从极端的情况来讲。与形式化对应的一个极端是所谓单纯感觉：你觉得什么地方有点不对头，可是不但说不出到底是什么不对头，而且你自己根本不知道是什么不对头，这种感觉、领会像是不具有形式的一团混沌，其中有物，却恍兮惚兮。在形式化这个极端则是自动化，像电脑作业那样，电脑用不着感到什么、理解什么，通过一定的程序，即一定的算法，就能得到一定的结果。

学生：可以认为形式化训练就是学术训练吗？

陈：形式化和学术这两个概念分属于不同的概念领域，不过在我们现在的论题里我可以说学术训练中很大一块是形式化训练。从事学术是挺辛苦的，不像在思想中漫游，一副悠哉闲哉。思想自有思想的乐趣，但乐趣不仅有量上的区别，也有种类上的区别，思想的乐趣和喝茶闲谈的乐趣不是同一种。尤其作博士论文或者写书的时候，除了好书，你还必须去读很多二手材料，你平时不会觉得那些二三手材料多有意思，但掌握这些材料是一种技术训练，也是职业要求。

存在问题首先是一个活生生的问题，引起了……希腊人提出了对存在问题的原初解释。这种解释以种种方式得到重新解释并通过这种种变形至今支配着我们对存在问题的讲法。我们今人欲对存在问题有所论,已摆脱不了历史上的种种解释,已必然活动在这种种"学术讨论"中。而这种种学术工作,都是为了熟悉存在问题在历史解释中的流行途径,以期最终溯流还源,达乎存在问题初腾的境界。

——陈嘉映,《海德格尔哲学概论》*

学生:我们能不能专注于思想,少在那些繁琐的材料中浪费时间呢?

陈:你做技术性工作时要是觉得纯粹是在浪费时间,那你无法从事学术工作,就像一算棋就感到枯燥的人绝对不会成为一个专业棋手。你爱凭感觉说话,那你比较适宜写随笔,不一定要从事哲学探索。我这样的外行,凭感觉落子,最多算个两三着,我下棋只图个消遣,这样"随手"也无所谓,但真正的棋手就不能这样。感觉如果就是最终答案,那当然皆大欢喜,然而经常会这样:你的第一感是在这里落子,算一算却发现不对。再说,经常会你一时感觉该在这里落子,一时感觉该在那里,这时就得算棋。当然,我们不可能一盘棋都算清,不过,该算的地方你不算,能算清的地方你算不清,恐怕你也很难培养出正确的感觉。超人一等的感觉是随着训练一道培养起来的。水平差不多的人那里,有的人算棋更突出,有的感觉格外好,但要是我对马晓春说,我算是算不清楚,可我的感觉

---

* 参见陈嘉映著译作品集第 1 卷《海德格尔哲学概论》,商务印书馆 2023 年版。——编者

和你不一样,那就没什么意思了。

学生:前一段有种说法,说 80 年代有思想没学术,90 年代有学术没思想,您怎么看待这种说法?

陈:前些天《风入松书评》约了几个学生找我座谈,我发现他们把"学术"当作一个反面的词汇。在你们这个年龄,感觉非常活跃,不要因为踏上某一条思路,就把其他感觉都堵塞住。就此而论,我理解那种对学术训练的不耐烦之感,何况当今大学文科里的很多所谓训练不过是对自然科学方法的拙劣模仿,并不是从人文思想本身的形式化要求中生长出来的。学术对于思想,不是附加在外的东西,这是因为,思想需要思想史的依托,我们不能够随便制造出一个概念框架,然后向其中注入力量,思想表达方式的力量蕴藏在这种表达方式本身之中。八十年代,不少闷在那里独自思考了十来年的青年人创制出一个一个的哲学体系,也有拿给我读的,其中有的不乏灵气和认真的思考,但你会有一种落空的感觉,因为所有说法都是他自己编的,没有和具有普遍性的形式编织到一起……

学生:就像哲学领域的私人语言?

陈:有点像。也像一个弓箭手,有些力量,也有些眼力,但是你不知道他在射什么,没有公认的靶子,谁也不知道谁射中了没有,俗话叫"打哪儿瞄哪儿"。我想我多少已经表示,学术不是外在于思想的东西,但最低限度我还可以说,没有充分的学术训练,你很难在学界获得承认,因此也就不大容易进入比较充分的对话。

学生:要成为哲学家,一个人就必须把哲学作为一门"技术"来学习?

陈:"技术"这个词也不是个坏词,与其把哲学当作一套抽象原理的集合，还不如把它看作一些口传心授的技术呢。"哲学家"呢，也不是一个特别好的词，从前在法文里也许好些，与思想家、智者的意思差不多，现在呢，"哲学家"在很大程度上是某个职业的称谓。

学生：您是这样说吗——一方面哲学是外在于我的职业，另一方面则是内在于我的生命，是我立身于世的眼光，甚至血肉？

陈：哲学本身就有双重身份。海德格尔一方面讲"哲学的终结与思的任务"，似乎是把哲学当成思想的僵化、死亡，可是另一方面，他把哲学和希腊连在一起，"哲学讲希腊语"，那口吻可谓怦怦然而向往之。维特根斯坦经常用反感的口吻说到哲学和哲学家，可是同时他的著作几乎都是以"哲学"命名的。这样以双重方式看待哲学，我想不是他们的个人感受，而是哲学本身的性质使然。哲学一端接着我们的基本感受和领会，另一端接着形式化的框架。据罗素回忆，维特根斯坦到剑桥以后经常半夜跑到他家闷头闷脑在他面前踱步，有一次他问："你是在思考逻辑还是你自己的罪孽？"维特根斯坦回答："both"。对维特根斯坦来说，生命之谜和逻辑疑难互为表里。

学生：维特根斯坦在临终前说过一句话："告诉他们，我的一生很幸福。"请问您怎么理解这句话？

陈：我觉得我还是挺懂维特根斯坦这句话的，虽然这个人呢，不是通常所说的幸福的性格——说幸福是种性格，我想这话是对的，而维特根斯坦当然不具备通常意义上的那种幸福的性格。也不是基督教的信仰之类支持他，而是出于对另一种更深的东西的信任。生活中最重要的支持，我们信任它而不是了解它，就像幼儿信赖母亲那样。他一生中对一切都不满意：无论是对自己的思想、别人的思想，还是对社会的现状……我并非说他是个喜欢抱怨的人，

喜欢抱怨的人，不满后面空空的没什么了，而维特根斯坦在一切不满的后面却有一种更深意义上的满足，或者信任吧。

学生：什么是这种更深意义上的满足？

陈：也许"满足"这话不好。"满足"、"幸福"，通常都是说一种状态，其中难免有平板重复令人生倦之处，难怪人们又会觉得幸福平庸而苦难深刻、生动。但是从"幸"这个字看，或者从与之相应的西文看，我们也许可以想象，幸福是一种意外的给予。幸福不是我们挣来的，可以当之无愧去享用。倒过来，既然幸福是一种赐予，它就不求报答，也无法报答，我们无非是心怀感激而已。现在我不愿用"满足"和"不满"这些话，我应该说，那是由感激而生的一种不安。我们在上进的青年那里最容易感觉到这种不安。心怀感激，能够接受赐予，那的确是幸福。我们仔细听一听维特根斯坦临终的这句话，它不是总结，评估，它是一句谢恩。

（在陈老师欲言又止的表述中，我们蓦地体悟到这里有一种何其深刻的人生感悟！

尼采1888年10月在《瞧！这个人》中写下一段话："在这个美好的日子，不仅葡萄渐呈褐色而是当一切事物都在成熟的时候，我的生命碰见一缕阳光：我向后回顾，也向前瞻望。我从来没有一下子看到过这么多美好的事物。今天，我并非白白地埋葬了我的第四十四个年头，我有理由去埋葬它——其中重要的已被保留了下来而且是永远不朽的……我怎能不感谢整个一生呢？"

1989年1月13日，海子写道："从明天起，做一个幸福的人／喂马、劈柴、周游世界／从明天起，关心粮食和蔬菜／我有一所房子,面朝大海,春暖花开。"

　　写完上述文字三个月后,哲人尼采与诗人海子都坠入了生命的黑夜;但是亲爱的朋友,请不要怀疑他们,这些不幸但又幸福的人是如此地热爱生活,在心灵深处感受到饱满的喜悦。)

学生:陈老师,您认为哲学在当今中国应该肩负起怎样的历史使命,哲学家应采取何种态度?

陈:这里提到的两个方面都有待澄清,一个是历史使命,另一个是有没有当今中国的哲学。如果我们把哲学看作对基本概念结构的梳理,那么我要说,中国没有明显的哲学传统,这一类型的思考在中国不是十分发达,今天就更说不上有什么中国的哲学了。——当然我这是在狭义上讲哲学,中国有一个独特的思想传统,这一点毫无疑问,而且很发达。

学生:一个民族,一个伟大的民族可以没有哲学吗?

陈:我想狭义的哲学不是必需的。是否一定要产生哲学这种高级形态的精神形式?我觉得,那就像一座漂亮的宫殿,像紫禁城,印第安人没有紫禁城,可是他们照样生活。高级文化形态,它没有的时候并不必然有,但一旦有了之后就是生活的一部分,而不只是一个装饰。就像故宫一样,它可以不存在,可是一旦有了故宫,它对于整个皇权政治、社会结构和民族心理都会有深远影响。哲学对人类历史的影响,更是无法估量的。依我的了解,哲学独独属于希腊,每个民族都关心自己的基本概念的意义,却只有希腊人关心概念的结构,对结构的关心把他们引向一个客观的世界,发展出一种科学的态度。在这个意义上,后人无不认识到,希腊是欧洲的故乡,希腊哲学培养起了近代科学的精神。至于中国,我们将成为欧化世界的一个新成员,还是发展出一种自己的哲学,或某种不是哲学却具有基本力量的精神形态,这些都是未定之数。

学生:那么,我们的使命是否就在于发展出这样一种精神形态呢?

陈:我们本来就要谈到另一个方面,即历史使命。使命感也许是个正面的词,但很容易夸张,甚至一动就想引导历史。以前人们以为历史有个必然走向,真的、正确的,就是符合历史大方向,我以为这种讲法不成立。未来有没有必然走向,这已经有疑问,这走向是不是一定好,更没有先验的结论。对求真的人来说,首先要了解自己身处何方,自己的时代身处何方,这样才能让未来作为可能性展现出来,至于哪种可能性最终实现了,不仅不是我们能决定的,而且最好不由我们决定。我们要做的,是摆明什么是真的,什么是好的,那么历史无论怎么走,都会少一点自欺。

学生:为什么未来最好不要由我们来决定呢?

陈:我们现代人,谁愿为儿女指定职业,包办婚姻?当然,我们难免依照自己的幸福观为儿女去创造条件,防止那些和我们的观念极端冲突的可能性,但从原则上,我们希望看到一次新的生命,而不是我们自己一生的一个克隆。

学生:在这一点上,我们的想法好像和古人的想法很不一样。

陈:也许正是在这一点上,我们能看出人的观念发生了根本的转变。当然这一点也可以从别的角度加以描述,怎样系统地把这种转变描述出来,我们还要切实考察潜心梳理。现在国内描述现代性的文章,多数只及皮毛,就是谁平常都看到的说到的那些东西,没有加深我们的领会，所以也没有开拓我们的视野。也有不少毫无分析，单就是骂世，博个喝彩——骂世的东西，听众总是很愿意来附和的，虽然这个世界是这个样子，无非因为你我是这个样子，不过骂一骂，至少在观念上感觉上能把自己提升一点。人总希望比自己的实际所是好一点儿，这种天性也许可以给我们一些信心。

学生：如果我们不想决定历史，那我们还要不要介入历史呢？五四时期的中国和五月风暴的法国，知识界有一种"介入历史"的强烈呼声，今天我们仍然听到这样的呼声。

陈：一般说来，我不愿把人的生活，包括学术活动，把它看作历史的一部分，相反，我宁愿把历史感看作你当下生存的一部分。一位画家，他是否想使自己的作品取得一定的历史地位，这对于作品本身而言是相当外在的，他的力量可能来自同情心，来自观察力，当然也可能来自历史使命感。历史使命感并不比别的动因格外能增加作品的历史力量和历史意义。对于历史来说，你有意为之或无意为之都不重要。历史这个词从根本意义上是讲"过去"，我们无法对未来讲历史。说要对将来的行为赋予历史意义，在原则上是不成立的。

学生：您是说我们介入历史不是我们主观决定的，不是我们有意介入就能介入的。

陈：我们行动的冲动多种多样，历史感只是其中的一种，它可能重要也可能不重要。是否造就历史与是否有历史感不一定有正面的联系。荷马在作史诗时根本就没有想过要在文学史上造就一个里程碑式的历史巨著。

学生：就是说一个高喊历史感的时代并不意味着这个时代特别具有历史性，它只是一个历史感特别强烈的时代？

陈：我不仅想说历史感和造就历史的力量是两回事，我还想区别历史感和高喊历史感，就是说，想把历史感和对历史感的爱好区分开来。喜欢谈历史感并不一定富有历史感，就如喜欢谈廉洁不一定廉洁。

学生：换言之，文学、哲学、艺术这些作品具有历史意义并不是因为作者有历史感，历史意义的发生也许是出于某种更深的动机或动力。

陈：或许可以这样说。

学生：可是当我们身处20世纪90年代这么一个社会经济文化迅速变迁的时代，历史和历史意识无可避免地要进入我们的视野中来，并且我们也无可避免地要意识到自己身处这样的境遇之中。

陈：不错。当你说有一个更深的动机或动力时，我犹豫了一下。其实我更愿采用自己刚才的表述，即历史感只是诸种动力的一种，它有时真实有时虚假。至于说到眼下，谈到世纪末，特别是世纪末的中国人，他这种历史感几乎就是真实的，那是从我们的切身处境感受到的，我们的确就站在历史交接点上，我们无可避免地会对历史作大量的反省，会对自己的工作从历史角度作大量的反省。在这里，对切身处境的感受和历史感交织在一起。细说起来，"历史感"本来就该指对我们身在何处的感知、了解。在感受切身处境这一点上，我们最容易自欺。所谓深刻的历史感，就是扫开自欺，更真切地把握自己身在何处。在这个意义上，荷马当然十分富有历史感。不过，人们通常说到"历史感"，说的不是这个意思，而是说自己将在后人所写的历史中有何种地位，接近于"历史使命感"。我们刚才已经说过，这是个有疑问的提法。

学生：那么，海德格尔的"纳粹牵连"体现了哲学与历史的哪一种关系呢？

陈：海德格尔想塑造德国和世界的未来，然而，这不是哲学的任务，哲学家并不比其他人更知道人将来应该成为什么样子，历史塑造自身，哲学的任务是为历史塑造自身提供更广阔的眼界。按说，海德格尔自己的时间学说比以往任何学说都更强有力地有助于我们看到历史和未来的真实联系，坚持从可能性来理解未来。可惜他不曾在这短短的政治实践中坚持这种眼界。不过，即使在理论上，他也不够透彻。他始终从因果关系或表里关系来看待西方历史和形而上学史，而不是把历史看作是在某些可能性中的自由成长的。

学生：有些论者认为，海德格尔政治上幼稚，所以纳粹牵连本身倒可以原谅，无法原谅的是他始终不曾为这段经历道歉。

陈：至于他为什么没有为纳粹牵连道歉，我猜想，当时舆论一边倒，整个世界都在鞭挞法西斯德国和日本，加入这一谴责的行列也许在海德格尔看来既没必要也没资格。他在思想深处憎恨世界的技术化，在《形而上学导论》中，他把美国、苏联等量齐观，希望是在德国，后来他不会再把纳粹德国当作楷模，但并不曾改变对美苏的看法。在这种情况下他跳出来谴责德国，顶多也就是昆德拉意义上的"媚俗"而已，不可能拿出什么真识卓见。这只是猜想，不是系统研究后的结论——也不是说我同意他的沉默。

学生：您能不能估价一下海德格尔哲学的历史作用？

陈：我觉得要回答这个问题，时间还太近了些。高级文化形态敞开了过于广阔的地平线，没有确定的作用方式，所以，事先没有人知道它的具体用途，基本上事后才看得到。就我多少把握得住的来说，海德格尔大规模地扭转了古典思维方向。

学生：向何方扭转呢？

陈：这种"扭转"本身甚至比导向何方还要来得重大。转向何方？我想哲学是一种对话，它是哲人之间的对话，然而，却是听众听到了什么、怎样听，决定了思想的命运。

学生：为了让听众听到，我们不是该把哲学写得通俗一些吗？人们抱怨今天的哲学太专门了，太艰深了。

陈：哲学讨论基本概念的结构，而基本概念必定是那些浸润在一般理解之中的概念，所以人人都对哲学讨论有似曾相识之感，从而产生了一种错觉，仿佛哲学讨论一定得让多数人都听得懂才有意义。然而，基本概念并不等同于最日常的概念，哲学之所以对某些概念产生兴趣，是因为这些概念连接着我们的日常理解和科学、政治理念等高级的知识形态。你不了解这些高级的知识形态，就不可能听懂哲学。历史上你可以找到一些学养不深的诗人和小说家，但没有这样的哲学家。不是今天的哲学太艰深，哲学一向是艰深的，除非你把艾思奇那种《大众哲学》也算作哲学。哲学从来不曾直接面对民众，它总是通过一个有教养的阶层才会为民众所知晓。在这个意义上，我也不愿说哲学对话"为了"让民众听到。通俗作家为了民众写作，要设法让民众听到。但就探求真理的活动而言——哲学、艺术、科学，都是探求真理的——我们是要设法向前多走一步，管不得别人怎样跟上来。当然，只要你的发现有价值，自然会有人愿意跟过来。

学生：这个有教养的阶层指哪些人呢？

陈：我是指科学家、教师、政治家、通俗作家，以及一部分企业家。当然，哲学著作也有深有浅，即使有教养有学识的人，多数也读不了海德格尔、拉康。不过，我们只有指望一个有教养的阶层作为潜在的评价者，否则演戏的看戏的都是同一圈人，这台戏很快就会失去社会支持。

（海德格尔认为）哲学从来不能为历史事变直接提供力量和机会。"原因之一是因为哲学家永远只直接涉乎少许人。何许？创造性的变革家改革家们。"通过这些人，通过不可预知的种种途径，哲学渐渐传播开来，直到某个时候降为不言自明之事为止。当然，到那时，哲学中的原始力量早被遗忘了。

——陈嘉映，《海德格尔哲学概论》

学生：现在国内哲学杂志上的那些文章，好像不会有什么人要读。

陈：那种入式入套却不知所云的论文外国也有，不过，咱们这边特别多，这是令人苦恼的境况，用维特根斯坦的话说，这些刊物简直就是精神破产的证据。如果杂志是由一些有教养的人士资助的，情况大概会好些，不过我们中国还没有产生一个有教养的富裕阶层来资助这样的哲学刊物，此外还有政治控制。

学生：您认为通俗作家会读哲学吗？现在的通俗作家好像是指那些专门迎合低级趣味的作家。

陈：那是庸俗作家，不是通俗作家。我们说通俗作家，没有贬义，就像说科普作品，只不过是说这种形式通常不适于用来发表科学探索的新成果。大多数人不仅对哲学不感兴趣，他们也不会去读二十四史，甚至不会去读世界通史，是通俗作家通过故事书、戏剧等形式让他们了解到一些历史。通俗作家不建构知识，但他们尽可以是很有知识的人，实际上，他们的一般知识教养往往高于专家。至于当今的通俗作家为什么较少从高级知识形态汲取营养，有很多明摆着的社会原因。不过我特别愿意提到一个简单的事实——眼下在高级知识领域还没有出现什么像样的货色，你强拉人家到这里来买什么？总的来说，你有好货色，别人就会来，虽然哲学吸引的不是一般群众。就此而论，我认为文史方面的专家太少，而且过于热衷去写那些谁都能写的文章，在这上面花掉了超过比例的精力，我们原应当把这些精力节省下来集中从事知识建构，在专门领域中作出更多的成就。不能急着让全社会一下子都理解，社会理解通过一些结构一层层波及开来。

学生：到了最后，人们理解的还是你的思想吗？每经过一层结构，就可能经过一道误解和扭曲。所以您所说的"思想的命运"只能受制于那个时代的读者，深者得其深，浅者得其浅。

陈："受制"这个提法大概太消极了。河流不可能把源头的水全带到下游去，而同时，河水的汇聚并不仅仅来自源头。我不久前在《天涯》杂志上发表了一篇文章，朋友圈内讨论过几次，我发现他们读出的内容和我的考虑相差颇远，但并不因此说，这些读法都是无效的。现在对"误读"谈得很多，可惜好多人喜欢新词儿甚于喜欢新意。一种伟大的思想是富于建设力量的思想，你有你的问题，我有我的，我们都可以从那种思想汲取解决各自问题的灵感。把别人的思想和自己的思想或情境嫁接到一处，产生出新的想法或方案，这怎么能叫误读呢？这是阅读的应有之义。而人们眼下所说的"创造性误读"，是一切阅读中最少创造性的一种，那就是把别人的思想读成自己已有的思想，万物皆备于我焉，还读别人做什么？我们能够把阅读比喻成一场对话，恰在于我的思想通过与陌生思想的应答开辟出一个新天地来。我们珍视某种思想，也正是因为它能够开启这样的对话，而不在于它是某人的私产。如果某人原封不动照猫画虎地读懂了我的思想，这只能称为复制，而不是思想在发生作用，我不觉得这对于我是个幸运。

学生：您在《天涯》发表的那篇文章是《感人、关切、艺术》吧？这篇文章是否标志您正在转向艺术哲学的领域？

陈：这些问题我一直连在一起思考，不过就发表来说，我的确想分几步走，先多写些语言和本体论，进一步写艺术哲学，然后写伦理哲学。我现在主要还在写语言哲学方面，《天涯》那篇文章也还没有拿出我自己的框架。提前写出来，一是有约稿，二是听到一些争论。我有不少朋友是诗人、艺术家，常会谈到一些关于艺术的问题，其中的一个是：诗人为谁写作？这些问题很难形式化，怎么回答都像是要错，而我听到一个道理说错了就会产生一种强烈的讲道理的冲动。我在这篇文章里尝试回答人们经常议论的有关艺术的问题。不过，这篇文章内容是我的，框架不是我的，我只是借托尔斯泰的一句话开启一个课题，其实，托翁这句话"艺术在于感人"从形式上我也并不完全同意。

学生：昆德拉在《小说的艺术》中说小说是探索存在的，哲学当然也以存在作为它的课题。小说与哲学这两种形式的最终鹄的都是存在，那么究竟是谁更能真切地捕捉到"存在"呢？

陈：在这个问题上我不是老师，你们对存在的消息，感觉也许要比我敏锐。我只有零星几点感想。"探索存在"、"以存在为课题"这样的提法，都是译文体，不一定真切表达出了我们想要表达的东西。哲学和艺术，其共同之处，有一点在于把我们带到他者面前，带到陌异的存在面前。可以说，艺术展现陌异者，哲学则致力于在习俗和陌异者之间修建通路。这两种角色从来不是分得很清楚的，比如歌德、托尔斯泰和昆德拉的作品。进入现代、后现代，小说与哲学本身的形式发生了多重转变，是否更进一步模糊了两者的界限？中国的传统更是文史哲不分家的。

学生：进一步发展下去，小说和哲学这两种形式也许会合流？

陈：我想不会合流。哲学一边和文学接壤，另一边和科学接壤，看不出什么理由它会一边倒。

学生：我们读韩少功的《马桥词典》时有这么一个感觉，似乎它的方法和现象学方法有某种暗合之处，即通过不断变换视角让"存在者是其所是"。

陈：的确，不少人写乡野粗人是想以题材取胜，韩少功则不是要赞美那种生活方式，也不是假装赞美它，而是如其所是地向我们展示一种生活方式。我很喜欢《马桥词典》，看法和王蒙差不多。韩少功学涉中西，趣通雅俗，这在《马桥词典》里体现得最多。

学生：不知道您怎么看待沸沸扬扬的"马桥官司"？

陈：我和韩少功不大认识，但有好多朋友认识他，口碑极好。朋友喜欢的人，我自然喜欢。我先读到他的杂文。20世纪80年代末90年代初流行闲适散文，《余味的余味》《我的戒烟》等，相形之下，韩少功认真思考，有所为而发，他的杂文无疑要厚重得多。喜欢这个人，又喜欢他的文章，所以争论伊始，我就偏心韩少功。不过抛开偏心仍然觉得张颐武的批评没道理。韩少功说明了他不是从《哈扎尔辞典》那里学来这种体裁,而且采用了别人首创的文学形式一定要宣布吗?文学形式又不是科技专利。

学生:最近《读书》上有一篇韩少功的文章,讲的是"大众文化"(工业消费时代的市民文化)和民间文化(前工业时代质朴原真的"大众文化")之间的区别。他大致认为,民间文化产生于民间,而大众文化却并非来自大众,它具有非自然的特征,受到文化工业的制约和支配,几乎就是文化工业的产物。

陈:我认为这篇文章很有眼光,描述非常精确。的确,一切伟大的艺术作品都是从民间汲取力量,先以民间形式生机勃勃地涌现,而后在专家——并不是很专的专家——手里成形为伟大的作品。所以要有艺术就要有生活——我指的是有生命力生产力的生活。大众文化是由上而下通过商业包装的手段推广开来的。我们现在缺少真正意义的自下而上的民间文化,直接由作家去寻根、去乡土,这些似乎消耗了作家们的主要精力,没有精力再修炼普遍性,创造宏伟的作品。中国当代文学我读得不多,就我读到的,还没见到出现伟大作品的迹象。作家常提到《红楼梦》,"诺贝尔",我们读者觉得现在还差得很远,最多表达了一种历史感。没有一个伟大的作家靠研究历史得知自己该写什么,怎么写,要真说历史感,他倒必须去好好感觉他的时代什么在瓦解什么在成形。这一百多年来,中国人的传统生活方式瓦解了,新的生活方式似乎还未成形。谁能从这么一种混乱不成型的生活中看出一种形式,那就有伟大的作品出土了。一个时代随着伟大的作品而获得自己鲜明的形象。

> 象与像不同。……一流的艺术家成其气象,于是引来模

仿，想弄得像。只在一种意义上可说一流的艺术家在模仿：不是对现成景物更不是对前人作品的模仿，他临摹世界成其象的刹那。

——陈嘉映，《论感觉》

学生：作家要从民间汲取生机，但是另一方面他们似乎也须从理论汲取力量，我们发现现在有许多作家、艺术家越来越重视思想性的东西，文论画论都很发达，也许这是未来文艺发展的一个趋向。

陈：歌德、席勒都熟读康德，这是理所当然之事。哲学本来主要是为艺术家和科学家写的。不过，总的说来，艺术比哲学更贴近民间，民族生活才是创作的源头，当今有些艺术家，半生不熟读了些外国理论，自己的作品成了外国理论的中国图解。这不能算是艺术和哲学的交融。

学生：您反复谈到民族生活，那您是否同意《中国可以说不》等书表达出来的强烈的民族情绪？

陈：这本书我翻了几页，后来听说我的一个朋友也参与了写作，但坦白说，我认为写得很糟。至于民族情绪，我想，中国人有一种不平衡，倒不只是心理上的不平衡，而是中国人的品质和他的遭遇不平衡。一百多年来，中国人的日子可说是苦不堪言。要是中国人的能力品性只配过这样的日子，倒也罢了。有人就说中国人有劣根性。中国人根性低劣，怎么建立的大汉盛唐？哪儿来宋朝那种高度儒雅的文明？我看中国在近代以来的苦难，主要是运气不好。为什么这么说呢？因为中国与西方撞击的时机不对。日本和西方冲撞之时是在明治维新时期，当时民气正往上走，所以它就抗住了。假设中国是在康熙时候与西方冲撞,那么中国近代史将完全改观,不仅在军事上而且在精神上都承受得住,从而能开明地走向现代化。然而历史上的中西冲撞是发生在道光年间,清朝经过乾隆的好大喜功大肆挥霍,家底早已空了,虽然架子依旧很大,但整个民族精神正在走下坡路。在民气下降之时与西方发生冲撞,其结果可想而知。就举鸦片这一个例子,我们禁鸦片不可谓不严厉,而当时英国并不禁止自己的国民吸鸦片,可当时的中国人会吸出去几亿两白银,日本人就不会,英国人就不会。你想满人入关的时候会这样吸鸦片吗?那时的汉人会吗?这与生理爱好无关,和法令无关,只事关"民族精神"。

学生:近代以来,中国的确运气不佳。

陈:第一次鸦片战争以来的苦难,不是因为我们的品格能力低下。中国人的自我期许满高的,可以说从来没有服气过,可以说这种不服气有个客观基础。但怎么改变这种遭遇?民族情绪不是答案。一百年来的有志之士,都是些民族性很强而民族情绪毫不夸张的人,相反,民族情绪最强的义和团给我们带来的却是最重的灾难。所以我个人对于民族情绪是非常警惕的。抱怨不是一种好品格,它不会使中国变得强大。我们一次次做过选择,我认为1978年这一次是正确的。

学生:很高兴能和您谈谈文化、历史,您平时很少谈到这些。

陈:成天想这些,想法挺多的。不过,学术又不是誓师表态大会,把人人都在说的再说一遍对学术和思想无所裨益。我希望做一点建设性的工作。

学生:那您是否希望走出一条自己的道路来?

陈：上下求索，不知道最后会不会踏成一条路。

> 林中有许多路。这些路多半断绝在人迹不到之处。这些路叫作林中路。
>
> 每条路各行其是，但都在同一林中。常常看来一条路和另一条一样。然而只不过看来如此而已。
>
> 伐木人和管林人认得这些路。他们懂得什么叫走在林中路上。
>
> ——海德格尔，《林中路》

学生：您在上课时说过，伟大的思想家即使走错了，重复他的道路也是很有意义的。

陈：这话不错。但是要小心的是，不要说对错无所谓，只要激发自己的思想就可以了。对错有所谓，所以你走错了才有启发性，如果对错无所谓，还启发什么呢？

学生：最后我们想问的是，您在哲学领域中最关心的问题是什么？

陈：如果用一个问题来概括，就是在不用一个绝对标准来衡量时，我们怎样才能不陷入相对主义。我们现在拒绝任何排他的美、全盘的楷模。反正就我个人而言，宣扬任何一种生活方式都令我反感。这当然不是说，我们从此不识美善，不怀敬意，没有任何憧憬。而是说，我们更愿意看到自然的展现，因为我们开始相信，我们自己会做出选择。为此我们并不需要一个全面的楷模，一个整全的意义系统。我不知最热有多热最冷有多冷，但我知冷知热。总之，相对主义问题是我个人特别关心的，同时我认为这也是我们时代的问题。

致 雪 芹

雪芹：

　　一别十数载，过去还可以说物是人非，现在我们改造环境的力量已经这么强大，十年过去，人非物也非，就是分开一两年，也往往相见时不知说什么才好。当日的精英，而今有不少成了成功人士，各方各面的。当然，再成功也不如当时各自预想的那般伟大。也有些过上小康日子，或心满意足，或觉得不很得意，但岁月不饶人，再说未来会是怎样怎样，自己听起来也有点不好意思了。

　　我自己当时就不怎么精英，现在依旧籍籍无名，但日子满过得下去，多半也只和虽然籍籍无名但日子满过得下去的人们为伍。既然籍籍无名，你们到了北大哲学系还打听不到陈嘉映其人者，就不足为奇了。94年回到北大外哲所，仍袭83年离开时的讲师职称，翌年提为副教授，办事员给我一个纸袋子，上面标明"破副"，不解，求教，原来是"破格提升为副教授"的意思。讲师名衔扛了十几年，终于"破副"了。月薪500—600元左右，我食量大，刚好够我在食堂20天伙食。此外还有烟酒诸项，都靠什么开销，自己也弄不明白。猜想现在中国的大学，就像有些上档次的饭店，服务员并不在乎老板发多少薪水，而是借了饭店的档次，靠客人的小费为生。你已经扛了北大的牌子，还什么外快都捞不到，那只能怪你自己太过无能了。再说,待遇虽然不太优厚,对你的工作倒也没什么要求。我一个学期只开一门课,就是讲讲我手头正在研读的书籍。有的学期根本不开课,只每两周到所里所谓开会,其实就是会一会同事。当然,不管要求不要求,我一年四季总在读读写写。否则我还能干什么还会干什么呢?写出的东西,像从前一样,主要是为了压箱子的,偶尔也发表,换一点稿费。

从前都是同龄人在一起玩,当时的同学,学问也许未深,思想也许有点乱,但那份思想和生活融于一体的状态,再配上青春的好多说不清道不明的蠢动,怪让人留恋的。同龄人在一起,亲热,不过亲热也有代价,那就是尊严往往受点小摩擦。人过四十以后,体面成了高于一切的考虑,所以,与其和知根知底的同龄人厮混,不如吸引一些不明底细的年轻人,于是横的交往逐渐被竖的交往取代。横竖不论,反正与外界的交往少多了,原因之一自然是这一年多来又成了个已婚者,要美国人来说,就是 happily married。

今猛然收你的信,颇有点意外,想一想,海外住着那么多老朋友,却似乎不与任何人通信。即如越胜,大半也靠往来于北京巴黎之间的朋友传递消息,互相知道都还好好活着,一年中也不曾有片纸往还。年轻时候,觉得外在的空间时间算得什么,心游目想,把羲皇上人或古希腊人召来同饮又有何难?如今的心思没有那般高远了,若不能时常一道举手投足,单靠文字远渡重洋能否联络人的心思,没什么把握。读君来信,口气活脱还似十五年前,不禁觉得自己过于闭塞,也许通过 space warps,人竟多少能克服时空的间隔。不过我这种凡夫俗子,很难学会御六气而游无穷,不如老老实实使用电子邮件:

jiaying@hyper.netchina.com.cn

久不写信，有话也说不清楚了，何况不知从哪里说起。

1997年9月

关于相对主义的对话[1]

仲春，友人韩鸿雁、刘行健来访，相谈甚欢，其间谈及相对主义的一段尤多意趣，整理成文，以飨同好。

韩：说起我这个弟弟，真把我恨死，无论你说他什么，"各有各的活法"，一句话就把你打发了。

刘：我看你指责东东指责得太多了，你们两个差了十岁，活法的确不一样了。时代变得快，五年十年就差出了一代人。

韩：他们那一代人都什么样我管不着，他是我弟弟我就不能不管。你不求上进，你自私自利，这是你的活法，到时候你偷抢嫖赌，杀人放火，你照样可以说你有你自己的活法儿。什么叫各有各的活法儿？偷抢嫖赌、自私自利，放在谁头上，放在什么时候，都不是好事儿。我们总有个起码的共同标准吧，要不不成了你们哲学家说的相对主义？

刘：相对主义早不是我们哲学家的专利了，倒成了这年头的大时髦，随便和谁聊天，出租车司机、卖菜的，冷不丁他就告诉你：一切都是相对的。

---

[1] 本文首发于《天涯》1999年第1期。

韩：什么叫"一切都是相对的"？所有天鹅都是白的，一切金属都导电，"一切"后面得跟个名词。再说，"相对于"什么呢？美元的比值，要么相对于法郎，要么相对于人民币。如果一切都是相对的，就没有可相对的东西了。

陈：相对和绝对是一对孪生概念，有相对就有绝对，我们看着泰山大，同时就一定看着草芥小。如果天下的东西都是大的，我们反倒不会有大这个概念了。

刘：不过，"什么都是相对的"这话还是有个意思在那里，我们听一句话，不见得都要先作一番逻辑分析，我们通常一下子就明白这话是什么意思了。

韩：那要你们哲学家还有什么用？我们看不出问题的地方，你们哲学家一分析，就分析出毛病来了。

刘：我也不喜欢太笼统的说法。常听有人问，"有没有绝对的善？道德是绝对的还是相对的？"我相信问话的人通常真是有个问题在那儿，但我还是希望他能问得更具体一点——困惑他的具体是什么。

韩：我还以为你们哲学家越抽象的命题就越喜欢。

刘：不怕抽象，就怕太笼统。"一切都是相对的"这样笼统的说法自身并没什么意义，不过是个名号，统称一大类相似的提法，"彼亦一是非，此亦一是非"，"道德标准是因时因地变化的"，"没有放之四海而皆准的真理"。"各有各的活法"也包括在内。这些提法就好像一个命题家族，"相对主义"或"一切都是相对的"就好像这个家族的姓，对这个提法本身细加分析没多大意思。

陈：真要分析起来，这个命题其实是个悖论。

刘：从古以来就有人这么说，但我看也不见得。

陈：你说一切都是相对的，"一切都是相对的"这话就成了个绝对的命题。

刘：我为什么不可以承认"一切都是相对的"这话本身也是相对的呢？

陈：那咱们换个更明显的例子。如果你说一切都是谎言，那我要问你这句话是不是谎言。你说不是，那就有一句真话了，就不能说一切都是谎言了。如果你说"我这话也是谎言"，那你已经自己承认"一切都是谎言"是句谎话，不足置信。所以"一切都是谎言"这话是个悖论。一切皆无意义，怀疑一切，没有放之四海而皆准的真理，都属于这一类悖论。如果真的没有放之四海而皆准的真理，那么"没有放之四海而皆准的真理"这句话就放之四海而皆准，因此至少有了一条放之四海而皆准的真理，所以，这句话是自我否定的。

韩：不过这有点儿奇怪——我自己差不多相信没有放之四海而皆准的真理，我这么认为，可一点儿都没想到自己是在声称一个放之四海而皆准的真理。

陈：有人说，世上没有彻底的相对主义者，或彻底的怀疑论者，你要是真以为一切都没有意义，你就不会主张"一切都没有意义"了，彻底厌世的人已经自杀了，彻底的怀疑论者从不开口，所以我们也听不到彻底怀疑论的主张。

韩：可这还是挺奇怪的——我发现没有放之四海而皆准的真理，我心里这么想的时候，没问题，可我一说，就成了悖论。

陈：凡是全称否定式的说法，都有这个困境。你说"一切都是真的",我就不会反问"那你这句话是不是真的",你说的可能不对,但它不是个悖论。我们无论说什么,都是在主张些什么,肯定个什么,哪怕这个主张的内容是否定性质的。你说"这是假的",你这是在肯定这是假的,你认为"这是假的"这个判断是真的。所以,否定一切从逻辑上讲不通,——既然是"一切",就把你有所主张这回事也包括进去了,而你有所主张这回事恰恰是肯定性质的,不是否定性质的。相对主义是个悖论,因为"相对"也是个否定的概念。

韩:但我要说"没有一把钥匙能打开天下所有的锁"呢?我说"没有万能真理",你可以逼问我这话本身是不是真理,我说"没有万能钥匙",你不能问我这话是不是钥匙。

陈:否定命题要产生悖论,命题所否定的内容必须反弹到命题上,就是说,你否定的是真理、命题和语言之类。

韩:可我觉得"没有放之四海而皆准的真理"和"没有能打开一切锁的钥匙"这两个命题的结构完全一样。

刘:我们是该想一下,怎么会"没有永恒不变的道德"不是悖论而"没有永恒不变的真理"就成了悖论?

陈:两个都是元命题,但"没有永恒不变的真理"具有自指的形式。

刘:我正是想说,仅仅抓着形式上的反冲性质其实没多大意思。你想,我可以换个说法,不说没有放之四海而皆准的真理,而说任何真理都有一定的前提。

韩:意思还一样,只不过一个用否定的口气说,一个用肯定的口气。

陈:但我还是可以问:那你这个说法本身有没有前提啊?

韩：我可以回答"有"呀？你不能因此指责我陷入了悖论。

刘：反冲力就消失了。这个反冲力这么容易消失，可见它要么是假象，要么力量很有限。现在好多人主张我们不能谈论语言，我们能够谈论别的东西，但用语言谈论语言，就会落入自指的循环，这种议论好像很有深意，但我觉得还是在形式上兜圈子。我在想，没有哪个重大的哲学问题能够还原成单纯的逻辑问题，相对主义不只是这个那个命题，那是一种精神形态，是一种"否定的精神"。

陈：你可不要用思潮之争来抹灭义理之争，哲学从结构上把握精神形态。

刘：我还不至于这么简单化，但你肯定承认，像相对主义这样困扰人类精神的大问题，不可能是个简简单单的逻辑错误，似乎哪天谁发明了一种逻辑上的辩证，它就会烟消云散。相对主义是一种否定，但主要不在于形式上的否定，而是从精神上否定绝对主义，是一种反抗。

陈：当然，我们这一代人都是这么走过来的，从前眼前就一条道儿，一直推到共产主义，忽然，上帝死了，干什么都可以了。

韩：我们也赶上了个尾巴，相信过谁啊谁啊的绝对权威，某个主义的绝对权威。

刘：当时也是这样进行理论思考的———一切社会现象归根到底都可以用经济利益和经济发展来解释，历史正在向一个终极的目标发展……

韩：那时候都有信仰，有理想，我觉得这也挺好的，总比一上来就什么都不相信要好。当然，是好多事情想不通，但只要你还有信仰，你就可以慢慢想着。

刘：我们试图用老框架来解释世界，但你越解释发现疑点越多，有一天你忽然意识到有些事情是断然解释不通的，信仰就会动摇，甚至崩溃，人们会一下子觉得"一切皆空"。

陈：那时候流行的一首诗里叫作"我不相信"。

韩：还有一句诗叫：一切都是谎言，我们当时也都读过，那时我们都挺爱读诗的。现在想想，这样的说法不能太认真，一切皆空，实实在在的东西又从哪里来？

刘：诗人可没把"一切都是谎言"当作一个逻辑命题提出来。这些诗的意思明明白白。你失恋了，说一声"一切皆空"，我非要和你争论物质不灭定律。

陈：也不是不可以从逻辑上来思考。一切皆空，那么，有从何处来？无中能不能生有？从无生有的机制是什么？也许"有"只是幻象，这下你就麻烦了，你得编出一整套的理论来解释实实在在的东西怎么会其实只是幻象。这种希腊式的分析里含着一种可贵的科学精神。

韩：我看"一切皆空"这样的话是表达一种感受。

刘：也表达了一种理解，只不过不是逻辑分析得出的那种理解罢了。

韩：反正，一切皆空，一切都是谎言，我们学科学的，听起来还是太诗人味儿了。我要是反对绝对主义，就不会说一切都是相对的，我会说有些东西是相对的，有些是绝对的。

陈：你这个说法倒是挺和气的，但也有个难处：要是相对的东西自管自相对，绝对者还怎么绝对？必须一切别的东西都归属于你，你才绝对。

刘：Absolutism 这个词从字面上说，就是绝对主义，但它更常用的意思是专制主义。

陈：莫里斯就是从反对专制的角度来看待相对主义的，他给这种相对主义加了个名号，叫"客观相对主义"。

刘：专制主义当然不是说咱自由咱的，他专制他的。咱都听他一个人发号施令，他才专制得起来。所以，和"一切皆相对"对应的，不是"一切都是绝对的"，而是"绝对是一"——是上帝、皇权，是一切标准的标准。只要还有一样东西留在外面，它就和这样东西相对存在了。

韩：听起来就像个黑洞。

刘：一个唯一的大黑洞。

韩：宇宙最后成了一个无所不包的大黑洞，这图景可够让人压抑的。

刘：大家就起来反抗绝对主义啦。

韩：所以，要是从相对主义者的立场来考虑，最好是一开始就不容忍任何绝对者，一开始就要坚持一切都是相对的。

刘：之所以落入这个结论，是因为相对主义其实是从绝对主义那里汲取自己的逻辑的，两者都采用还原论的逻辑，天下万事都应该归于同一的原理。我们沿着任何道理往后追，都会碰上终极者，只不过绝对主义认为终极者是一，是我们大家都接受的终极标准，相对主义也承认我们追来追去总会碰到再也追问不下去的东西，只不过这不是我们大家都接受的共同标准，而恰恰是各执己见没道理可讲的东西。

陈：所以任何一种道理都和别的道理一样好，或说得更确切些，都和别的道理一样糟，因为一切道理说到底都是没道理。

韩：相对主义成了绝对主义的简单反面。要是你呢，你干脆不承认终极者？

刘：可以这么说。

韩：可是你必须选取一个立场。你否认绝对的真理，实际上等于主张一切真理都是相对的。

刘：我就是在怀疑你这个最理所当然的等式。没有什么道理是绝对的，这话真能翻译成"一切道理都是相对的"吗？有些时候，说一件事不是绝对的是一个意思，说一件事是相对的则是另一个意思。我看，有些事情无所谓绝对相对。你来我家走错了路，你是绝对走错了还是相对走错了？

韩：我绝对保证他会来，这话的反面不是我相对保证他会来，而是我不敢绝对保证他会来。

刘：在一些形式化的体系里，你可以说，一个实数不是有理数就是无理数，可是在自然状态里并非如此，自然状态浑然纠缠，不是随便怎么把概念化的东西套在上头都可以的。

陈：你还记得那阵子，你要是不站在革命人民一边，你就是反动派？

刘：政治概念化，成千上万人吃尽了苦头。

韩：照你们这样说起来，相对主义与其说是个逻辑上的悖论，不如说更是精神上的悖论，它一方面要反驳绝对主义，一方面却自己陷在绝对主义的逻辑里面。

陈："逻辑的力量"可能把人逼到很荒唐的结论上去。前两天一次讨论会，有个人讲中西小说比较，讲得挺不错的，可最后得个结论说，没有什么标准可以评判艺术作品的优劣，我问他那《红楼梦》和《红楼圆梦》有没有优劣之别，逻辑明摆在那里，他只好答：没有。不过，我相信他是硬着头皮说的。

韩：逻辑倒是一贯了，结论却很荒唐，这样的一贯性要它干啥呢？

陈：人在某种程度上都必然要坚持逻辑一贯性，否则就没有理论，没有观念了。

韩：为啥非要理论呢？如果这个理论推出来的结论让我不舒服，我就不会信服这个理论。

陈：亏你还是个科学家呢，你怎么能相信日心说？和我们的直觉差得那么远。

韩：前提正确，推论无误，结论自然成立。

陈：是啊，前提正确，推论无误，结论哪怕让你不舒服，你也得被迫接受。

刘：你指出我做错了一件事，指出我行为恶劣，我听了一定不舒服，直觉上肯定不愿接受，但你可以证明你的看法，我不得不承认你说得对，把这个结论接受下来。

陈：你要是提倡自由竞争，你逻辑上就得同意放弃自己的某些特权，虽然这个结论可能正好不是你想要的。理论不只把现实反映反映就算了，它是有后果的。

韩：可有时候结论那么荒唐，那你就应该回过头来检查你的前提，或推理过程。

刘：你说，出错的无非两条，前提，推理。但比这一切都常见的毛病出在应用范围：这个道理在这里是否讲得通？天上地下没什么向我们保证，所有正当的东西归根到底都融会贯通和谐一致。只要一个道理总有它终结之处，那么，在哪里我们应当把这个道理贯彻下去，到哪里就应该停止，这就成了一个无法事先决定的事情。

韩：科学对原理的应用范围事先就做了明确规定。

陈：不如倒过来说，能事先明确规定应用范围的，就可以用科学方式进行论证。

韩：好吧，在科学里我尊重逻辑，不过在生活中我仍然更相信直觉，理论和我的直觉发生冲突，我跟着感觉走。《红楼梦》和《红楼圆梦》怎么可能没有优劣之分？我驳不倒你，只不过我没你会说就是了，可我还是没法接受你的结论。关键不在于你怎么说，而在于你实际上是怎么想的。你怎么可能真的认为什么活法儿都一样呢？就拿东东自己来说，他自己也常说，谁谁谁还活着有啥劲，谁谁谁没法让人看得上眼，诸如此类。其实我批评他，他心里也虚，什么各有各的活法，他就是在跟你胡搅蛮缠。

陈：所谓道德上的相对主义，多半都是给自己找借口。

韩：各有各的道理，还有没有高尚卑劣之别，文明野蛮之分？

陈：现在的文化相对主义不就是不承认这些差别吗？扎伊尔的蒙博托动不动就把政敌抓起来，有时干脆就杀掉了，别的国家让他注意人权，他说，嘿，咱们非洲的文化和你们西方文化不一样，你有你的人权观，我有我的人权观。这就把文化相对主义的大旗祭起来了。

韩：我看这种相对主义是对外的，对内就成了绝对。我就不明白，那是你的文化，你的文化为啥就不能改改？裹小脚从前就是咱们的文化。日本鬼子烧了杀了，还说日本文化就那德性，就是那样对待战败者的，那你就无话可说了？

陈：丈夫死了老婆殉葬也是一种文化。

韩：如果说绝对主义是优越者的绝对主义，相对主义就像是弱势者的绝对主义。

陈：说得好。咱们这儿的文化相对主义就是用来对付强势文化的，这些年老吵吵文化无优劣之分，心里想的只是西方文化不比咱们中国文化优越，谁都没往巴布亚新几内亚的土著文化那儿比较。

刘：表面文章都是相对主义，精神实质的确可能很不一样，有的是用来欺人的，但也有对西方文化霸权的真诚怀疑和反叛。文化相对主义最早是博厄斯他们提出来的，一开始就是西方科学家对西方中心主义的反省。反对绝对主义，本来特别强调反省与宽容，在蒙博托那里却倒过来了。

韩：我不知道你们是怎么定义"悖论"的，不过我听人把相对主义说得那么振振有辞咄咄逼人，还真有点儿它是个悖论的感觉。

刘：的确，一种否定性的精神而成为主义，就变得十分可疑了，它不再是精神表达自己的形式，而是套用一个现成的概念形式，无论什么内容都可以把它套上去，如果我们喜欢用悖论的形式来说话，我就要称它作"绝对的相对主义"。

陈：始终保持否定的精神而不落筌蹄，无过于庄子了，人们好引"彼亦一是非，此亦一是非"，其实接下来庄子就问：果且有彼是乎哉？再追一问：果且无彼是乎哉？

刘：可以说是连环消解法。

陈：这种随说随扫的语式在庄子那里通篇皆是。《齐物》一上来，说人籁依乎天籁，话未落地，接着就说"言非吹也，言者有言"，说是言者有言吧，接着就问：果有言邪？其未尝有言邪？

刘：其实《齐物》和《逍遥》两篇，已经构成了一个连环消解，一个说因其所大而大之，物莫不大，因其所小而小之，物莫不小，这是齐物；一个说斥鷃和大鹏，小年不及大年，小知不及大知，这是辨大小而不是齐大小了。

陈：齐物逍遥各张其旨，两篇又交相辉映，郭象却只从一个角度来理解庄子，大鹏和斥鷃，一个绝云气负苍天，一个辗转于蓬蒿之间，他居然引出个结论说：各以得性为至。

刘：好像庄子翻来覆去是要说明一套现成观念。

陈：其实庄子通透之人，最明白一旦入了纯概念的圈套，就要在反义的概念圈子里打转，有大就有小，有是就有非，有有就有无。他要的就是跳出纯概念的对偶，还归于此时此地，此所谓"吾知之濠梁之上也"。引用"彼亦一是非，此亦一是非"，把庄子定案为相对主义，实在是冤枉，庄子接下去明明说"彼是莫得其偶，谓之道枢"。

韩：刚才起了个名字叫"绝对的相对主义"，那庄子的相对主义就该叫"相对的相对主义"了，这种相对主义自我化解了。

陈：把谁叫作相对主义者或任何主义者，都像是把一个戏剧角色叫作好人坏人，我们难免要区分好人坏人，但那只是远看时贴个标签而已，真和你亲熟贴近的人，气血俱在，那些标签就没什么意思了。

刘：揽到相对主义名下的，有的是很严肃的思考，甚至很苦恼，充满了张力，有的恰相反，是逃避严肃生活的借口，把自己的不负责任合理化，所以我从一开始就不愿只限于考察逻辑，希望深入精神实质。

陈：有意义的逻辑考察恰恰是为了让真实的精神内容显现出来，你也许真有一种精神诉求，然而，"一切都是相对的"这样的提法，当真表达了你所感到的东西吗？抑或它恰恰切断了深入的感受，让自己滑到空洞的概念里舒舒服服兜圈子去了。

刘：单在相对、绝对和自指这些概念上打转，即使证明了相对主义是个悖论，这种证明也不是那么重要。重要的不是词和词之间发生了矛盾，而是观念和真情实感不一致，说法和真情实感脱了节。辩驳也是一样，从逻辑上找出某种主张的自相矛盾之处固然需要相当的聪明，但仍然不能去除这种主张心里的疙瘩。

陈：能胜人之口不能服人之心。

刘：只有摆明了这种主张的来龙去脉，分清楚它是不够恰当的表述，是糊涂，还是借口，才能让我们深心里的困惑涣然冰释。

韩：按说，你不争气，你堕落，只要你不犯法，人家能拿你怎样？人干吗要合理化呢？蒙博托抓了，杀了，就得了，为什么非要找个借口？

刘：因为人喜欢讲道理，我们有一种要辨明对和错的冲动。

陈：一种本能，辨明是非是我们的本能，比我们其他的本能还要顽固。

刘：像别的本能一样，我们得经常努力克制它。

韩：我看不讲道理的人也不在少数。我是流氓我怕谁？

陈：但他即使不讲道理，还要给自己设一个不讲道理的道理：因为我是流氓所以我才有资格不讲道理。他就不会说：我是中学老师我怕谁？

韩：你们哲学家说人是理性的动物，原来就是这个意思。

刘：我看这话的确不完全是对人的褒奖。不单单亚里士多德有讲道理的冲动，连日本鬼子也有。卢沟桥他打进来了，他的飞机大炮比咱们的厉害，他就来侵略咱有什么法子？不，他不愿意闷不作声就打，他要说他丢了两个日本兵，他出动千军万马是来找人的，他抢掠烧杀强奸妇女，他说是建立大东亚共荣圈。权力和金钱，人之所爱，所以人们争权夺利，但是你好好想想，争夺道理的斗争，其激烈程度绝不在争权夺利之下。中国人抗日有理，堂堂日本天皇，堂堂日本帝国，倒不讲理，那怎么行？于是他编出一大套大东亚共荣圈啊什么的，他是有理的一方，倒是中国人抗日没道理。

韩：可为什么杀你烧你不成个道理，大东亚共荣圈才成个道理？

刘：本来，我们各有各的利益、欲望、爱好和处境，这些东西本身不是道理，但从这些东西中却生出我们的道理来。

陈：向无人欲，则亦并无天理可言矣。

刘：什么能把不同的欲望、爱好和处境沟通起来，什么就成道理。你想卖贵一点，我想买便宜一点，各有各的利益。我们可以讲价钱，讲得合适了，买卖成交了。买卖有个买卖的道理，兼顾买卖双方。

韩：你非要卖十倍的价钱，我非要不花钱就拿东西，就不是做买卖的道理。

刘：买卖的道理基于我们各有各的利益，但它不能还原为你的利益或我的利益。你我都服从这个道理，并不意味着你我的利益就成了一样的利益，你还是追求你的利益，我还是追求我的利益，但通过买卖的道理,你的利益通过某种方式和我的利益连通了。道理就像道路一样,两所房子在同一条路上,并不意味着这两所房子就成了一个样子,只不过这两所房子可以互相往来了。

韩:利益、欲望老是相互冲突,人和人很难沟通。

刘:是啊,有些理性主义者太乐观了,当然并不是所有的利益与爱好早晚都能找到一个共通的道理,得到协调。

陈:而且有些事情也用不着什么特别的道理,我爱吃萝卜,你爱吃白菜。

刘:什么都得说出个道理,那种时代真是可恶,"文革"的时候,养花斗蟋蟀也得有个道理,梳短发留长发也得作阶级分析。

韩:其实有些事情有道理,有些没有道理。

刘:更多时候是有点道理,但不完全有道理。我喜欢道理这个词,不太喜欢逻辑这个词。人们说到逻辑,会觉得要么合乎逻辑,要么不合逻辑;道理就不是这样,有些事情道理很充分,有些事情完全没道理,有些事情有点道理。从这个角度看,绝对主义和相对主义都属于逻辑主义:分歧要么可以简单明了一劳永逸地解决,要么根本解决不了。然而大多数事情并不像加减乘除,大家都服从同一个道理,也不像萝卜白菜,各有一爱。

韩:谁也不会否认有些事情很有道理,有些则有点道理。

刘:但一到观念和理论上,这就被归结为我们自己认识能力有限度,好像道理客观摆在那里,但我们要慢慢认识。其实有些事情客观上就有点道理,但不是充分的道理。

韩:那你这又等于说,世上有些事情是绝对的,有些事情是相对的?

刘：有些事情有道理可讲，有些事情没道理可讲，这话的意思已经足够清楚了，干吗非要把它翻译成一句不那么清楚的话呢？相对绝对这些词，形式化程度很高，很抽象，不到万不得已，我们不要使用这样的词来澄清自己的意思。路堵住了，只好绕道，挺好走的路干吗去绕上它半天？

韩：其实我们平常也不大用这些词儿，不知为什么，一正经八百讨论问题，就用起这些词儿来了。

刘：我看倒不如反过来把绝对相对之争翻译成要不要讲道理之争，我们平常不争相对绝对，争的大半就是要不要讲道理，有没有对错。你要是太爱讲道理，我就说，嘿，给咱们点儿人权，让咱们活咱们自己的活法儿，说到头来，都没道理可讲。我们并不只生活在道理之中，我们只在需要讲道理的时候才讲道理。你每天起床先穿左脚的袜子，我先穿右脚的袜子，有什么道理好讲？

韩：真没道理好讲也罢了，可明明有对错的地方，叫他那么一说，就没了对错，明明有善恶的地方，叫他一说，善恶就没有区别了，有时候真让人恼火。

陈：我们要是些神仙，八仙过海，各有各的活法儿还真不错。可其实呢，人反正得生活在一个共同体里面，我们不是靠讲道理合在一起，就得靠暴力欺诈合在一起。我看相对主义给我们带来的，不是相安无事，而是一种变质了败坏了的共同生活。

刘：我更关注的好像总是另外一面。我们和别人不一致的时候，很容易否定别人，肯定自己的生活方式。这时候很容易过于讲道理，把原无所谓道理的事情也说出个道理来。毕竟，弱者很难否定强者，道理在优越的人手里。

韩：你不能把对和错都说成强和弱。

刘：当然不能，但是谁要是能告诉我哪个是对和错哪个是强和弱，我就立刻拜到他门下为徒。我只知道，咱们人类有一种很基本的倾向，就是把强的和弱的说成是对的和错的，结果，道理老是强者的道理，是他们编出来的，或者由他们解释的。道理讲得太多，最后要把弱者逼得不讲道理了。

韩：你和东东站到一块儿去了。东东就挖苦我，你是大名人啊，是咱们韩家的骄傲啊。说实话，我也不是不反省自己。我父母当年成天盯着我，反对我和闹学潮的啊梳长发的啊交朋友，现在呢，东东那些朋友，什么前卫画家啊，什么流浪诗人啊，我看着就不顺眼。是不是我自己老化了，僵化了？我有时想这些想得很苦恼。究竟有没有绝对的标准来区分对错善恶？只有对不同事物都有效的才叫标准，所以，没有绝对标准不就等于没有标准吗？

陈：我们不知道绝对高温是几度，但我们知道今天比昨天热。

刘：我觉得鸿雁说到了一种基本的感觉——异类让我们难受，可是去消灭异类就更危险了。

韩：没听明白你的意思。

刘：与陌异的存在遭遇，我们最初的反应难免是用自己的既定标准来评判这个他者。我最近读《停滞的帝国》，中西方相遇，中国人和英国人都用自己的标准去评判对方。

陈：英国人要好一点，他们已经在地球上闯荡两三个世纪了。

刘：也许我可以用卡列宁来说明我的想法，他那套为人处世之方是以不变应万变，他永远用自己那一套来裁判你，他所谓理解，就是把你纳入他早有的一套道理里面去，好像把随便哪个数字套在一个代数式里，有解无解，公式反正不会错。他可以可怜你、帮助你，但别人的存在方式对他的内心毫无触动。这样的人，即使他的外在世界扩大了，他的感受结构，他的理解，还是老一套。这种理智上的唯我独尊，虽说不一定强迫别人接受自己的观念，却照样起到压迫作用，而且这种压迫力量还不可小视。

陈：但我们都会这样的！基于自身来评判世界才能保持自身的同一性。

刘：当然我们都会这样！如果绝对主义是个别专制暴君的怪癖，那就只需要革命家不需要哲学家了，既然哲学从"认识你自己"开始，它就只对"我们都会"感兴趣。

韩：真正与陌生人遭遇。

刘：就此而言，相对主义者也是一样，没有真正遭遇他者，各自擦肩而过。要是还用《安娜·卡列尼娜》里的人物为例，奥勃朗斯基算个典型，他不把自己的原则强加给别人，甚至不认真评判他人，反过来，陌异的东西也无法击中他，震动他。大家都萍水相逢，世界就变浅了。

陈：感得到萍水相逢，就还有点深度。

韩：与陌生者遭遇——好多小说都以这类故事为题材。

陈：那才有故事啊。你一天八小时上班，回家做饭吃饭看电视，有什么可写的？老实巴交的市民过得好好的，一个忘在脑后的亲戚来了，是个革命家、诗人……

刘：第三者、土匪、妓女……

陈：发生了碰撞，市民那种理所当然的小日子动摇了，对坚不可摧的道德原则也疑惑起来。

韩：那些社会边缘人，读小说的时候我会同情这些人，但在现实生活中我不愿和这种人打交道。

刘：要是从生命的角度来理解生活，倒可以说，恰恰在与社会边缘人碰撞的时候才有生活，才有生命力迸发出来。

陈：可惜，生物科学为了科学的目的，只从"自身复制"来理解生命，完全割掉了生命概念的核心：生机勃勃。

刘：传统社会有同一的价值，那种社会生活在共相之下，现代社会却容忍不同价值共处一堂。传统社会更多地依赖于忠诚，而现代人必须学会更多地理解、谅解，学会与异类相处。

陈：你这种想法涂尔干已经表达过，他把传统社会称作"机械社会"，把现代社会称作"有机社会"，在机械社会里，有统一的价值，以宗教信仰为代表，而现代社会则是有机的，即人们生活在各种不同价值的关联网络之中。

刘："有机体"的提法有时也得警惕，黑格尔是有机观念的大代表，你在"有机性"里常能读得到克服异类、消化异类这种帝国主义气息。

韩：我们好像更应当提倡融合而不是消化、克服。

刘：我觉得融合也说得太多了，没有为融合不到一起的东西留出充分的余地。

陈：在努力融合的过程中始终保持对无法融合的他者的尊重，我想这里面的确有很现代的精神。

刘：我们不仅要抑制克服异类的冲动，不仅要尊重异类，实际上，异类经常直接是我们欣喜的源泉。黑格尔对他者的讨论虽有深刻之处，但始终没考虑到这一层——这个人性情上似乎不太能从他者感受到欣喜，你看他对自然美就不屑一顾。

陈：多数生态主义主张也只讲合理开发自然，不讲自然美，可你想想要是地球上只剩下我们光秃秃的人类，哪怕我们有办法用化学方式生产出所有吃的喝的穿的，我们会快乐吗？这么多种树和草，地上有鹿和狐狸，天上有喜鹊和老鹰，人在这样的世界里生存才叫生存。

刘：我们不是把融合不了的东西忍受下来，而是要学会去欣赏。一种美好的品质，我深爱其美好，但很可能它并不能移植到我自己的性情上来，我乐见它活在别人身上。

陈：就像歌德之喜爱拜伦。

韩：不就像男人爱女人、女人爱男人那样嘛？

刘：不过，既为异类，就总是有压迫、有挑战、有疏隔之感，它在任何意义上都不能完全约分，即使我们学会了欣赏。

陈：真正的理解里也总有不曾完全明了的东西，清明的理解连到更深的暧昧处。

韩：这是造物主的慈悲，宇宙之中的谜团要是都如数抖在咱们面前，一时是痛快了，可以后不闷死啦？不如这样，在这样的好天气里，河边走走，山边上坐坐，明白了一点，还剩下好多可以去想的，到秋天，到明年春天，再来领教。

陈：好风好景，好朋友好话题，随时欢迎。

何谓"自然"[1]

有友人喜谈"自然本性",一日,引《庄子》为证,说近日读《庄子》,始觉一篇《逍遥游》,并不曾嘲笑鼠目寸光,歌颂宏图大志,大鹏有它的大活法,小雀有它的小活法,谁也没必要学谁,既然万物齐一,自然说不上哪种活法儿比哪种活法儿优越,大鹏小雀各依其自然本性生活,大鹏像小雀似的在树杈子间扑腾固然滑稽,小雀非要背负青天图南冥也一样可笑。

我们都知道,"自然"原先的意思不是自然界,而是如其本然。羊吃草,羊长毛,羊活上十年自然死亡,都是如其本然。羊吃肉,羊长翅膀,羊才活了一年被狼吃了,这些该是不自然。可是细想,羊才活了一年就被狼吃了并没有什么不自然,因为狼吃羊,是狼的本性使然,不管那羊是一岁还是两岁。羊有羊的本性,狼有狼的本性。水的本性是往低处流,人按天性却想攀个高枝儿——若不知道这是人的天性,那就太容易愤世嫉俗自寻烦恼了。

世上不只生着羊,而且还生着狼,羊的命运,不只是由羊的本性使然,而且由狼、由世上的所有事情一道决定。如此放大了看,

---

[1] 本文原为赵世民《汉字悟语》(中国广播电视出版社1999年版)序。后以《自然与本性》为题载于《读书》1998年第1期。

天下竟没有什么事情是不自然的了,"无物不然"。可是我们凡人,很难始终放眼全球,总想分出个自然不自然来。即使眼光放得很大,仍然想划个界限。比较分明的界限,就落在有没有人的干预上。凡是没有人工的,我们就称为"自然"。于是生出"自然"的第二层意思:自然界。自然界里会有意想不到的事情,地震海啸,山崩河枯,这些事情颇不寻常,却没有什么不自然。

把界限划在自然界和人之间,主要的麻烦出在人这一边,因为无论哪种语言,都不肯把凡是人为的都称作不自然。在自然主义者看来,试管婴儿和克隆羊是不自然的,飞机和飞船是不自然的;但在更彻底的自然主义者眼里,果树嫁接和马车驴车也不自然。推到极端,种庄稼或直立行走也一样不够自然。这当然不是咬文嚼字,而是天天发生在我们身边的争论。夹着皮包在车流里堵上一两个钟头,每天八小时坐办公室,肯定不是最自然的生活方式。可是谁又敢说,比较起马桥那些日出而作日入而息的农民,神仙府里的马鸣一定过得更为自然?从卢梭的自然主义到当今的环境主义,都有这个疑问需要澄清。

在这些事情上,我们需要的是透彻,而不是彻底。理论太彻底了,可能就不自然了。其中一个原因,在于我们凡人终究彻底不到底。主张返璞归真,总难一路手脚并用在地上爬走。在这关键的一点上,庄子恐怕比老子思得透彻。虽说无物不然,却仍然有小大之辨。我们不可只记得"彼亦一是非,此亦一是非",而且要记得这一段的末尾,庄子的结论是"莫若以明"。单线的彻底不能通乎道枢,而是在恶无穷里打转,是亦一无穷,非亦一无穷。通乎大道,不是单拣那些六合之外的事情发那些大而无当的议论,而是返回于就事论事；不是笼统地无为绝迹，而是就事做事。这是妙处也是难处："绝迹易，无行地难。"

我猜想，庄子总会知道大有大的难处，小有小的美处，不过，无论怎样读《逍遥游》，也不会感到庄子把大鹏和雀鸠等量齐观，只不过中立地描述了两种都出自本性的生活方式。凡这样的结论，总不是来自阅读，也不来自对生活实际的思考，只能从知性想当然演绎而来。在数学式的上帝眼里，大活法和小活法大概是不分轩轾的，但犹太教的上帝，更不要说我们这些凡人，绝对进入不了这样的境界。赞赏一些活法，怀疑一些活法，反对一些活法，是我们本性里的本性，自然中的自然。所以，各种活法不分轩轾这种说法，听起来总有点儿不太自然。

关于谈话的谈话[①]

简：今天我想听你谈谈谈话本身。我首先想问你，哲学家还能够对普通人说话吗？我的意思是说，跟没有经过哲学训练的人谈论哲学。

陈：我的第一个回答是：可以。虽然对哲学的定义一人一个，但是无论如何定义，哲学最主要的任务之一就是探讨基本概念的意义及其联系，而所谓基本概念就是我们每个人都使用的概念。

简：但是对现在的普通人而言，哲学的基本概念是不是已经丧失了？

陈：基本概念是大家的概念，不是哲学家的概念。但探讨基本概念的方式会相差很多。像任何一门学问一样，发展了一个时期以后，就积累起一些技术性的东西，需要训练才能够使用。

简：哲学的童年时代好像不是这样，比如说孔子、佛陀或者希腊时代，我读柏拉图或色诺芬写的苏格拉底，印象是他在街上随便遇到一个人就拉着聊了起来。

陈：哲学大概应当做到这一点。当然，普通希腊人的智性程度

[①] 本文原是1997年秋末和友人简宁（文中简称"简"）的一次谈话，简宁整理后发表在《南方文坛》1998年第3期。

是极高的，比如阿里斯托芬的喜剧，台上演出，台下的观众，也就是所谓的大众吧，边看边批评，这台戏下一场就修改过了，对观众的批评作出反应。当时希腊人的智性水平由此可见一斑。孔子的谈话则主要面对弟子而不是街上的人……

简：但也是对话、谈话和讨论。

陈：学术积久之后，有些技术的东西影响直接对话，就像没有汽车的时候骑自行车很舒服，但是汽车来了，把自行车道挤掉了。思想成了学术，口头就不流传了。

简：但在谈话中，有沉默的参与，在书面语言中沉默的力量就被削弱了。

陈：非常对。这种差别也可以在电话交谈里察觉到。在电话中沉默常常是尴尬的。而面对面坐着，沉默经常是愉悦的。对话发生在具体的情境里，在说什么，为什么这么说，对话者已经清楚，所说的好像只是一点补充，一个注脚。而在写作的时候，作者就得把情境本身交代清楚，或者把话说得更周全，或者提高表述的形式化程度，这些都冲淡了韵味。文字固然有它独特的艺术，不过与文字比较，直接对话有着无法取代的丰满性。即使讨论很抽象的课题，直接对话都会有一种特别的灵气，例如在我的研究班上，你知道学生读过哪些书，大致有哪些思想准备，学生知道你的表达习惯，你通常的导向，很多诸如此类的因素都是直接对话才有的。

简：但在网络上呢？网络上的对话有没有可能补充这种丧失了的丰满？

陈：关于网络想得很多，但没想清楚。就我们讨论的这一点说，网络基本上不是向直接对话的回复。就说我们刚才提到过的沉默吧，在网络上也很难有愉悦的沉默。关于直接对话，我们几乎可以打一个生产上的比方。以前的一个器具，在匠人手里生长出来，基本上他能看到它的整体，一把剑啊，一个罐子啊，他知道这个器具是为什么人做的，大致会派上什么样的用场。相形之下，写作就有点像工业生产，谁也不知道这本书最终会落到谁的手里，思想者无法对思想的命运负责。

简：就是在对话中，对象是鲜明、具体的？

陈：写作中，书信还保存了直接对话的某些特质，但是书信也在消失。

简：我们的歌好像越来越多地在唱给未知的人群听。

陈：现在的世界更广大了，我们和世界的亲近感也变得稀薄了。就说体育吧，在电视上看转播的奥林匹克运动会跟在一个小范围里看熟人打一场球，体会是完全不一样的，后者的观众更有一种直接的参与感。

简：前者的参与感是虚拟的？

陈：完全虚拟的。世界级的体育创造了最精湛的技巧，但是参与感被疏离了。如果达不到最好的，就变得没有意义。写作有这个特点。智慧变成了竞技，要的是最出色的而非最合适的，因为合适的标准没有了。但是谈话就不同，你不得不按照具体的情境谈话：对谁说，什么时候说。

简：对人更有意义的是最出色的思想呢还是最合适的思想？

陈：最出色的思想在刚刚扩张的时候恐怕也是最合适的。也就是从一种形态向另一种形态转变的时候，它的质朴还没有完全消失，它的精美也还没有完全成熟，这时候也往往是整个民族的精神生活最为丰富和活跃的时候。这一点从诗歌发展看更突出，一种形式最有活力的时期常常是它从民间诗向文人诗过渡和转化的时期，但到真正的文人诗占主流地位时，它的生命力就开始萎缩了。

简：从文学史上看好像是这么回事，比如可以举李煜的词为证。

陈：所以我们恐怕要经常尝试摆脱一点写作的影响，恢复话语的直接性。

简：它在学术上有什么意义呢？

陈：至少可以少生产些废料。在我们哲学这个行当里，无论中外，无论国家一级的专业杂志还是博士论文，90%以上的"作品"毫无意义。

简：你这么说不怕得罪学院？

陈：这是常识啊。就像官僚机构一样，本来造这么一个东西，是为了满足大家办事的需要，但是机构本身也有需要，经过一段时间以后，竟然大多数机构不再给大家办事，只是在互相服务。学术中的技术部分也是这样。概念需要定义，定义需在解释，解释需要澄清。这些有时是必要的，但大多数时候，只是为了满足"学术规范"。像奥斯汀说的那样，解释的解释，论战的论战，通常都符合"报酬递减"规律。古人说邦无道则隐，这是从政治上说。这话有时也可以用在学术上，有时候必须适度地退出学术竞争。我想可以寻求其他一些交流形式，比如恢复、提倡小范围的交谈、讨论，我的课堂讨论可算一例。学生们告诉我他们在我的讨论班上学到了东西，真正在思考一些问题，这很令我欣慰。评价和鼓励不见得非要来自同一个无所不包的大系统。

简：小范围的谈话是不是除了意味着对当下的关怀，还意味着更具体的肯定?

陈：人的自信很大一部分是来自成功，不过，我们不能用群众的赞扬来衡量成功与否。我觉得越实在的自信，越来自一个小范围的肯定。大众的赞扬只能产生浮面的自信，这种自信不会融入一个人的性格。这一点在科学评价机制上最明显，我们很难想象爱因斯坦需要大众的肯定来增强对相对论的信心。

简：我觉得现在大多数作品的智性含量很低，这大概和现代传媒直接面向大众有关系。而在小范围内的谈话，可以期待较高的智性？

陈：说到谈话的智性，我觉得我们应该从西方的传统中学一点东西。西方有个法庭辩论的传统，两个人在台上争辩，两个人的地位是一样的，谁也不能靠"势"来压倒另一方。那靠什么？靠道理。陪审团的智能固然不一定一样高，但他们作为旁观者评判者一般也够合格，就像我们自己走不出常昊的棋，但他走出来了，大多数我们也还明白其中的道理。中国先秦时候，在学园里在政场上都流行当庭辩论，和希腊的法庭辩论不无相像之处。但另有一种"游说"方式，专对君王一人说话，君王地位高，智能却不一定高，不像当庭和你辩论的另一个律师，随时会抓住你立论里面的逻辑矛盾，你所要做的不是让逻辑严密，而是铿锵有声，把听话人唬住，到了极端，就成了"侃"。

简：最后，说话的人更关心修辞技巧，而非道理本身。我觉得孟子就是这样。

陈：说是孔孟，孔子从来不"侃"，孟子则很能"侃"。孟子在汉朝已成显学，到宋儒手里更成了经典。相反，荀子在汉朝遭冷落，在宋明更多是遭到理学家的诋毁，我想除了孟、荀所持观点不同，两人的说话方式不同也促成了这一结果。总地说来，诸子之后，特别是宋明理学家，越来越不讲理。我一直觉得我们的说理文章是比较差的。苏东坡是我特别喜欢的作者，但他的说理文章有的就不讲道理。理学家，说是"理"学家，却很少讲道理，他们更多的是要教训别人，而不是说服别人。唐宋的时候，我们的文化比当时的欧洲辉煌多了，但说理文章还是没人家的好，与阿奎那、司各特的说理文章比不了。从这一点看，科学在西方出现，毫不奇怪。

简：科学更注重对象而不是注重修辞。

陈：我们写文章好讲高屋建瓴，你得承认文章写得是有气派，但不讲理。雍正的文笔不怎么样，但写起批示来也洋洋洒洒，自得得很。十几年前我跟朱正琳曾经提出要反对文章以势取胜，我们发现中文特别容易上这条路，当时几篇很有影响的文章，立论的缺陷很明显，但气势很大，气势扑过来，就稀里糊涂把逻辑上的毛病盖过去了。现在仍然可以读到很多这样的文章，看似气贯长虹，拆碎下来不成片段。

简：你觉得这个毛病有传统上的根源？

陈：我们没有面对面说话的传统，要么踩在别人头上说，要么趴在别人脚下说，要么绕到别人背后说。我们一直没有法庭，没有公开辩论制度，我想这一点对思想方式、写作方式甚至说话方式影响极大。在皇帝面前争起来的时候也有，但很少，重要的事情要在反对派的背后进谏，上个密折什么的。我们说话的时候，揣摩心理比较多，事实和逻辑都放在第二位，诛心之论比较多，就事论事比较少。如果面对面说话，诛心之论就会少一点，事实和逻辑就必须多一点。直到今天，学术界也几乎没有公开论争，谁要是提出一项批评，那就要说，谁谁谁要"灭"谁谁谁了。我们甚至不觉得这是极不正常的。没有公开论争，可说是一个标志，说明我们还说不上有个学术界。

简：真理在对话中生成，而不是一方握在手里要交给另一方。而在交谈中生成真理，这就是谈话中的智性内容。我的一个感觉是，当前时代的谈话太缺乏智性的内容，话语一出口就散开，然后像灰尘一样沉落了。

陈：智性的交流稀缺得简直令人沮丧，而人们还在沸沸扬扬地闹闲适。

简：我的理解，闲适在中国古人那里跟当代嚷的不是一回事。

陈：苏东坡闲适。但苏东坡深有关怀，身家性命常系于一发，那种闲适，怎么能和林语堂的闲适同日而语？鲁迅举出"刑天舞干戚，猛志固常在"说明陶渊明也有不闲适的一面，其实何必说到"另外一面"，就在"心远地自偏"这样的闲适里，就透出他深有关怀，否则心从何处远，地因何事偏？本无远大抱负而一味闲适的诗人，写出田园诗来，自然就达不到"此中有真意，欲辨已忘言"的深远境界。

简：他还写过肚子饿极了要饭的诗呢！

陈：卓越的作品，闲适也罢，调侃也罢，雅淡也罢，都深含智性内容。

简：可是过多的智性内容似乎妨碍哲学家与普通人的对话。

陈：哲学与常识对话的一个主要障碍是大词儿生僻词儿。多用大词儿生僻词儿不能制造出智性来。我觉得哲学家与普通人的对话的困难要比想象中小得多。在我们班里,我第一节课就告诫我的学生,不到万不得已不要用大词儿或者术语,实在要用,你应该道歉。

简:太好了!但是我还是得问——为什么?

陈:我们本来应该用大家都听得懂的话来说话,关心这个课题的人们听得懂的话。但有时候你不得不使用一些生僻的表达方式。就像我们应该按照交通规则骑车,你也许有件急事,必须横穿人流,必须逆行,这时你该道歉,因为你在要求别人改变习惯来迁就你的方式。哲学是个很大的领域,有些分支技术性很强,不经过一些专门训练就不好懂。但哲学的主体部分,恰在于把那些难以理解之事和我们凭常情就能理解的事情联系起来。

简:独识卓见与常情之间的一场谈话?

陈:对。不存在一种抽象的深刻,再深刻也得连在我们已经理解的事情上。讲道理从本质上就是一场对话。

图书在版编目(CIP)数据

思远道/陈嘉映著. —北京：商务印书馆，2023
(陈嘉映著译作品集；第 8 卷)
ISBN 978-7-100-21269-4

Ⅰ. ①思… Ⅱ. ①陈… Ⅲ. ①哲学—随笔—文集 Ⅳ. ①B-53

中国版本图书馆 CIP 数据核字(2022)第 095785 号

权利保留，侵权必究。

陈嘉映著译作品集
第 8 卷
思远道
陈嘉映 著

商 务 印 书 馆 出 版
(北京王府井大街 36 号 邮政编码 100710)
商 务 印 书 馆 发 行
北京市十月印刷有限公司印刷
ISBN 978-7-100-21269-4

2023 年 6 月第 1 版　　　开本 710×1000　1/16
2023 年 6 月北京第 1 次印刷　印张 19¾
定价：98.00 元

陈嘉映著译作品集

第 1 卷　海德格尔哲学概论
第 2 卷　《存在与时间》述略
第 3 卷　简明语言哲学
第 4 卷　哲学·科学·常识
第 5 卷　说理
第 6 卷　何为良好生活:行之于途而应于心
第 7 卷　少年行
第 8 卷　思远道
第 9 卷　语言深处
第 10 卷　行止于象之间
第 11 卷　个殊者相应和
第 12 卷　穷于为薪
第 13 卷　存在与时间
第 14 卷　哲学研究
第 15 卷　维特根斯坦选读
第 16 卷　哲学中的语言学
第 17 卷　感觉与可感物
第 18 卷　伦理学与哲学的限度